经济管理国家级实验教学示范中心（嘉兴学院）

经管类专业系列实验教学指导书

国际经济与贸易专业综合实训

流程实操（双语）

杨培强 主编　　张丹 副主编

东北财经大学出版社 大连

Dongbei University of Finance & Economics Press

图书在版编目（CIP）数据

国际经济与贸易专业综合实训：流程实操（双语）/ 杨培强主编. —大连：东北财经大学出版社，2021.3
（经管类专业系列实验教学指导书）
ISBN 978-7-5654-4135-6

Ⅰ. 国…　Ⅱ. 杨…　Ⅲ. ①国际经济-高等学校-教学参考资料 ②国际贸易-高等学校-教学参考资料　Ⅳ. ①F11 ②F74

中国版本图书馆CIP数据核字（2021）第031906号

东北财经大学出版社出版
（大连市黑石礁尖山街217号　邮政编码　116025）
网　址：http：//www.dufep.cn
读者信箱：dufep@dufe.edu.cn

大连雪莲彩印有限公司印刷　　东北财经大学出版社发行

幅面尺寸：185mm×260mm　字数：512千字　印张：19　插页：1

2021年3月第1版　　2021年3月第1次印刷

责任编辑：王　莹　刘晓彤　　责任校对：王　彤
封面设计：原　皓　　版式设计：原　皓

定价：52.00元

教学支持　售后服务　联系电话：（0411）84710309

如有印装质量问题，请联系营销部：（0411）84710711

前言

我校致力于培养“上手快、实践动手能力强”的应用型创新人才，商学院更是秉承百年商科办学传统，十分重视加强实践教学的基础性建设，不断探索实践教学的新模式。近年来，以经济管理国家级实验教学示范中心建设为契机，进一步加大了实验实训教学条件与环境改善的投入力度，同时注重加强实践教学内涵建设。经过多年的探索和实践，我校逐步形成了经济管理类专业理论教学与实践教学相结合、课内实验教学与校外实践教学相结合、软件仿真实验与企业实践教学相结合、“请进来”与“走出去”相结合的实践教学模式，实践教学成果不断丰富，学生实践动手能力明显增强，受到用人单位的一致欢迎和广泛好评。

在加强实践教学内涵建设过程中，经济管理类各专业结合人才培养目标要求，各有侧重、各具特色地优化实践教学体系和教学模式。国际经济与贸易专业是一个十分注重实际操作能力培养的专业，通过优化专业培养方案，重构专业实践教学体系，将专业实验实训整合成流程实操（双语）、函电与单证、跨境电商平台实操等三门递进式、综合性专业实验实训课程。同时，把实训教学大纲与实训教学指导书的建设作为加强实践教学质量、确保人才培养质量的基础性工作。为此，我们组织教师编写了相关实训教学指导书。

《国际经济与贸易专业综合实训：流程实操（双语）》主要应用南京世格软件公司开发的SimTrade模拟软件进行操作，既可以指导老师如何设置与教学，也可以指导学生如何完成国际经济与贸易流程操作。本书中英文部分各包含四个章节：第一章是实训准备，包括综合实训目标和学生实训要求；第二章是教师准备，主要强调了从教师角度如何更好地组织教学，包括分配账号、设置参数、设置评分规则等内容；第三章是SimTrade五种角色操作要点，主要指导学生如何履行在常用的L/C+CIF等贸易模式下各种角色在国际贸易中的义务；第四章是学生实训，主要指导学生如何完成国际贸易操作流程。另外，附录内容包括不同课时要求下的实训教学安排、实训中出现的各种问题的解答以及完成国际贸易操作流程中需要填制的各种表格的样表。

本书由长期从事国际经济与贸易专业综合实训教学的杨培强教授和张丹博士两位老师编写。同时，为了适应国际经济与贸易专业国际化人才培养的需要，便于留学生能较快适应实践教学，本书采用双语的形式。杨培强教授担任主编，主要负责中文部分的编写工作；张丹博士担任副主编，主要负责英文部分的编写工作。

本书在编写过程中得到南京世格软件公司的大力支持及其许可，兄弟院校的专家、学者对本书进行了认真的评阅和指导，出版社的编辑与审校人员也付出了辛苦的劳动，在此一并表示衷心感谢。

由于水平和能力有限，本书仍有遗漏和不足，恳请大家提出宝贵意见，我们将不断完善，使本书更加科学，更加适用，能够更好满足教学需求。

编　者

2020年12月

目录

第一部分
中 文

第一章 实训准备 3

第一节 综合实训目标 3
第二节 学生实训要求 4

第二章 教师准备 5

第一节 教师界面简介 5
第二节 实训账号管理 6
第三节 基本资料调整 11
第四节 设定实训难易度 13
第五节 实训评分与成绩分析 15

第三章 SimTrade五种角色操作要点 18

第一节 工厂操作要点 18
第二节 出口商操作要点 27
第三节 进口商操作要点 51
第四节 出口地银行操作要点 70
第五节 进口地银行操作要点 73

第四章 学生实训 78

第一节 履约流程介绍 78
第二节 实训开始 84

附 录 108

附录1 实训安排与实施范例 108
附录2 常见问题解答 112
附录3 常见单证举例 117

第二部分
英 文

Chapter 1 Preparation for Practical Training 139

Section 1 Objectives of Comprehensive Training 139
Section 2 Requirements for Practical Training of Students 140

Chapter 2 Teacher Preparation 142

Section 1 Introduction to Teacher Interface 142
Section 2 Training Account Management 144
Section 3 Adjustment of Basic Data 148
Section 4 Set the Training Difficulty 151
Section 5 Practical Training Score and Performance Analysis 152

Chapter 3 Five Key Points of SimTrade Role Operation 156

Section 1 Key Operating Points of Factory 156
Section 2 Key Operating Points of Exporters 167
Section 3 Key Operating Points of Importers 196
Section 4 Key Operating Points of Banks in Export Places 219
Section 5 Key Operating Points of Banks in Import Places 224

Chapter 4 Practical Training for Students 229

Section 1 Introduction to Performance Process 229
Section 2 Start of Training 237

Appendix 264

Appendix 1 Training Arrangement and Implementation Example 264
Appendix 2 FAQ (Frequently Asked Questions) 270
Appendix 3 Sample Documents 275

第一部分

中　文

第一章
实训准备

南京世格软件公司针对国际经济与贸易专业学科的教学特点，模拟软件的应用效果、应用前景以及软件平台的理论基础、技术可行性等诸多方面的调查研究之后，提出了“SimTrade外贸实训平台”这个互联网时代模拟教学的全新概念。其开发的SimTrade外贸实训平台在很大程度上解决了学生实训难的问题，成为目前高校国际经济与贸易专业综合实训的主流平台。因此，本书是基于SimTrade外贸实训平台开展国际贸易实务操作的综合实训。

第一节　综合实训目标

在专业教育中，实训是一个重要的实践性教学环节。国际贸易实务操作综合实训，是国际经济与贸易专业及相关专业从事国际贸易实务操作的必经环节。通过综合实训，模拟真实化实务操作流程与场景，可以使学生熟悉外贸实务的具体操作流程，增强感性认识，并可从中进一步了解、巩固与深化已经学过的理论和方法，提高发现问题、分析问题以及解决问题的能力。同时，通过小组合作等实训方式，培养学生的团队合作精神和领导协调能力。

综合实训的主要目标是：要求学生在SimTrade外贸实训平台上进行国际货物买卖实务的具体操作，能够较快掌握进出口的成本核算、询盘、发盘与还盘等各种基本技巧；熟悉国际贸易的物流、资金流与业务流的运作方式；能够切身体会国际贸易中不同当事人面临的具体工作与他们之间的互动关系；学会外贸公司利用各种方式控制成本以达到利润最大化的思路；认识供求平衡、竞争等宏观经济现象，并且能够合理地加以利用。老师通过在网站发布新闻、调整商品成本与价格、调整汇率及各项费率等方式对国际贸易环境实施宏观调控，使学生在实训中充分发挥主观能动性，真正理解并吸收课堂中所学到的知识，为将来走上工作岗位打下良好基础。

综合实训的主要内容如下：

1.熟悉和掌握一般贸易的实际运用。

2.参与国际贸易买卖合同的磋商，熟悉询盘、发盘、还盘和接受等环节的实践过程，掌握合同条款的具体规定与表达。

3.掌握国际贸易货物买卖合同履行过程中货、证、船、款等内容。

4.了解国际贸易买卖中货款的结算方式，熟悉与掌握L/C、D/P、D/A、T/T的结算程序和运用技巧。

5.熟悉与掌握信用证的申请、开证、审证要点。

6.熟悉海洋运输方式的具体操作。

7.熟悉各种单据的缮制与运用技巧。

8.了解如何在国际贸易货物运输过程中减少风险，熟悉与掌握价格术语CIF、CFR、FOB的细节与运用技巧。

9.掌握海关通关、保险理赔、出口退税等外贸实务流程操作。

第二节　学生实训要求

1.遵守相关法律法规，不得在网上发表违法言论。

2.按照实训内容认真进行准备，积极开展调查活动，刻苦学习，并做好实训日记。

3.在实训期间应尽可能地多做业务，熟练掌握进出口相关环节的主要业务及操作技巧。

4.每个角色必须完成以下任务：

（1）出口商：至少完成4笔以上出口业务（L/C、D/P、D/A、T/T各1笔）。

（2）进口商：至少完成4笔以上进口业务（L/C、D/P、D/A、T/T各1笔）。

（3）工厂：至少完成3笔以上买卖合同。

（4）进口地银行：完成信用证申请书的审核及开证、审单。

（5）出口地银行：完成审证、审单。

5.就下述具体业务操作的某些方面，完成实训报告：

（1）独立进行业务规划。

（2）掌握利用网络资源来寻找有利信息的基本技巧，利用网络发布广告、搜索信息。

（3）同业务伙伴建立合作关系。

（4）成本、费用、利润的核算。

（5）询盘、发盘、还盘、接受。

（6）外销合同的签订。

（7）信用证的申请和开证。

（8）信用证的审证和改证。

（9）国内买卖合同的签订。

（10）租船订舱。

（11）进出口货物保险及索赔。

（12）办理进出口报检事宜。

（13）办理进出口报关事宜。

（14）缮制报检、报关、议付单据。

（15）银行处理议付、结汇。

（16）办理出口核销退税。

（17）常用贸易术语（CIF、CFR、FOB）的具体实施。

（18）常用结算方式（L/C、D/P、D/A、T/T）的具体实施。

第二章

教师准备

第一节　教师界面简介

一、Users（学生管理）

分配进口商、出口商、工厂、进口地银行与出口地银行的角色。

查看相关主题：实训账号的管理。

二、Score（学生考评）

老师给学生评分后，学生的总分会显示在列表中。

查看相关主题：实训评分。

三、Analysis（成绩分析）

老师给学生评分后，老师可以在本页面查看学生能力与成绩的分析图表。

查看相关主题：成绩分析。

四、Products（基本资料）

设定、调整各项基本资料，包括商品资料、汇率设定、国家设定、内陆港口与国外港口设定、保险费、税率、系统其他费用等，其中税率、保险费等数据只能查看，不能修改。

查看相关主题：基本资料调整。

五、Message（信息管理）

管理通知、市场信息与买卖信息的内容。

老师可用“通知”告诉全班同学本次实训的要求等内容，学生可以在“淘金网”页面的通知区域点击标题查看详细内容。由于每个管理员（老师）都可多次发出通知，系统会以通知日期倒序显示。若内容相似，建议每班只留最新的一份通知，以免学生混淆。

在这里，老师可以发布及管理通知，发布及管理市场信息，管理出口商、进口商与工厂的买卖信息。其中，发布的通知内容显示在位于“淘金网”页面左边的“通知”栏内，市场信息显示在“淘金网”首页的市场信息处，对有问题或非法的买卖信息内容，老师可以在“出口商发布信息、进口商发布信息、工厂发布信息”中删除。

六、Settings（系统参数）

对基本参数、评分标准进行设置。

在基本参数中，可以通过是否要求出口商与进口商制作预算表、是否允许使用单据检查功能来增加实训的难易程度。

查看相关主题：设定实训难易度。

七、Mail（我的邮件）

点击此按钮进入邮件系统，在这里可以通过邮件与各用户保持联系。

（一）打开邮件系统

登录成功后，点击画面上方的“Mail（我的邮件）”按钮，打开邮件系统。

注意事项：在实训时，应常看新邮件的信息，以争取更多的业务机会。

（二）发送新邮件

操作步骤如下：

1.点击左上方的“新建”按钮。

2.填写收件人、主题、合同号与内容。其中，收件人必须填写交易对象的邮件地址（可在公司库中查到）；合同号填写该邮件相关的合同号码，如发送邮件时未涉及合同，则该栏可不填。

3.填写完成后，点击邮件画面左上方的“发送”按钮，完成新邮件的发送。此时，可点击“已发送邮件”，确认邮件发送信息是否正确。

注意事项：在发送邮件时，应在全文的署名下面写上发件公司的联系资料，以方便对方联络。

（三）收邮件

在收件箱内，SimTrade将出口商、进口商、工厂、出口地银行、进口地银行、管理员、教师及系统信息分别管理，使用者应及时查看新邮件，以免错失良机。

查看相关主题：邮件系统的使用。

八、B2B（淘金网）

“淘金网”是SimTrade中一个仿真的“B to B”电子商务中心，提供完全仿真的国际商业环境，使用者可在各个页面中查到通知、今日汇率，以及工厂、出口商与进口商的详细资料；关键词搜索功能帮助使用者快速找到需要的供求信息、公司与产品资料；同时为外贸实训提供更大的空间。

查看相关主题：淘金网。

九、Help（帮助）

如有任何问题，可点击此按钮查阅在线帮助。

十、Exit（退出）

点击此按钮退出老师操作页面。

第二节　实训账号管理

一、实训账号的分配原则

分配实训账号，应按以下原则进行：

1.用学生的学号来分配实训角色，以免发生同名混淆的情形。

2.系统给学生安排了5类角色：出口商、进口商、工厂、出口地银行、进口地银行，老师可根据需要安排学生分别担任。

3.每位老师只能管理本班的学生，如果一位老师需要管理多个班级，可以将这些班级的学生都分配在自己的名下，也可以登录到各班分配实训账号。

二、实训账号的分配方法

老师以自己的账号登录后，点击画面上方的第二个按钮，进入“Users（学生管理）”画面。在这里，老师可以一次分配一个学生扮演各种角色，也可以一次分配多个学生扮演各种角色。

(一) 一次分配一个学生扮演各角色

操作步骤如下：

1. 在“Users（学生管理）”画面，点击“增加”按钮。

2. 输入学号、姓名、密码，并选择用户类别（如图2-1所示）。

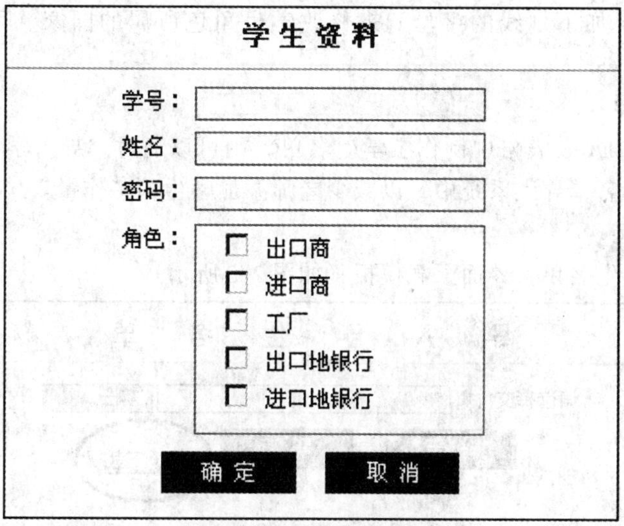

图2-1　增加学生资料

3. 点击“确定”按钮，完成该学生实训账号的分配。

(二) 一次分配多个学生扮演各角色

操作步骤如下：

1. 在“Users（学生管理）”画面，点击“批量增加”按钮。

2. 输入学号范围，选择用户类别。例如，国贸91班有学生50名，学号为1629101～1629150，要给这50名学生每人都分配“出口商、进口商、工厂、出口地银行、进口地银行”的角色，则采用批量增加的分配方法（如图2-2所示）。

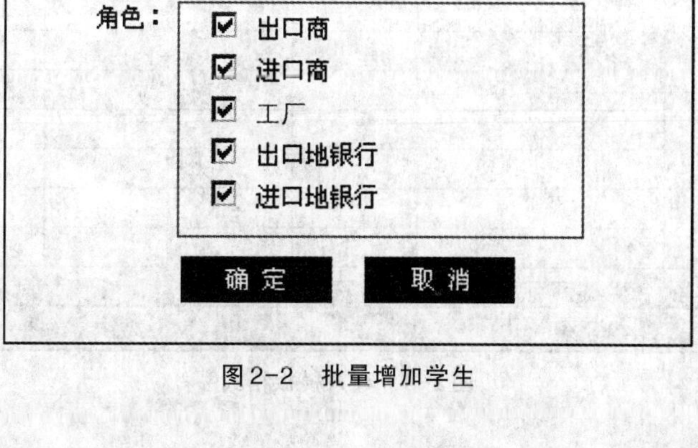

图2-2　批量增加学生

3. 点击“确定”按钮，完成这些学生的账号分配。

注意事项：采用此种分配方式，学生姓名栏为空，如果要显示学生姓名，需要老师逐个点击修改。

另外，老师在创建学生账号时，系统将自动分配该学生各角色所属的国家，老师可点击学生相应角色（加下划线的字母）来修改学生角色所属的国家、币别及当前资产等资料。

（三）导入学生名单

若老师已经在Excel表格中制作了学生名单，则可以通过“导入学生名单”的方式直接将学生的学号及名单导入系统中，以减少老师添加学生的工作量。

操作步骤如下：

1. 在“导入学生名单”界面下载模板（如图2-3所示）。

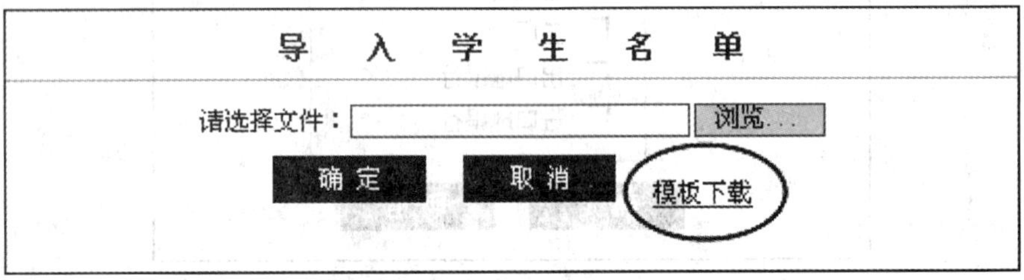

图2-3 模板下载

2. 打开模板并将学生名单拷入表中（其中ID栏是学号、Name栏是姓名）。同时，在相应角色的位置输入“Y”或者“N”（其中“Y”代表选择此角色、“N”则反之）。如果Excel文件中内容为其他设置，那么系统将无法识别（如图2-4所示）。

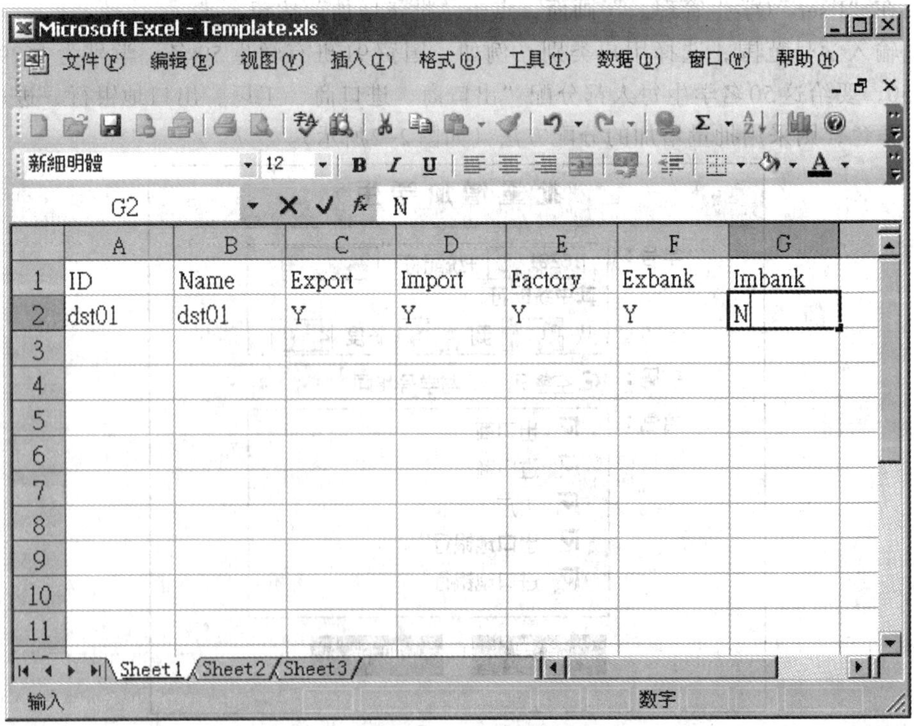

图2-4 导入模板格式

3. 将已编辑的Excel文档进行保存，其保存类型改为“*. csv”（如图2-5所示）。

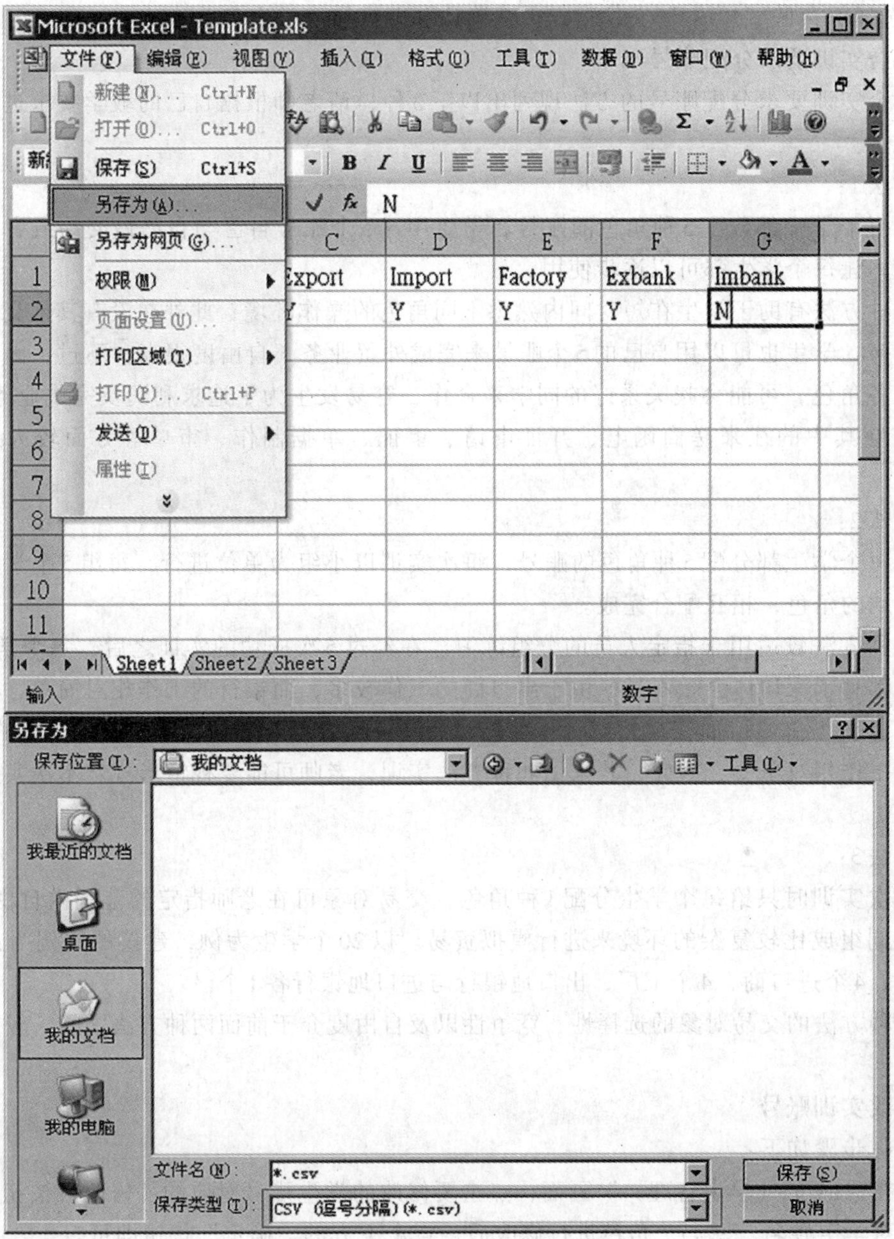

图2-5　保存学生Excel文档

4. 点击“保存”按钮，系统弹出警告对话框，点击“确定”（如图2-6所示）。

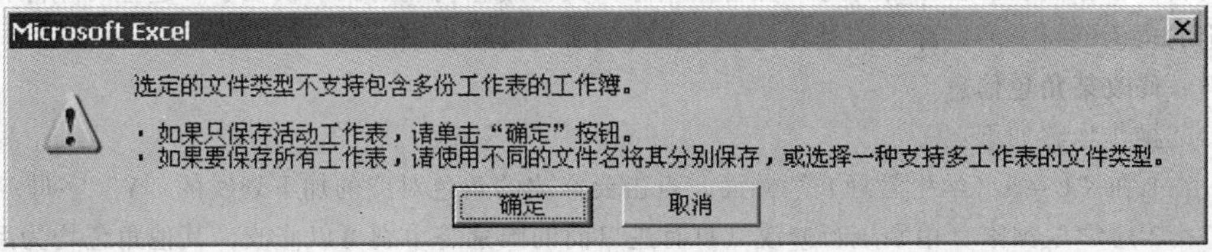

图2-6　警告对话框

5. 在“Users（学生管理）”页面，点击“导入学生名单”，弹出对话框，点击“浏览”，选择保存的“*. csv”文件，点击“确认”即可导入学生名单。

三、配合实训要求分配账号

配合实训要求分配账号的方法现列出以下3种，请老师根据自己的教学要求进行调整或补充。

方法1：

给每个学生都分配5种角色的账号，学生用这5个账号自己与自己做交易或者找别人做交易，让每个学生都可以逐步使用。

这种方法有助于学生在短时间内熟悉不同角色的操作环境，此外在没有其他交易对象的配合时，学生也可以用自己的5个账号来完成外贸业务，自由度很高。不过，因学生自己担任各角色，可能会找关系好的同学来合作，容易发生为了追求利润及完成业务过程，而对贯穿其中的往来磋商函电、开证申请、审证、单据制作、审单等方面较为忽视的情况。

方法2：

给每个学生都分配5种角色的账号，每次实训以小组为单位进行，每组5个学生分别扮演不同的角色，相互配合完成。

这种方法较适用于指定人员的分组练习，在经过5次成功的实训之后，每个学生对5种角色都有了深切体会。不过，由于出口商的工作较多，而银行的工作相对简单，容易发生大家都在等待出口商完成相应工作才能进行下一步的状况。此外，若是做T/T的业务，银行的工作相对更少，因此，若采用此种方法实训，老师可能要视情形规定本次实训的结算方式。

方法3：

每次实训时只给每个学生分配1种角色，交易对象可在老师指定的范围内自由选择，大家共同组成比较复杂的环境来进行模拟贸易。以20个学生为例，建议的比例为：10个出口商，4个进口商，4个工厂，出口地银行与进口地银行各1个。

这种方法的交易对象的选择性、竞争性以及自由度介于前面两种方法之间，较受师生欢迎。

四、修改实训账号

操作步骤如下：

1. 在“Users（学生管理）”画面，点击要修改的学生账号对应的“修改”按钮。

2. 对学生姓名、密码、角色进行修改后，点击下方的“确定”按钮即可。

注意事项：如果取消某角色前的勾选项，则该角色的所有资料（包括公司资料、业务资料、库存资料、往来邮件等）都将被删除。其与删除功能的区别仅在于，这里可删除指定的角色资料，而删除功能是将连学号在内的所有资料都删除。

五、修改某角色信息

操作步骤如下：

1. 在“Users（学生管理）”画面，点击要修改的角色对应的加下划线的“Y”字母。

2. 对学生国家、币别进行修改（只有进口商的国家与币别可以修改，其他角色均为系统默认），还可以增减学生的当前资产，完成后点击下方的“确定”按钮即可。其中，在银行的角色信息中有一项“成为自动银行”的选项，若勾选此项，则该银行的所有业务将由系统自动完成，不需要学生自己进行操作。

六、删除实训账号

操作步骤如下：

在“Users（学生管理）”画面，点击要修改的学生账号对应的“删除”按钮，连学号在内的所有资料都将被删除。

第三节　基本资料调整

一、调整商品资料

在老师专用的管理画面，点击上方第五个“Products（基本资料）”按钮，再点击第一项“商品基本资料”，即可出现商品基本资料列表（如图2-7所示）。

货号	海关代码	中文名称	英文名称	修改	删除
01001	2003101100	洋菇罐头（整粒）	CANNED WHOLE MUSHROOMS		
01002	2003101100	洋菇罐头（切片）	CANNED SLICED MUSHROOMS		
01003	2003101100	洋菇罐头（柄及碎片）	CANNED STEMS AND PIECES MUSHROOMS		
01004	2003109000	草菇罐头	CANNED STRAW MUSHROOMS		
01005	2005800000	甜玉米罐头	CANNED SWEET CORN		
01006	2008991000	荔枝罐头	CANNED LITCHIS		
01007	2008992000	龙眼罐头	CANNED LONGANS		
01008	2008999000	芒果罐头	CANNED MANGOES		
01009	2001100000	黄瓜罐头	CANNED CUCUMBERS		
01010	2001909090	洋葱罐头	CANNED ONIONS		

图2-7　商品基本资料

1.增加商品资料

点“增加”按钮，输入有关资料后，点画面下方的“确定”按钮即可。

2.删除商品资料

点要删除的商品所对应的“删除”按钮，即可删除该笔商品资料。

注意事项：任何商品一经删除，其相关资料无法恢复，请慎用此功能。

3.修改商品资料

点要修改的商品所对应的“修改”按钮，进入该商品详细资料画面作相应修改后点“确定”按钮（如图2-8所示）。若点“取消”按钮，可回到上图2-7的画面。

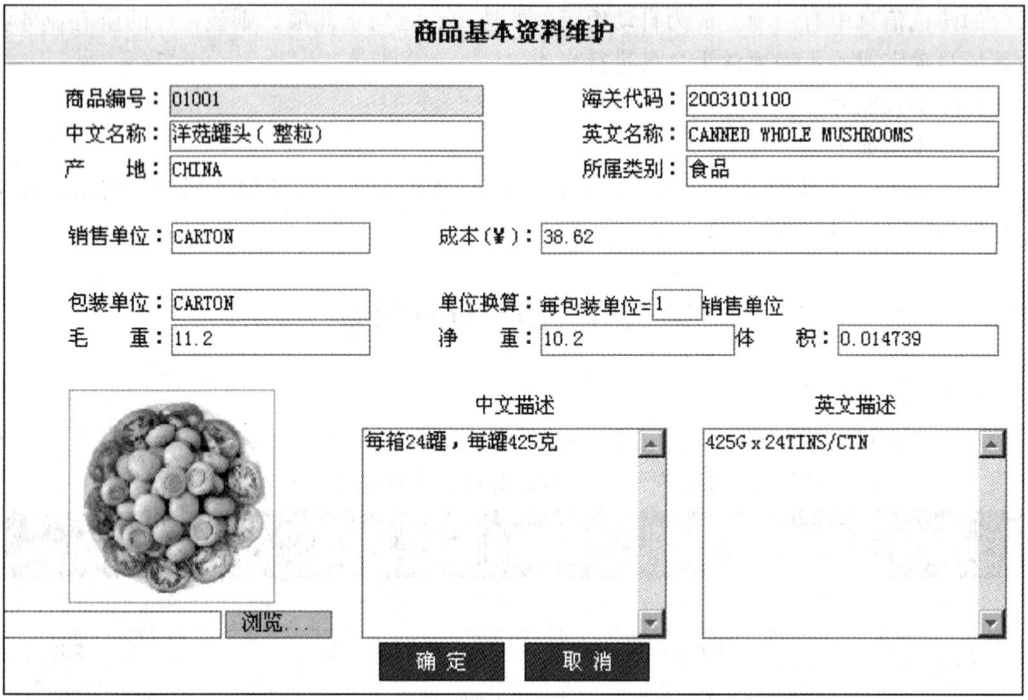

图2-8 商品基本资料修改

其中，毛重、净重、体积都是对一个包装单位而言的；设定单位换算时需注意与中英文的描述相符；成本指工厂的生产成本，对应每销售单位。

4.修改或增加商品图片

在上图2-8的画面中，通过“浏览”选择图片所在目录，插入图片。

注意事项：最好使用GIF或JPG格式的图片，尺寸建议在120*120（像素）左右。

二、调整汇率

在老师专用的管理画面，点位于上方的“Products（基本资料）”按钮，再点第二项“汇率设定”按钮。

进入“汇率设定”，点要修改的汇率所对应的“修改”按钮，可对“名称、汇率、说明”进行修改。

这里所作的修改，会及时显示在“淘金网”的“银行”页面。

三、国家设定

在老师专用的管理画面，点位于上方的“Products（基本资料）”按钮，再点第三项“国家设定”按钮。

进入“国家设定”，点要修改的国家所对应的“修改”按钮，可对“中文名称、国别代码、基本币别”进行修改。

四、内陆港口设定

在老师专用的管理画面，点位于上方的“Products（基本资料）”按钮，再点第四项“内陆港口”按钮。

1.增加内陆港口资料

点“增加”按钮，输入有关资料后，点画面下方的“确定”按钮即可。

2.修改内陆港口资料

点要修改的内陆港口所对应的“修改”按钮，可对各项信息进行修改。

这里所作的修改，会及时显示在“淘金网”的“运费查询”页面。

3.删除内陆港口资料

点要删除的内陆港口所对应的“删除”按钮，即可删除该港口资料。

注意事项：任何内陆港口一经删除，其相关资料无法恢复，请慎用此功能。

五、国外港口设定

在老师专用的管理画面，点位于上方的“Products（基本资料）”按钮，再点第五项“国外港口”按钮。

进入“国外港口”，输入查询条件，点“查询”，或不输入查询条件直接点“查询”显示全部国外港口列表。

1.增加国外港口资料

点“增加”按钮，输入有关资料后，点画面下方的“确定”按钮即可。

2.修改国外港口资料

点要修改的国外港口所对应的“修改”按钮，可对各项资料进行修改。

这里所作的修改，会及时显示在“淘金网”的“运费查询”页面。

3.删除国外港口资料

点要删除的国外港口所对应的“删除”按钮，即可删除该港口资料。

注意事项：任何国外港口一经删除，其相关资料无法恢复，请慎用此功能。

六、调整保险费

在老师专用的管理画面，点位于上方的“Products（基本资料）”按钮，再点第六项“保险费”按钮。

进入“保险费”，点要修改的险别所对应的“修改”按钮，可对“险别名称、保险费率及加保条件”进行修改。

这里所作的修改，会及时显示在“淘金网”的“保险费”页面。

七、调整系统其他费用

在老师专用的管理画面，点位于上方的“Products（基本资料）”按钮，再点第八项“其他费用”按钮。

进入“其他费用”，点要修改的费用所对应的“修改”按钮，可对“名称、费用及说明”进行修改。

这里所作的修改，会及时显示在“淘金网”的“其他费用”页面。

第四节　设定实训难易度

在老师专用的管理画面，点上方第七个按钮，进入“Settings（系统参数）”画面（如图2-9所示）。

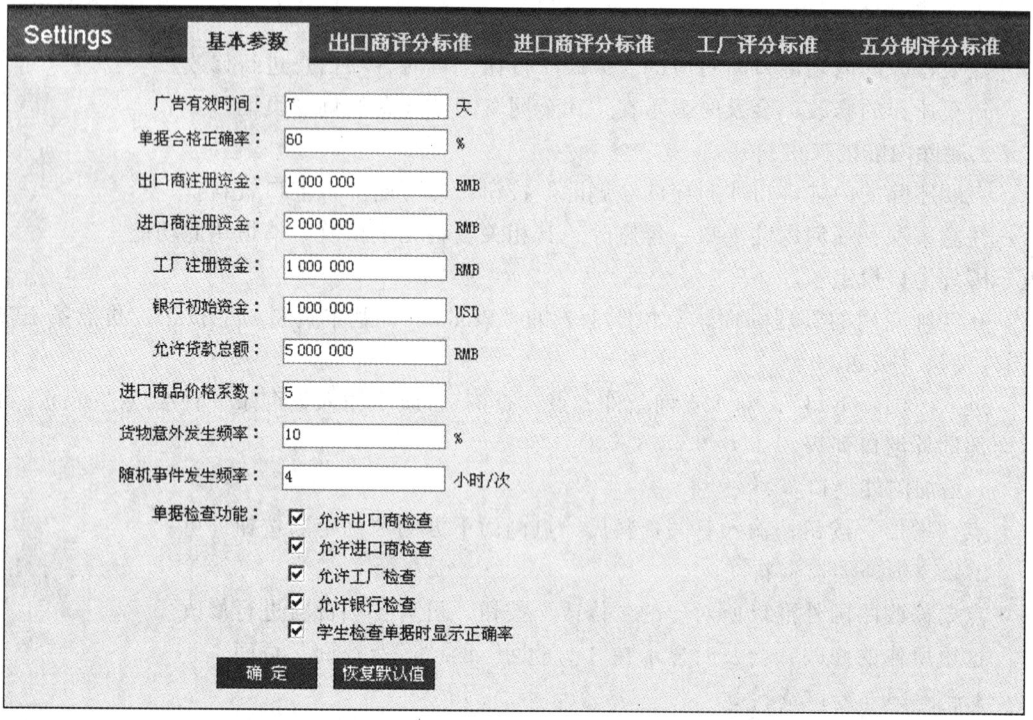

图 2-9 系统基本参数设定

一、设置单据合格正确率

在 SimTrade 中，系统会对学生所填的单据做出评分，老师可在此处设定单据合格正确率，要求学生的单据必须达到此正确率，从而督促学生认真填写单据。如果设定了单据合格正确率，则学生在做交易过程中，每张单据填写正确的部分必须达到此比率才能进行报验、报关、投保等相关操作。

二、设置用户基本资金

老师可对公司与银行的基本资金分别进行设定，在对应角色的方框内输入基本资金，在新增用户时，即以这里所设定的金额作为各角色的注册资金。

三、调整进口商品价格系数

此处的价格系数即为工厂生产成本与进口商销售价格的比例，老师可对其进行调整，通过增大与减小价格系数来控制学生交易时利润空间的增加与减少。

四、设置货物意外与随机事件发生频率

在 SimTrade 中，货物在运输途中可能发生意外；同时，系统还有一些随机事件会发生，包括商品价格的浮动、各港口基本运费的调整及汇率的波动等情况（其中，商品价格的浮动范围在±30%以内，港口基本运费的调整范围在±50%以内，汇率的波动范围在±1%左右）。老师可在此处设定这些事件经过多少小时会发生一次，例如，填入“3”，则每过3小时将会发生一次随机事件，事件的种类由系统随机安排。事件发生后，相关信息将显示在“淘金网”首页的“市场信息”中。

五、设置是否允许单据检查功能

勾选“允许出口商（进口商或工厂）检查”，系统将在各单据后显示“单据检查”按钮。学生在填写单据过程中，可点此按钮，让系统自动检查并列出单据填写错误之处，以

便及时修正。

勾选“允许银行检查”，系统将在出口地银行、进口地银行的“议讨单据”画面显示“单据检查”按钮。在L/C、D/A、D/P方式下，银行在审单时，可点此按钮，让系统自动检查并列出单据填写错误之处。

勾选“学生检查单据时显示正确率”，则学生在检查单据时，可以在检查结果的最后看到此张单据的正确率，以便及时改进。

老师可以根据实训要求与实训目的自行调整此项设置。

第五节　实训评分与成绩分析

一、设定评分标准

在老师专用的管理画面，点位于上方的“Settings（系统参数）”按钮，再分别点出口商、进口商与工厂评分标准，进入各自评分标准画面（如图2-10所示）。

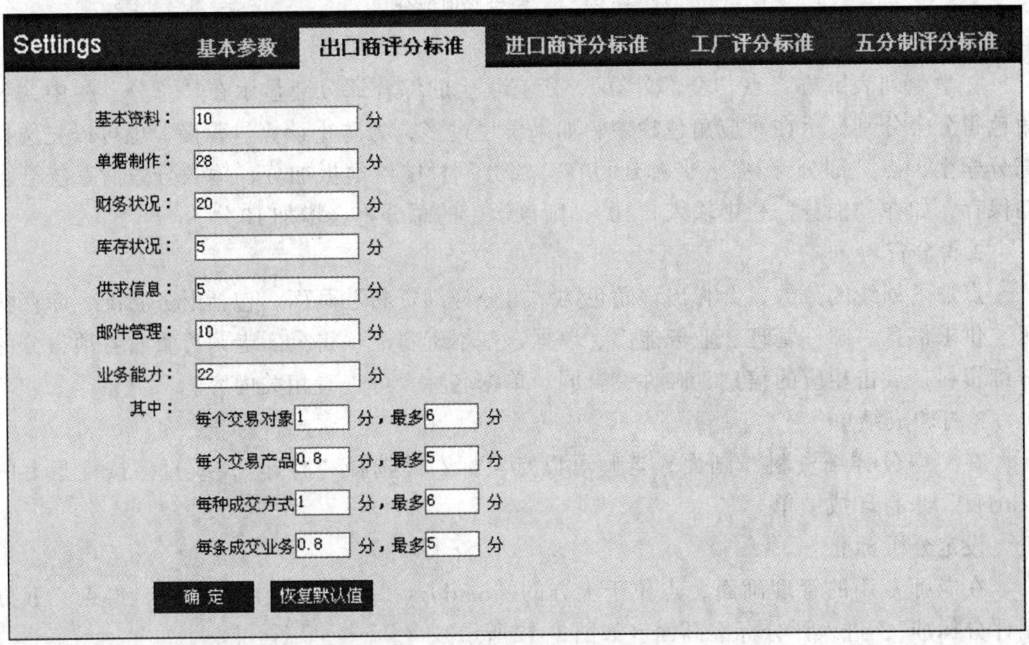

图2-10　各角色评分标准设定

老师在这里可设定出口商、进口商、工厂三个角色的评分标准，评分标准包括基本资料、单据制作、财务状况、库存状况、供求信息、邮件管理、业务能力七项内容。老师可设定各项分值，七项加起来即满分值，为100分。其中，基本资料是为防止学生不认真填写资料而设定的；业务能力包括每个交易对象、每个交易产品、每种成交方式、每条成交业务四项内容。由于实训的重点关于进出口业务，并且银行涉及的工作甚少，故银行角色不参与评分。

评分标准设定完成后，进入“Score（学生考评）”画面，点“计算总分”按钮，系统会有一套计算公式，将根据该评分标准和学生的实训资料自动计算综合实训成绩。计算完成后，会将各角色公司的排名列在“淘金网”页面的“公司库”的“榜上有名”中。

二、实训评分

实训期间或结束后，老师点位于上方的第三个按钮，进入“Score（学生考评）”画面，可以对本班学生扮演的所有角色进行综合评分（如图2-11所示）。

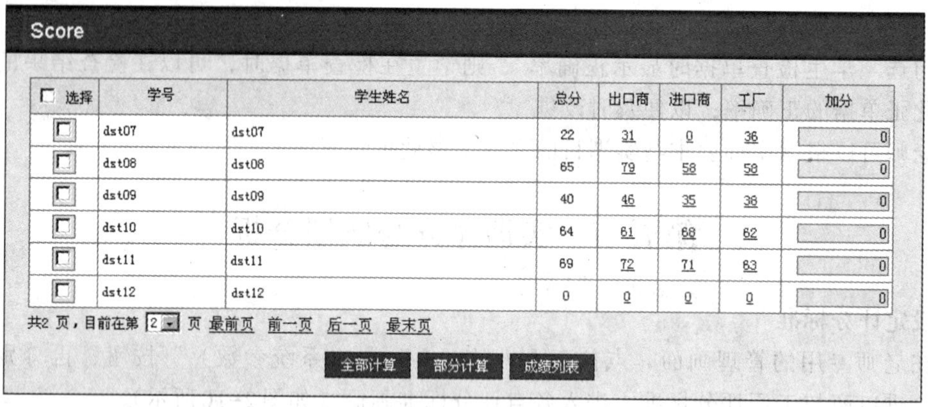
Score

选择	学号	学生姓名	总分	出口商	进口商	工厂	加分
☐	dst07	dst07	22	31	0	36	0
☐	dst08	dst08	65	79	58	58	0
☐	dst09	dst09	40	46	35	38	0
☐	dst10	dst10	64	61	68	62	0
☐	dst11	dst11	69	72	71	63	0
☐	dst12	dst12	0	0	0	0	0

共2 页，目前在第 2 页 最前页 前一页 后一页 最末页

全部计算 部分计算 成绩列表

图2-11 学生实训评分

1.综合评分

在学生列表下方，点“全部计算”，所有学生的综合评分会显示在“总分”栏中，各角色得分会分别显示在对应角色栏中；如果学生过多，为防止计算过程慢，也可以先选择部分学生，点“部分计算”。老师还可在“加分”栏中给学生加分，输入分数后系统会自动保存，如在“加分”栏中输入“10”，则该学生的总分将会增加10分。

2.得分资料

点加下划线的分数，会弹出该角色的“得分详细资料”画面，包括财务状况、库存状况、供求信息、邮件管理、业务能力、单据、基本资料七项得分。老师可查看各项得分的详细资料，点击相应的信息、邮件、合同、单据名称，可查看相关内容。

3.打印成绩单

在“得分详细资料”画面，老师可以点鼠标右键选择“打印”，或直接按键盘上的“Ctrl+P”来打印成绩单。

三、设定分析标准

在老师专用的管理画面，点位于上方的“Settings（系统参数）”按钮，再点“五分制评分标准”，进入评分标准画面（如图2-12所示）。

Settings 基本参数 出口商评分标准 进口商评分标准 工厂评分标准 五分制评分标准

序号	等级名称	等级占比	参考分	修改	删除
1	优	20%	90分～100分		
2	良	40%	80分～89分		
3	中	20%	70分～79分		
4	及格	10%	60分～69分		
5	差	10%	0分～59分		

共1 页，目前在第 1 页 最前页 前一页 后一页 最末页

增加 恢复默认值

图2-12 五分制评分标准

老师在这里可设定五分制的评分标准，用于成绩分析。五分制包括五个等级，即优、良、中、及格、差（也可以自由增加等级），老师可以在这里设定每个等级所占的百分比。例如，设定等级“优”的所占比例为20%，则系统会将全班学生的成绩排序，评定排前20%的学生等级为优；同时，将根据该等级所对应的等级分制（如90分～100分）计算出学生的相对分数，显示在相应成绩分析图中。

五分制评分标准设定完成后，到“Analysis（成绩分析）”画面，即可看到系统自动计算得出的一些成绩分析图表。

四、成绩分析

实训期间或结束后，老师进入“Analysis（成绩分析）”画面，可以对本班学生的实训成绩进行综合分析，包括以下四类图表：

1.班级能力

其分别以柱状图和曲线图两种方式显示，描述本班学生的平均能力，包括综合能力、单据填写熟练程度、业务流程熟练程度及预算能力四项，老师可以任意选择其中一项或多项查看，同时还可选择查看的合同数目（系统默认为查看前15笔）。注意图中x轴是以学生已完成的合同量来递进的，未完成的合同不计入其中。

2.学生能力

其同样以柱状图和曲线图两种方式显示，老师可选择学生学号，分别查看每个学生的个人能力，同样包括单据填写熟练程度等四项，以每笔已完成的合同为标准。

3.学生百分制成绩

其分为柱状图、曲线图与饼状图，反映每个分数段的学生人数。这里的分数是学生的实际得分，与“学生考评”页面中学生所得总分相同。

4.学生五分制成绩

其分为柱状图、曲线图与饼状图，根据老师在“系统参数”页面对五分制评分标准的设定，点击“统计”按钮，反映每个等级段的学生人数。再点“成绩列表”，系统将根据设定好的等级分制换算出学生的参考分数。

此外，当有纠纷需要调解或仲裁时，老师来担任调解、仲裁者的角色，学生可通过SimTrade的邮件系统向老师申诉。老师在自己的管理画面，可以通过邮件系统进行调解或仲裁。

例如，出口商与进口商有了纠纷，如果错在进口商，老师做出仲裁结果：进口商赔款给出口商。当老师做出仲裁后，进口商必须在业务中心通过银行汇款赔款给出口商。

第三章

SimTrade五种角色操作要点

在国际贸易中完成一笔出口贸易可能涉及众多的角色，为了便于模拟国际贸易操作流程，SimTrade实训平台将众多角色简化为五个角色，分别为出口商、进口商、工厂、出口地银行与进口地银行，下面主要介绍这五种角色的操作要点。

第一节　工厂操作要点

一、工厂实习目标

1.利用SimTrade提供的各项资源，做好交易前的准备工作。

2.学会运用网络资源宣传企业及产品。

3.使用邮件系统进行业务磋商，掌握往来函电的书写技巧。

4.掌握不同贸易术语在海运、保险方面的差异。在询盘、发盘、还盘、接受环节的磋商过程中，灵活使用贸易术语（CIF、CFR、FOB）与结算方式（L/C、T/T、D/P、D/A），正确核算成本、费用与利润，以争取较好的成交价格。

5.根据磋商内容，正确使用贸易术语与结算方式签订外销合同。

6.掌握四种主要贸易术语（L/C、T/T、D/P、D/A）的进出口业务流程。

7.根据磋商内容做好备货工作，正确签订国内购销合同。

8.正确判断市场走向，做好库存管理。

9.正确填写各种单据（包括出口业务中的报检、报关、议付单据，进口业务中的信用证开证申请）。

10.掌握开证、审证、审单要点。

11.学会合理利用各种方式控制成本以达到利润最大化。

12.体会国际贸易的物流、资金流与业务流的运作方式，体会国际贸易中不同当事人的不同地位、面临的具体工作与互动关系。

二、工厂操作页面简介

SimTrade有五个角色，分别为出口商、进口商、工厂、出口地银行与进口地银行，以工厂的用户名登录成功后，进入工厂的操作主页面。页面首页上列有该工厂目前的等级（最高为10颗红星，每颗红星相当于10分，每颗白星相当于5分）；“系统提示”帮助工厂分析目前的经营状况，以便及时改进，提高实习成绩；点击“我的公文夹”，可以进入文件管理页面；点击上方的按钮，可分别进入工厂的资料、财务等操作页面。

（一）Profile（资料）

点击工厂主页面上方的第八个按钮，可打开资料的操作页面，用于记录公司各项详细信息。

用户编号、账号、注册资金、电子邮件：其中用户编号就是登录时使用的账号。这几项都是老师统一分配的，使用者不能修改。

企业法人：可作为以后填写各项单据的签名使用。

公司名称：第一次登录成功后，必须先注册公司名称，否则不能进行其他的业务操作。

电话、传真、邮政编码、网址：这些都是公司的联络资料，请逐项填写，以方便贸易伙伴之间的联络。

公司地址：在合同中都需要填写公司地址。

公司介绍：填写介绍说明（如公司的经营宗旨、生产规模、产品状况等），以此来吸引一部分交易对象对公司的注意，增加业务机会。

修改密码：点击这里可对登录密码进行修改。

用户还可通过浏览方式自由添加公司图片，以上资料都将显示在“淘金网”的“公司库”页面中。

（二）Finance（财务）

点击工厂主页面上方的第二个按钮，可打开财务的操作页面，这里相当于公司的财务部，所有业务往来发生的收入、支出都在“日记账”中体现，所有与贷款有关的项目都在“贷款明细”中体现。本页面的财务状况只用于查询，不能做任何修改。在本页面中，注册资金与币别都不可修改；贷款余额 = 所有未还贷款的总金额；库存资产 = 库存量×采购成本。

1.日记账

点击“日记账”按钮，可进入日记账的页面。

时间：记录发生收入、支出的具体时间，以“年-月-日 时-分”倒序排列。

收入、支出：记录发生收入、支出的金额。

合同号：记录发生收入、支出的相关合同号。

项目描述：记录发生收入、支出的说明。

2.贷款明细

点击“贷款明细”按钮，可进入贷款明细的页面。

申请时间：按贷款申请的具体时间，以“年-月-日 时-分”倒序排列。

贷款银行：显示贷款银行的编号，以便今后还贷时输入。

贷款额：显示贷款的金额，其中的币别为工厂申请贷款时所输入的币别，但在涉及公司资金流转时贷款金额将自动转换成以本国货币计算。

贷款状态：“申请中”表示银行尚未批准此项贷款；“已放贷”表示银行同意发放贷款，并将贷款金额划入贷款申请者的账户中。

贷款描述：是工厂在向银行申请贷款时填写的内容。

（三）Stock（库存）

点击工厂主页面上方的第三个按钮，可打开库存状况的操作页面，这里相当于公司的仓库。随着业务的开展，系统将根据“生产后库存量增加，销货后库存量减少”的原则自动统计出来，本页面只能查询，不能修改。

商品编号、名称：与“B2B（淘金网）”中“产品展示”里的资料相对应。生产或出货时，系统均以商品编号来自动计算库存量的增减。

数量：系统将根据合同签订的销售数量，在生产或出货以后自动增减库存量。

库存成本：显示工厂生产某商品的成本总和的平均数。例如，某商品第一次生产的成本为5元，第二次生产的成本为5.8元，则库存商品的生产成本显示为5.4元。

（四）Business（业务中心）

点击工厂主页面上方的第四个按钮，可打开业务中心的操作页面。

在地图上，建筑物表示与业务相关的工作机构，将鼠标移到建筑物上会显示相应名称。点击该建筑物（如出口商），会在弹出对话框中列出与出口商相关的工作内容（如起草合同）。在业务中心的具体操作请参考国内采购流程。

（五）Logs（业务日志）

点击工厂主页面上方的第五个按钮，可打开业务日志的操作页面。这里对国内采购业务中的相关流程加以标识，让使用者及时了解业务的进展状况。注意这里显示的是主合同的业务状况，如果要查看其他合同的业务日志，请点击“切换主合同”。每次只能就一笔合同查看业务日志。

日期：指内销合同的日期。本页面以内销合同日期做倒序排列显示，因此在签订内销合同时，建议使用者输入固定的日期格式（例如：yyyy-mm-dd）。

合同号：为内销合同的合同号。

交易对象：显示内销合同的买方（Buyer）用户编号与公司简称。

目前状况：根据合同的签订、履行的进程，显示当前的执行情况。

国内采购合同详细业务日志：列出此合同项下，从起草合同开始到业务结束的全过程中发生的事件，包括错误操作。

（六）Mail（我的邮件）

点击工厂主页面上方的第六个按钮，进入邮件系统，在这里可通过邮件与各用户联系。

查看相关主题：邮件系统的使用

（七）B2B（淘金网）

点击工厂主页面上方的第七个按钮，可打开“淘金网”页面。

“淘金网”是SimTrade中一个仿真的B to B电子商务中心，提供完全仿真的国际商业环境。使用者可在各个页面中查到通知、今日汇率，以及工厂、出口商与进口商的详细资料，利用关键词搜索功能可以快速找到需要的供求信息、公司、产品资料，为外贸实习提供更大空间。

查看相关主题：淘金网

（八）Help（帮助）

如有任何问题，可点击工厂主页面上方的第九个按钮查阅在线帮助。

三、了解产品的基本特点

实际业务中，进出口商通过在选定的目标市场中分析产品的销售趋势、利润空间等情况选择目标产品，然后利用互联网、产品供应商以及目标市场的数据了解目标产品的基本特点，为以后的交易磋商做好准备。

SimTrade提供了大量可供交易的产品，使用者可以通过“B2B（淘金网）”中“产品展示”的详细情况了解它们的质量、包装等基本特点。

（一）名词解释

商品编号：在合同及各类单据中增加、修改商品资料时，须引用此编号（Product No.）。

海关代码：记下海关代码，可到“B2B（淘金网）”中“税率”页面查找此类商品的固定税率，对进口商、出口商、工厂的税收核算起重要作用。

中文名称、中文描述：产品的中文名称与描述，多用于出口商与工厂签订的购销合同、出口商制作的出境货物报检单等单据中。

英文名称、英文描述：产品的英文名称与描述，多用于出口商与进口商签订的外销合同、出口商制作的商业发票、装箱单等单据中。

所属类别：商品所属大类，在有些单据中会用到。

销售单位：在SimTrade中，合同的成交数量以销售单位来计算，单据中的“Quantity”项也是以销售单位来填写。

包装单位：在SimTrade中，体积与重量都是针对一个包装单位而言的。单据中有关“Package”或“件数”项，须填写包装的数量及单位；有关“毛重”或“净重”项，须先根据成交数量计算出包装数量，再根据包装数量计算出重量来填写。

毛重、净重：在SimTrade中，毛重、净重是指一个包装单位的毛重、净重。

体积：在SimTrade中，体积是指一个包装单位的体积，使用者在计算总体积时必须先算出包装数量，再以包装数量乘以单件包装的体积，方能算出总体积。

（二）相关计算范例

【例3-1】商品02002（男式T恤衫），销售单位PC（件），包装单位carton（箱），单位换算为每箱装20件。

（1）如果交易数量是5 000件，包装箱数是多少？

（2）如果交易数量是4 010件，包装箱数是多少？

解：（1）包装箱数 = 5 000÷20 = 250（箱）

（2）包装箱数 = 4 010÷20=200.5（箱），应进位取整得201箱（注意：“包装箱数”如有小数部分须进位取整箱）。

【例3-2】商品04007（木雕装饰）的单位换算为每箱30块，每箱毛重10.5kgs，净重8.5kgs，每箱体积0.2904cbm。

（1）求合同成交量为9 000块的商品毛重、净重、体积？

（2）求合同成交量为9 020块的商品毛重、净重、体积？

解：（1）包装箱数=9 000÷30=300（箱）

毛重 = 10.5×300 = 3 150（kgs）

净重 = 8.5×300 = 2 550（kgs）

体积 = 0.2904×300 = 87.12（cbm）

（2）包装箱数=9 020÷30=300.67（箱），应进位取整得301箱。

毛重 = 10.5×301 = 3 160.5（kgs）

净重 = 8.5×301 = 2 558.5（kgs）

体积 = 0.2904×301 = 87.4104（cbm）

【例3-3】商品08003（儿童踏板车），销售单位unit（辆），包装单位carton（箱），单位换算为每箱装6辆，每箱体积为0.0576cbm，毛重为21kgs，试分别计算该商品用20′、40′集装箱运输时的最大可装箱数及最大销售数量（每20′集装箱可装体积通常为25cbm，限重17.5tne，每40′集装箱可装体积通常为55cbm，限重26tne，1tne = 1 000kgs）。

解：每20′集装箱：

按体积算可装箱数=25÷0.0576 = 434.028（箱）

按重量算可装箱数=17.5÷21×1 000 = 833.33（箱）

取两者中较小的值，因此最大可装箱数取整434箱，计2 604辆。

每40′集装箱：

按体积算可装箱数=55÷0.0576 = 954.861（箱）

按重量算可装箱数=26÷21×1 000 = 1 238.095（箱）

取两者中较小的值，因此最大可装箱数取整954箱，计5 724辆。

四、发布信息与广告

国际市场上，各国消费者除了知晓一些传统产品与世界驰名品牌以外，对大多数产品还是陌生的。他们不可能像对国内产品那样，通过各种渠道对产品的性质与特点进行详细了解，甚至对国际企业的名称及其实力、规模与经营业绩等也不熟悉。正是由于国际企业与消费者在沟通方面存在困难，因此，加强宣传已成为企业开拓国际市场的重要手段。特别是在商品首次进入某国市场时，国际企业更需要通过广告宣传来帮助其打开市场。

SimTrade模拟了大型B to B电子商务网站的企业宣传功能。在“B2B（淘金网）”中，无论是出口商、进口商，还是工厂，都有机会通过发布供求信息与公司及产品广告来宣传自己，增加业务机会。

（一）发布产品广告

操作步骤：

1.在“Business（业务中心）”页面，点击标志为“广告公司”的建筑物；

2.在弹出业务页面中点击上方的“发布广告”项；

3.输入广告标题、关键字，选择发布类型为“产品广告”，并选择相应的产品编号，再输入广告内容；

4.点击“确定”按钮，完成产品广告发布。

注意：产品广告发布成功后，会显示在“B2B（淘金网）”里“产品展示”页面中。

（二）发布公司广告

操作步骤：

1.在“Business（业务中心）”页面，点击标志为“广告公司”的建筑物；

2.在弹出业务页面中点击上方的“发布广告”项；

3.输入广告标题、关键字，选择发布类型为“公司广告”，再输入广告内容；

4.点击“确定”按钮，完成公司广告发布。

注意：公司广告发布成功后，会显示在“B2B（淘金网）”里“公司库”页面中。

（三）发布信息

操作步骤：

1.在“Business（业务中心）”页面，点击标志为“广告公司”的建筑物；

2.在弹出业务页面中点击上方的“发布信息”项；

3.输入信息标题、关键词与内容，并选择发布类型；

4.点击“确定”按钮，完成信息发布。

注意：出口商、进口商、工厂发布的买卖信息，会分别显示在“B2B（淘金网）”的首页上。

五、工厂的业务费用

SimTrade里，工厂在完成一笔业务的过程中，须缴纳的费用包括三项：增值税、消费税与公司综合费用。这三种费用的计算方法如下：

（一）增值税

进入“B2B（淘金网）”的“税率”页，输入商品海关编码进行查询（例如输入商品01001的海关编码2003101100，查到增值税税率为17%①）。如果一笔合同涉及多项商品，则须分别计算再累加。

可得：商品增值税＝内合同金额/（1+增值税税率）×增值税税率。

（二）消费税

进入“B2B（淘金网）”的“税率”页，输入商品海关编码进行查询（例如输入商品10001的海关编码3304100000，查到增值税税率为17%，消费税从价计算，为价格的30%）。如果一笔合同涉及多项商品，则须分别计算再累加。

可得：从价商品消费税＝内合同金额/（1+增值税税率）×消费税税率。

从量商品消费税＝出口销售数量×消费税单位税额。

（三）公司综合费用

在“B2B（淘金网）”的“其他费用”中，查到工厂的公司综合费用为合同金额的5%。

可得：公司综合费用＝合同金额×5%。

六、工厂的报价

在SimTrade中，工厂是出口商的供货单位，出口商询盘后，工厂需要提供报价。工厂报价可分为以下几个步骤：

第一步：查询生产成本（单价）。

进入“Business（业务中心）”查看“市场”，可查看产品的生产单价。

例如，查得01001洋菇罐头（整粒）每箱的成本为CNY 38.62，则CNY 38.62即为一个销售单位的生产成本。

第二步：预估报价。

根据生产成本加上适当金额预估一个报价（单价）。

例如，上例中每箱的成本为CNY 38.62，则我们试着预估报价CNY 50。

第三步：计算内合同金额。

首先需要与出口商商定交易数量，则：内合同金额=预估报价×数量。

例如，假设上例中出口商需要1 200箱，则内合同金额=50×1 200=CNY 60 000。

第四步：计算工厂总成本。

工厂总成本=生产总成本+工厂业务费用。其中：

① 此处仅为示例，具体以实际规定为准，下同。

生产总成本=生产单价×数量；

工厂业务费用=增值税+消费税+公司综合费用。

具体计算方法详见“工厂的业务费用”。如上例：

（1）计算生产总成本：生产总成本=38.62×1 200=CNY 46 344。

（2）在淘金网产品展示中查得01001洋菇罐头（整粒）的海关编码为2003101100，在“费率查询”中查得增值税税率为17%，无消费税。

（3）计算增值税：增值税 = 内合同金额/（1+增值税税率）×增值税税率=60 000/（1+17%）×17%=CNY 8 717.95。

（4）计算公司综合费用：公司综合费用 = 内合同金额×5%=60 000×5%=CNY 3 000。

（5）计算工厂业务费用：工厂业务费用=增值税+消费税+公司综合费用=8 717.95+0+3 000=CNY 11 717.95。

（6）计算工厂总成本：工厂总成本=生产总成本+工厂业务费用=46 344+11 717.95=CNY 58 061.95。

第五步：计算利润。

利润=内合同金额-工厂总成本。

上例中，利润=60 000-58 061.95=CNY 1 938.05。

第六步：根据利润定报价。

如果第五步中算出的利润满足预期，则预估单价合理，可将此价格报给出口商，否则可重新估价。

七、L/C + CIF工厂快速入门

说明：本篇快速入门为一套完整的SimTrade实际业务操作，交易方式为L/C + CIF。由于不同交易方式下贸易流程不尽相同，本例中的数据资料与表格内容仅供参考，请依具体情况来完成实际操作。

请选择以下主题查看相关内容：

◆ 交易准备阶段

◆ 交易磋商阶段

◆ 签订与履行合同阶段

（一）交易准备阶段

1.学生以工厂角色登录，输入账号（如XYZ），选择用户类型为“工厂”，点击“登录系统”按钮，进入工厂业务主页面。

2.创建公司。点击“Profile（资料）”，可查看公司账号、邮件地址等资料，其他逐项填写如下：

公司全称：冠弛股份有限公司

公司简称：冠弛

企业法人：张弛

电话：86-25-29072727

传真：86-25-29072626

邮政编码：210016

网址：http：//www.guch.com

公司地址：南京市中正路651号3楼

公司介绍：我公司为信誉卓著的厂商，产品深受客户喜爱，欢迎与我公司洽谈业务，我们会竭力提供您所需！

可自由添加图片。

注意事项：最好使用GIF或JPG格式的图片，尺寸建议在120*120（像素）左右。

填写完毕后，点击“确定”。

3.发布信息。点击“Business（业务中心）”里标志为“广告公司”的建筑物，再点击“发布信息”，逐项填写如下：

输入标题：大量女式T恤衫出售。

输入关键字：女式T恤衫。

选择发布类型为“供应信息”。

输入内容：我公司现有大量女式T恤衫存货，欲低价出售，欢迎来函来电洽谈！Email：xyz3@simtrade。

填写完毕后，点击“确定”，成功发布信息。

4.发布产品广告。点击“发布信息”右边的“发布广告”，逐项填写如下：

输入标题：供应最新款女式T恤衫，质优价廉！

输入关键字：女式T恤衫。

选择发布类型为“产品广告”，在产品编号下拉框中选择02009。

输入内容：我公司现供应最新款女式T恤衫，质优价廉，欢迎前来参观订购！Email：xyz3@simtrade。

填写完毕后，点击“确定”，成功发布产品广告。

再点击“发布公司广告”，逐项填写如下：

输入标题：长年供应各类商品，优质低价！

输入关键字：各类商品。

选择发布类型为“公司广告”。

输入内容：我公司长年供应各类商品，包括服装、钟表、玩具等，优质低价，欢迎前来参观订购！Email：xyz3@simtrade。

填写完毕后，点击“确定”，成功发布公司广告。

（出口商发布信息后）

5.寻找商机。点击“B2B（淘金网）”，进入查询页面，在首页上可查看通知以及各类市场信息与供求信息，其中在出口商发布的信息中可找到宏昌国际股份有限公司发布的购买女式T恤衫的信息。

6.查看交易对象。点击“公司库”，可看到所有公司，输入关键词“宏昌”，选择类别为“出口商”，点击“搜索”，找到对应的公司，再点击“详细情况”，查看公司具体资料。

7.查看交易商品。点击“产品展示”，可看到所有产品，输入关键词“女式T恤衫”，点击“搜索”，找到对应的产品，再点击“详细情况”，查看商品具体资料。

8.查看市场。回到工厂业务主页面，点击“B2B（淘金网）”里标志为“市场”的建筑物，再点击“查看市场”，可看到女式T恤衫的生产价格。

（二）交易磋商阶段

1.与出口商建立业务关系。点击“Mail（我的邮件）”，进入邮件系统，点击“新建”，填写邮件内容如下：

收件人：对应出口商的邮件地址（如xyz1@simtrade）

主题：建立业务关系

合同号：（此时未建立合同，不需要填合同号）

内容栏：

刘铭华先生：

您好！我们是冠弛股份有限公司，我公司有着悠久的经营历史，在国内外享有良好声誉。我们在www.simtrade.net里找到了贵公司的资料，得知你们欲购买女式T恤衫，我公司正好是一家专业的服装生产厂商，希望能与贵公司建立起长期的合作关系，盼来函询价！

盼复！

张弛

冠弛股份有限公司

填写完毕后，点击“发送”。

（出口商回复联系邮件后）

2.收取出口商询价邮件。

3.回复邮件。点击“回复”，填写内容如下：

收件人：回复状态下自动填写

主题：回复状态下自动填写，可将其改为“女式T恤衫报价”

合同号：（此时未建立合同，不需要填合同号）

内容栏：

刘铭华先生：

您好！来函已收到，非常感谢您对我公司产品的关注与信赖，现报价如下：

产品名称：女式T恤衫 women's T-shirt

货品编号：02009

海关编码：6109100022

规格描述：每箱20件，颜色：黑色，面料成分：全棉

销售单位：PC

包装单位：carton

交货地点：工厂交货

付款方式：需方凭供方提供的增值税发票及相应的税收（出口货物专用）缴款书在供方工厂交货后7个工作日内付款。如果供方未将有关票证备齐，需方扣除17%税款支付给供方，等有关票证齐全后结清余款。

最小订货量：15 000 PCS

单价：RMB 80/PC

以上资料供您参考并确认，盼复！

张弛

冠弛股份有限公司

填写完毕后，点击“发送”。

（出口商回复接受报价的邮件后）

4.收取出口商接受报价的邮件。

（三）签订与履行合同阶段

（出口商起草并发送合同后）

1.收取出口商要求确认合同的邮件。

2.确认合同。在“Business（业务中心）”里点击“出口商”，在弹出页面的左边首先点击“切换”，将需要确认的合同设置为主合同；再点击“修改合同”，在弹出的合同的下方签字，填入各项详细信息（账号等可在公司资料中找到），点击“保存”；最后回到用户对话框中“确认合同”。

3.组织生产。点击“Business（业务中心）”中标志为“市场”的建筑物，再点击“查看市场”，选择商品“02009”，点击“组织生产”，输入生产数量“15 000”，点击“确定”，完成生产。

4.放货。点击标志为“出口商”的建筑物，再点击“放货”，将货物送到出口商处，同时收取货款。

5.缴税。点击标志为“国税局”的建筑物，再点击“缴税”。至此，该笔交易完成。

第二节 出口商操作要点

一、出口商实习目标

1.利用SimTrade提供的各项资源，做好交易前的准备工作。

2.学会运用网络资源宣传企业及产品。

3.使用邮件系统进行业务磋商，掌握往来函电的书写技巧。

4.掌握不同贸易术语在海运、保险方面的差异。在询盘、发盘、还盘、接受环节的磋商过程中，灵活使用贸易术语（CIF、CFR、FOB）与结算方式（L/C、T/T、D/P、D/A），正确核算成本、费用与利润，以争取较好的成交价格。

5.根据磋商内容，正确使用贸易术语与结算方式签订外销合同。

6.掌握四种主要贸易术语（L/C、T/T、D/P、D/A）的进出口业务流程。

7.根据磋商内容做好备货工作，正确签订国内购销合同。

8.正确判断市场走向，做好库存管理。

9.正确填写各种单据（包括出口业务中的报检、报关、议付单据，进口业务中的信用证开证申请）。

10.掌握开证、审证、审单要点。

11.学会合理利用各种方式控制成本以达到利润最大化。

12.体会国际贸易的物流、资金流与业务流的运作方式，体会国际贸易中不同当事人的不同地位、面临的具体工作与互动关系。

二、出口商操作页面简介

SimTrade有五个角色，分别为出口商、进口商、工厂、出口地银行与进口地银行，以出口商的用户名登录成功后，进入出口商的操作主页面。在页面首页上，列有该出口商目前的等级（最高为10颗红星，每颗红星相当于10分，每颗白星相当于5分）；“系统提示”帮助出口商分析目前的经营状况，以便及时改进，提高实习成绩；点击“我的公文夹”，可以进入文件管理页面；点击上方的按钮，可分别进入出口商的基本资料、财务等操作页面。

（一）Profile（资料）

点击出口商主页面上方的第八个按钮，可打开资料的操作页面，用于记录公司各项详细信息。

用户编号、账号、注册资金、单位代码、税务登记号、海关代码、电子邮件：其中用户编号就是登录时使用的账号。这几项都是老师统一分配的，使用者不能修改，在填写单据过程中会用到。

公司全称（中文、英文）：第一次登录成功后，必须先注册公司名称，否则不能进行其他业务操作。注意出口商的中文、英文名称都要注册。

公司简称（中文、英文）：将会显示在相关交易信息中，但在填写各单据时必须使用全称。

企业法人（中文、英文）：作为以后填写各项单据的法人签名使用，注意中英文都要填写。中文名称用在与工厂进行的业务往来中，英文名称则用在与进口商进行的业务往来中。

电话、传真、邮政编码、网址：这些都是公司的联络资料，请逐项填写，以方便贸易伙伴之间的联络。

公司地址（中文、英文）：在合同、信用证及其他单据中都需要填写公司地址。

公司介绍：填写介绍说明（如公司的经营宗旨、生产规模、产品状况等），以此来吸引一部分交易对象对公司的注意，增加业务机会。

修改密码：点击这里可对登录密码进行修改。

用户还可通过浏览方式自由添加公司图片，以上资料都将显示在“B2B（淘金网）”的“公司库”页面中。

（二）Finance（财务）

点击出口商主页面上方的第二个按钮，可打开财务的操作页面，这里相当于公司的财务部，所有业务往来发生的收入、支出都在“日记账”中体现，所有与贷款有关的项目都在“贷款明细”中体现。本页面的财务状况只用于查询，不能做任何修改。在本页面中，注册资金与币别都不可修改；贷款余额＝所有未还贷款的总金额；库存资产＝库存量×采购成本。

1.日记账

点击“日记账”按钮，可进入日记账的页面。

时间：记录发生收入、支出的具体时间，以“年-月-日 时-分”倒序排列。

收入、支出：记录发生收入、支出的金额。

合同号：记录发生收入、支出的相关合同号。

项目描述：记录发生收入、支出的说明。

2.贷款明细

点击“贷款明细”按钮，可进入贷款明细的页面。

申请时间：按贷款申请的具体时间，以“年-月-日 时-分”倒序排列。

贷款银行：显示贷款银行的编号，以便今后还贷时输入。

贷款额：显示贷款的金额，其中的币别为出口商申请贷款时所输入的币别，但在涉及公司资金流转时贷款金额将自动转换成以本国货币计算。

状态："申请中"表示银行尚未批准此项贷款；"已放贷"表示银行同意发放贷款，并将贷款金额划入贷款申请者的账户中。

贷款描述：是出口商在向银行申请贷款时填写的内容。

（三）Stock（库存）

点击出口商主页面上方的第三个按钮，可打开库存状况的操作页面，这里相当于公司的仓库。随着业务的进展，系统将根据"进货后库存量增加，销货后库存量减少"的原则自动统计出来，本页面只能查询，不能修改。

商品编号、名称：与"B2B（淘金网）"中"产品展示"里的资料相对应。进货或出货时，系统均以商品编号来自动计算库存量的增减。

数量：系统将根据合同签订的销售数量，在出货或进货以后自动增减库存量。

采购成本：显示出口商向工厂采购时所签合同中有关该项产品的采购成本的平均数。例如，出口商分别向两家工厂采购某产品，与A工厂签订的合同金额为10元/件，与B工厂签订的合同金额为12元/件，则两次进货后，显示的采购成本为11元/件。

（四）Business（业务中心）

点击出口商主页面上方的第四个按钮，可打开业务中心的操作页面。

在地图上，建筑物表示与业务相关的工作机构，将鼠标移到建筑物上会显示相应名称。点击该建筑物（如进口商），会在弹出对话框中列出与进口商相关的工作内容（如起草合同）。在业务中心的具体操作请参考履约流程与快速入门。

（五）Logs（业务日志）

点击出口商主页面上方的第五个按钮，可打开业务日志的操作页面。这里对出口业务中的相关流程加以标识，让使用者及时了解业务的进展状况。

1.出口业务

可查看出口业务的完成状况。注意这里显示的是主合同的业务状况，如果要查看其他合同的业务日志，请点击"切换主合同"，每次只能就一笔合同查看业务日志。

日期：指外销合同的日期。本页面以外销合同日期做倒序排列显示，因此在签订外销合同时，建议使用者输入固定的日期格式（例如：yyyy-mm-dd）。

合同号：为外销合同的合同号。

交易对象：显示外销合同的买方（buyer）用户编号与公司简称。

目前状况：根据合同的签订、履行的进程，显示当前的执行情况，更详细的状况可以看下方的业务进程标识。

信用证、订舱、报检、投保、送货、报关、取提单、装船通知、产地证、押汇、托收、交单、结汇、国际收支网上申报、退税：是相关出口业务过程的状态标识。系统在这些项目的下方以"Y"表示已完成状态，以"N"表示未完成状态。根据贸易条件与结算方式的不同，有些项目是可以为"N"的。例如，CFR方式下由进口商投保，则出口商"投保"项的下方可以为"N"，而进口商在做了投保后，"投保"项下才会改为"Y"。

出口合同详细业务日志：列出此合同项下，从起草合同开始到业务结束的全过程中发生的事件，包括错误操作。

2.国内采购

可查看国内采购业务的完成状况，操作方法同“出口业务”。

（六）Mail（我的邮件）

点击出口商主页面上方的第六个按钮，进入邮件系统，在这里可通过邮件与各个用户联系。

查看相关主题：邮件系统的使用

（七）B2B（淘金网）

点击出口商主页面上方的第七个按钮，可打开“淘金网”页面。

“淘金网”是SimTrade中一个仿真的B to B电子商务中心，提供完全仿真的国际商业环境。使用者可在各个页面中查到通知、今日汇率，以及工厂、出口商与进口商的详细资料，利用关键词搜索功能可以快速找到需要的供求信息、公司、产品资料，为外贸实习提供更大空间。

查看相关主题：淘金网

（八）Help（帮助）

如有任何问题，可点击出口商主页面上方的第九个按钮查阅在线帮助。

三、发布信息与广告

国际市场上，各国消费者除了知晓一些传统产品与世界驰名品牌以外，对大多数产品还是陌生的。他们不可能像对国内产品那样，通过各种渠道对产品的性质与特点进行详细了解，甚至对国际企业的名称及其实力、规模与经营业绩等也不熟悉。正是由于国际企业与消费者在沟通方面存在困难，因此，加强宣传已成为企业开拓国际市场的重要手段。特别是在商品首次进入某国市场时，国际企业更需要通过广告宣传来帮助其打开市场。

SimTrade模拟了大型B to B电子商务网站的企业宣传功能。在“B2B（淘金网）”中，无论是出口商、进口商，还是工厂，都有机会通过发布供求信息与公司及产品广告来宣传自己，增加业务机会。

（一）发布产品广告

操作步骤：

（1）在“Business（业务中心）”页面，点击标志为“广告公司”的建筑物；

（2）在弹出业务页面中点击上方的“发布广告”项；

（3）输入广告标题、关键字，选择发布类型为“产品广告”，并选择相应的产品编号，再输入广告内容；

（4）点击“确定”按钮，完成产品广告发布。

注意：产品广告发布成功后，会显示在“B2B（淘金网）”里“产品展示”页面中。

（二）发布公司广告

操作步骤：

（1）在“Business（业务中心）”页面，点击标志为“广告公司”的建筑物；

（2）在弹出业务页面中点击上方的“发布广告”项；

（3）输入广告标题、关键字，选择发布类型为“公司广告”，再输入广告内容；

（4）点击“确定”按钮，完成公司广告发布。

注意：公司广告发布成功后，会显示在“B2B（淘金网）”里“公司库”页面中。

（三）发布信息

操作步骤：

（1）在“Business（业务中心）”页面，点击标志为“广告公司”的建筑物；

（2）在弹出业务页面中点击上方的“发布信息”项；

（3）输入信息标题、关键词与内容，并选择发布类型；

（4）点击“确定”按钮，完成信息发布。

注意：出口商、进口商、工厂发布的买卖信息，会分别显示在“B2B（淘金网）”的首页上。

四、出口预算表的填写

在进出口贸易中，商品的价格是买卖双方磋商的焦点，有时也是成交的决定性因素。正确掌握进出口商品价格构成，合理采用各种作价方法，选用有利的计价货币和贸易条件，准确核算成本、利润，具有十分重要的意义。在SimTrade中，当出口商起草完毕合同，发送给对方时，必须先填写出口预算表，预估各项费用；交易完成后，实际发生的金额将列于右侧栏中，供学生核对自己计算得正确与否。以下就出口预算表中各项费用的计算加以说明，便于学生填写时参考。

注意填入出口预算表的数字全部为本位币，且都保留两位小数。如需换算，汇率请参考“B2B（淘金网）”中的“银行”页面，如没有该项费用发生，请填“0”。

请选择以下主题查看相关内容：

◆ 基本计算

◆ 出口预算表计算

1.合同金额

2.采购成本

3.FOB总价

4.内陆运费

5.报检费

6.报关费

7.海运费

8.保险费

9.银行费用

10.其他费用

11.退税收入

12.利润

（一）基本计算

1.毛重、净重、体积计算

首先到“B2B（淘金网）”的“产品展示”中记下每箱产品的重量、体积，其次查询产品的销售单位与包装单位是否相同。

在计算重量时，对销售单位与包装单位相同的产品（如食品类产品），可直接用“交易数量×每箱的毛（净）重”计算总毛（净）重；对销售单位与包装单位不同的产品（如玩具类、服装类产品），须先根据单位换算计算出单件产品的毛（净）重，再根据交易数量计算总毛（净）重。

在计算体积时，对销售单位与包装单位相同的产品（如食品类产品），可直接用“交易数量×每箱的体积”计算总体积；对销售单位与包装单位不同的产品（如玩具类、服装类产品），须先根据单位换算计算出包装箱数，再计算总体积（注意：包装箱数有小数点时，必须进位取整箱，如不满整箱亦按整箱计算总毛（净）重和总体积）。

【例 3-4】玩具类产品08001项，销售单位是unit（辆），包装单位是carton（箱），单位换算显示是每箱装6辆，每箱毛重23kgs，每箱净重21kgs，每箱体积0.08052cbm。如果交易数量为1 000辆，试分别计算毛重、净重、体积。

解：体积的计算：

包装箱数 = 1 000÷6 = 166.6（箱），取整167箱。

总体积 = 167×0.08052 = 13.447（cbm）

毛重的计算：

总毛重=单件的毛重×包装箱数 = 23×167 = 3 841（kgs）

净重的计算：

总净重=单件的净重×包装箱数 = 21×167 = 3 507（kgs）

【例 3-5】食品类产品01001项，销售单位是carton（箱），包装单位也是carton（箱），每箱毛重11.2kgs，每箱净重10.2kgs，每箱体积0.014739cbm。如果交易数量为2 000箱，试分别计算毛重、净重、体积。

解：毛重 = 2 000×11.2 = 22 400（kgs）

净重 = 2 000×10.2 = 20 400（kgs）

体积 = 2 000×0.014739 = 29.478（cbm）

注意：因该类产品销售单位与包装单位相同，故计算时可不考虑单位换算的内容。

2.报价数量核算

在国际货物运输中，经常使用的是20′集装箱和40′集装箱。20′集装箱的有效容积为25cbm，限重17.5tne，40′集装箱的有效容积为55cbm，限重26tne，1tne = 1 000kgs。出口商在做报价核算时，建议按照集装箱可容纳的最大包装数量来计算报价数量，以节省海运费。

在“B2B（淘金网）”的“产品展示”中查看产品详细情况，根据产品的体积、包装单位、销售单位、单位换算来计算报价数量。

【例 3-6】商品08003（儿童踏板车），销售单位是unit（辆），包装单位是carton（箱），单位换算为每箱装6辆，每箱体积为0.0576cbm，毛重为21kgs，试分别计算该商品用20′、40′集装箱运输时的最大可装箱数及报价数量。

解：每20′集装箱：

按体积算可装箱数=25÷0.0576 = 434.028（箱）

按重量算可装箱数=17.5÷21×1 000 = 833.33（箱）

取两者中较小的值，因此最大可装箱数取整434箱，相应销售数量 = 434×6 = 2 604（辆）。

每40′集装箱：

按体积算可装箱数=55÷0.0576 = 954.861（箱）

按重量算可装箱数=26÷21×1 000 = 1 238.095（箱）

取两者中较小的值，因此最大可装箱数取整954箱，相应销售数量 = 954×6 = 5 724（辆）。

【例3-7】商品01005（甜玉米罐头），销售单位与包装单位都是carton（箱），每箱体积为0.025736cbm，毛重为20.196kgs，试分别计算该商品用20′、40′集装箱运输出口时的最大可装箱数及报价数量。

解：每20′集装箱：

按体积算可装箱数 = 25÷0.025736 = 971.402（箱）

按重量算可装箱数 = 17.5÷20.196×1 000 = 866.51（箱）

取两者中较小的值，因此最大可装箱数取整866箱。由于销售单位与包装单位相同，该商品的报价数量为866箱。

每40′集装箱：

按体积算可装箱数 = 55÷0.025736 = 2 137.084（箱）

按重量算可装箱数 = 26÷20.196×1 000 = 1 287.38（箱）

取两者中较小的值，因此最大可装箱数取整1 287箱。由于销售单位与包装单位相同，该商品的报价数量为1 287箱。

（二）出口预算表计算

1.合同金额

这是双方议定的合同金额，注意需要换算成本币。

（注：出口商在报价前需要向工厂询价，工厂的报价（单价）即为出口商的采购价。出口商可根据采购价预估一个对进口商的报价（例如，采购价CNY 100/PC，可设定报价为CNY 120/PC），然后根据报价计算各项费用与利润，具体计算方法请参考“出口报价”。如利润满足预期则报价合理，反之可重新设定报价。）

【例3-8】商品01005（甜玉米罐头），合同金额为USD 16 000，查到当前美元（USD）的汇率为6.8261，试换算为本币。

解：合同金额 = 16 000×6.8261 = CNY 109 217.6

2.采购成本

出口商通过邮件和工厂联络，询问采购价格，用以成本核算。

【例3-9】商品01005（甜玉米罐头），工厂报价为每罐CNY 80，求采购971罐商品的成本。

解：采购成本 = 80×971 = CNY 77 680

3.FOB总价

FOB总价即交易双方在签订合同时所签订的货物FOB价总金额（若合同以FOB术语成交，则FOB总价=合同金额，反之则需换算）。

由CFR价换算成FOB价：FOB = CFR – 海运费

由CIF价换算成FOB价：FOB = CIF – 海运费 – 保险费

海运费及保险费的算法请参照下文的说明。

注意：金额须换算成本币，汇率可在“B2B（淘金网）”的“银行”页查到。

例如，假设该笔合同FOB总价为USD 26 500，在“银行”页中，查到当前美元（USD）的汇率为6.8261。

则该栏应填入的金额为：26 500×6.8261 = CNY 180 891.65。

4.内陆运费

在“B2B（淘金网）”的“其他费用”中，查到内陆运费率为CNY 60/立方米（注：立方米即cbm）。

可得：内陆运费 = 出口货物的总体积×60。

总体积算法请参考“基本计算”。

5.报检费

在“B2B（淘金网）”的“其他费用”中，查到报检费率为CNY 200/次。

可得：报检费 = CNY 200。

6.报关费

在“B2B（淘金网）”的“其他费用”中，查到报关费为CNY 200/次。

可得：报关费 = CNY 200。

7.海运费

在出口交易中，采用CFR、CIF贸易术语成交的条件下，出口商需要核算海运费。如为FOB条件，则此栏填“0”。

在出口交易中，集装箱类型的选用、货物的装箱方法对于出口商减少运费开支起着很大的作用。集装箱的尺码、重量以及货物在集装箱内的配装、摆放、堆叠都有一定的讲究，需要在实践中摸索。

1）运费计算的基础

运费单位（Freight Unit），是指船公司用以计算运费的基本单位。由于货物种类繁多，打包情况不同，装运方式有别，因此计算运费标准不一。

（1）整箱装：以集装箱为运费的单位，在SimTrade中有20′集装箱与40′集装箱两种。20′集装箱的有效容积为25cbm，限重17.5tne，40′集装箱的有效容积为55cbm，限重26tne，1tne = 1 000kgs。

（2）拼箱装：由船方以能收取较高运价为准，运价表上常标注M/W或R/T，表示船公司将就货品的重量吨或体积吨二者中择其运费较高者计算。

拼箱装时计算运费的单位为：

①重量吨（Weight Ton）：按货物总毛重，以1公吨（1tne=1 000kgm）为一个运费吨；

②体积吨（Measurement Ton）：按货物总体积，以1立方公尺（1 cubic meter，简称1 mtq、1cbm或1cum，又称1体积吨）为一个运费吨。

在核算海运费时，出口商首先要根据报价数量算出产品体积，再到“B2B（淘金网）”的“运费查询”页，找到对应该批货物目的港的运价。如果报价数量正好够装整箱（20′集装箱或40′集装箱），则直接取其运价为基本运费；如果不够装整箱，则用“产品总体积（或总重量，取运费较多者）×拼箱的价格”来算出海运费。

2）运费分类计算方法

（1）整箱装：整箱运费分三部分，总运费等于三部分费用的总和。

①基本运费：

基本运费 = 单位基本运费×整箱数

②港口附加费：

港口附加费 = 单位港口附加费×整箱数

③燃油附加费：

燃油附加费 = 单位燃油附加费×整箱数

（2）拼箱装：拼箱运费只有基本运费，分按体积计算与按重量计算两种方式。

①按体积计算，X1 = 单位基本运费（mtq）×总体积；

②按重量计算，X2 = 单位基本运费（tne）×总毛重。

取X1和X2中较大的一个。

【例3-10】商品08003（儿童踏板车）出口到加拿大，目的港是多伦多港口。试分别计算交易数量为1 000辆和2 604辆的海运费。

解：第一步：计算产品体积与重量。

在“B2B（淘金网）”的“产品展示”中，查到商品08003的体积是每箱0.0576cbm，每箱毛重21kgs，每箱装6辆。根据查到的产品资料，先计算产品体积。

报价数量为1 000辆：

总包装箱数 = 1 000÷6 = 166.7（箱），取整167箱，总体积 = 167×0.0576 = 9.6（cbm）。

总毛重 = 1 000÷6×21 = 3 500（kgs） = 3.5（tne）

报价数量为2 604辆：

总包装箱数 = 2 604÷6 = 434（箱），总体积 = 434×0.0576 = 24.998（cbm）。

总毛重 = 2 604÷6×21 = 9 114（kgs） = 9.114（tne）

第二步：查运价。

在“B2B（淘金网）”中“运费查询”里，查到运至加拿大多伦多港的基本运费为：每20′集装箱USD 3 290，每40′集装箱USD 4 410，拼箱每体积吨（mtq）USD 151，每重量吨（tne）USD 216。

港口附加费为：每20′集装箱USD 132，每40′集装箱USD 176。

燃油附加费为：每20′集装箱USD 160，每40′集装箱USD 215。

此外，在“淘金网”中“银行”页，可查到美元的汇率为6.8261。

根据第一步计算出的结果来看，比照集装箱规格（已在运费计算基础中写明，20′集装箱的有效容积为25cbm，限重17.5tne，40′集装箱的有效容积为55cbm，限重26tne，1tne = 1 000kgs），1 000辆的运费宜采用拼箱，2 604辆的海运费宜采用20′集装箱。

报价数量为1 000辆：

按体积计算基本运费 = 9.6×151 = USD 1 449.6

按重量计算基本运费 = 3.5×216 = USD 756

两者比较，体积运费较大，船公司收取较大者，则基本运费为USD 1 449.6。

总运费 = 1 449.6×6.8261 = CNY 9 895.11

报价数量为2 604辆，由于体积和重量均未超过一个20′集装箱的体积与限重，所以装一个20′集装箱即可。

总运费 = 1×（3 290+132+160）×6.8261 = 3 582×6.8261 = CNY 24 451.09

8.保险费

出口交易中，在以CIF条件成交的情况下，出口商需要到“B2B（淘金网）”中“保险费”页查询保险费率，用以核算保险费。如系CFR或FOB条件，此栏填“0”。计算公式如下：

保险费 = 保险金额×保险费率

保险金额 = CIF货价×（1 + 保险加成率）

在进出口贸易中，根据有关的国际贸易惯例，保险加成率通常为10%，出口商也可根据进口商的要求与保险公司约定不同的保险加成率。

由于保险金额的计算是以CIF（或CIP）货价为基础的，因此，对外报价时如果需要将CFR（或CPT）价格变为CIF（或CIP）价格，或是在CFR（或CPT）合同项下买方要求卖方代为投保时，均不应以CFR价格为基础直接加保险费来计算，而应先将CFR（或CPT）价格换算为CIF（或CIP）价格后再求出相应的保险金额和保险费。

（1）按CIF进口时：保险金额 = CIF货价×1.1。

（2）按CFR进口时：保险金额 = CFR货价×1.1 /（1 - 1.1 × r）。其中，r为保险费率，请在“淘金网”的“保险费”页面查找，将所投险别的保险费率相加即可。

（3）按FOB进口时：保险金额 = （FOB货价 + 海运费）×1.1 /（1 - 1.1 × r）。其中，FOB货价就是合同金额；海运费请在装船通知中查找，由出口商根据配舱通知填写，如果出口商填写错误，请其查看配舱通知。

【例3-11】商品03001的CIF总价为USD 8 937.6，进口商要求按成交价格的110%投保协会货物保险条款（A）（保险费率0.8%）和战争险（保险费率0.08%），试计算出口商应付给保险公司的保险费用。

解：保险金额 = 8 937.6×110% = USD 9 831.36

保险费 = 9 831.36×（0.8% + 0.08%） = USD 86.52

查美元的汇率为6.8261，换算成人民币为86.52×6.8261 = CNY 590.59

注意：

（1）因一切险（或A险）已包括所有一般附加险的责任范围，所以在投保一切险（或A险）时，保险公司对一般附加险的各险别不会另收费。投保人在计算保险金额时，一般附加险的保险费率可不计入。

（2）基本险只能选择一种投保，特殊附加险则在基本险的基础上加保。如果同时加保特殊附加险中的战争险和罢工险，费率只按其中一项计算，不累加（即同时投保战争险和罢工险，费率仍是0.80‰，而不是1.60‰）。

9.银行费用

针对不同的结算方式，银行收取的费用也不同（其中T/T方式下出口地银行不收取费用），通常为“总金额×银行费率”，在“B2B（淘金网）”的“其他费用”中可以查到相关费率。

【例3-12】合同总金额为USD 28 846.4，分别计算在L/C、D/P、D/A方式下的银行费用（假设在L/C方式下修改过一次信用证）。

第一步：查询费率。

在“B2B（淘金网）”的“其他费用”页中，查得L/C通知费200元/次、修改通知费100元/次、议付费率0.13%（最低200元）、D/A费率0.1%（最低100元，最高2 000元）、D/P费率0.1%（最低100元，最高2 000元）。

第二步：查询汇率。

在“银行”页中，查到美元的汇率为6.8261。

第三步：计算银行费用。

L/C银行费用 = 28 846.4×0.13%×6.8261 + 200 + 100 = CNY 555.98

D/P银行费用 = 28 846.4×0.1%×6.8261 = CNY 196.91

D/A银行费用 = 28 846.4×0.1%×6.8261 = CNY 196.91

10.其他费用

本栏主要包括公司综合费用、检验证书费、邮费及产地证明书费。其中，检验证书费为出口商在填写出境报检单时所申请的检验证书费用，如健康证书、植物检疫证书等，每张证书收费200元；邮费则是在T/T方式下出口商向进口商邮寄单据时按次收取，每次28美元。

以上各项费用都可以在“B2B（淘金网）”的“其他费用”页中查到，根据本次合同的实际状况累加填入本栏中。

【例3-13】T/T方式下合同总金额为USD 8 846.4，请计算本栏应填入的金额（假设本次合同中申请了1张健康证书、1张原产地证明书，并寄送过1次货运单据给进口商）。

第一步：查询费率。

在“淘金网”的“其他费用”页中，查得出口商公司综合费率5%、证明书费CNY 200/张、邮费USD 28/次。

第二步：查询汇率。

在“银行”页中，查到美元的汇率为6.8261。

第三步：计算其他费用。

其他费用 = 8 846.4×5%×6.8261 + 200 + 200 + 28×6.8261
　　　　 = 3 019.32 + 400 + 191.13
　　　　 = CNY 3 610.45

11.退税收入

在“B2B（淘金网）”的“税率”页中，输入商品海关编码进行查询（例如输入商品10001的海关编码3304100000，查到出口退税率为17%，消费税从价计税，为30%）。如果一笔合同涉及多项商品，则需要分别计算再累加。

可得：商品出口退税收入 = 应退增值税 + 应退消费税 = 采购成本/（1+增值税税率）×出口退税率 + 采购成本/（1+增值税税率）×消费税税率。

12.利润

将以上各项收入与支出合起来计算即可得出利润。

计算公式为：利润 = 合同金额+退税收入-采购成本-内陆运费-报检费-报关费-海运费-保险费-银行费用-其他费用。

五、出口报价

在进出口贸易中，商品的价格是买卖双方磋商的焦点，有时也是成交的决定性因素。正确掌握进出口商品价格构成，合理采用各种作价方法，选用有利的计价货币和贸易条件，准确核算成本、利润，具有十分重要的意义。

在SimTrade中，出口商应先与进口商商定商品数量，并告知工厂，得到工厂报价后，再报价给进口商。出口商可以根据工厂的报价（单价）先预估一个报价，然后计算费用及利润。如利润满足预期则报价合理，否则可重新估价。出口商报价可分为以下几个步骤：

第一步：根据工厂报价预估出口报价（单价）。

出口商得到工厂报价后，可适当加价预估一个出口报价，则：

外销合同金额=出口报价×数量

第二步：计算各项费用。

各项费用包括采购成本、内陆运费、报检费、报关费、海运费、保险费、银行费用、其他费用，具体计算方法可参考“出口预算表的填写”。

其中，采购成本=工厂报价（单价）×数量；其他各项费用如用到合同金额的，则用第一步预估的合同金额来计算。

第三步：计算退税收入（不是所有商品都有退税收入）。

退税收入的具体计算方法可参考“出口预算表的填写”。

第四步：计算利润。

出口商利润=合同金额+退税收入-采购成本-内陆运费-报检费-报关费-海运费-保险费-银行费用-其他费用

第五步：根据利润定报价。

如果第四步中算出的利润满足预期则预估单价合理，可将此价格报给进口商，否则可重新估价。

下面以01001洋菇罐头（整粒）为例演示出口报价计算过程：

（一）背景资料

商品编号：01001

商品名称：洋菇罐头（整粒）

数量：1 000 cartons

工厂报价：CNY 50/ cartons

与进口商的价格条件为：CIF Mars

支付方式：T/T

所需证书：普惠制产地证

货物装于一个20′集装箱

投保险别：一切险、战争险、罢工险

（二）报价过程

1.根据工厂报价预估一个出口报价，假设为CNY 100/carton。

外销合同金额=出口报价×数量=100×1 000=CNY 100 000

2.根据合同金额计算各项费用。

（1）采购成本=50×1 000=CNY 50 000。

（2）内陆运费：CNY 884.34。

（3）报检费：CNY 200。

（4）报关费：CNY 200。

（5）海运费：USD 2014（在B2B（淘金网）“运费查询”中查得马赛基本运费USD 1 850，港口附加费USD 74，燃油附加费USD 90，相加得到海运费）。

在“B2B（淘金网）”的“银行”页中查得美元汇率为6.2961，则海运费=USD 2014×6.2961=CNY 12 680.3454。

（6）保险费＝保险金额×保险费率=CIF货价×（1＋保险加成率）×保险费率=100 000×1.1×0.88%=CNY 968。

（7）银行费用：0。

（8）其他费用：在“B2B（淘金网）”的“其他费用”页中，查得出口商公司综合费率5%、证明书费CNY 200/张、邮费USD 28/次。

其他费用=公司综合费用+证明书费+邮费=100 000×5%+200+28×6.2961=CNY 5 376.2908。

（三）计算退税收入

退税收入=应退增值税＋应退消费税

$$=\frac{\text{采购成本}}{1+\text{增值税税率}}\times\text{出口退税率}+\frac{\text{采购成本}}{1+\text{增值税税率}}\times\text{消费税税率}$$

在“B2B（淘金网）”的“税率”页查到该商品的增值税税率为17%，退税率为15%，无消费税，则：

退税收入=50 000÷（1+17%）×15%=CNY 6 410.26

（四）计算出口商利润

利润＝合同金额+退税收入-采购成本-内陆运费-报检费-报关费-海运费-保险费-银行费用-其他费用

=100 000+6 410.26-50 000-884.34-200-200-12 680.3454-968-0-5 376.2908

＝CNY 36 101.2838

（五）根据利润定报价

利润率=利润/合同金额=36 101.2838÷100 000=36%，这个利润符合预期值。

但报价一般是美元、日元等国际通用货币，因此需要将CNY 100/carton报价换算后再报价，比如换算成美元，报价=100÷6.2961=USD 15.88。

六、L/C＋CIF出口商快速入门

说明：本篇快速入门为一套完整的SimTrade实际业务操作，交易方式为L/C＋CIF。由于不同交易方式下贸易流程不尽相同，本例中的数据资料与表格内容仅供参考，请依具体情况来完成实际操作。

请选择以下主题查看相关内容：

◆ 交易准备阶段

◆ 交易磋商阶段

◆ 签订合同与接受信用证

◆ 履行合同阶段

（一）交易准备阶段

1.学生以出口商角色登录，输入用户名（如XYZ），选择用户类型为“出口商”，点击“登录系统”按钮，进入出口商业务主页面。

2.创建公司。点击“Profile（资料）”，可查看公司注册资金、账号、单位代码、邮件地址等资料，其他逐项填写如下：

公司全称（中文）：宏昌国际股份有限公司

公司全称（英文）：Grand Western Trading Corp.

公司简称（中文）：宏昌

公司简称（英文）：Grand

企业法人（中文）：刘铭华

企业法人（英文）：Minghua Liu

电话：86-25-23501213

传真：86-25-23500638

邮政编码：210005

网址：http：//www.desunsoft.net

公司地址（中文）：南京市北京西路嘉发大厦2501室

公司地址（英文）：Room2501，Jiafa Mansion，Beijing West Road，Nanjing 210005，P.R.China

公司介绍：我们是一家主营服装、食品的外贸公司，长期以来致力于提高产品质量，信誉卓著，欢迎来函与我公司洽谈业务！

可自由添加图片。

注意事项：最好使用GIF或JPG格式的图片，尺寸建议在120*120（像素）左右。

填写完毕后，点击“确定”。

3.发布公司广告。点击“Business（业务中心）”，再点击标志为“广告公司”的建筑物，在弹出页面中点击“发布广告”，逐项填写如下：

输入标题：我公司经营各式男女T恤

输入关键字：T恤

选择发布类型为“公司广告”。

输入内容：我公司专业经营各式男女T恤，款式新颖，价格优惠，欢迎来函来电洽谈！Email：xyz1@simtrade。

填写完毕后，点击“确定”，成功发布公司广告。

（进口商发布购买信息后）

4.寻找商机。点击“B2B（淘金网）”，进入查询页面，在首页上查看通知以及各类市场信息与供求信息，其中在进口商发布的信息中可找到Carters Trading Company，LLC.发布的求购女式T恤衫的信息。

5.查看交易对手。点击“公司库”，可看到所有公司，输入关键词“Carters”，选择类别为“进口商”，点击“搜索”，找到对应的公司，再点击“详细情况”，查看公司具体资料。

6.查看交易商品。点击“产品展示”，可看到所有产品，输入关键词“女式T恤衫”，点击“搜索”，找到对应的产品，再点击“详细情况”，查看商品具体资料。

（二）交易磋商阶段

1.与进口商建立业务关系（注：建立业务关系的邮件可由出口商发送，也可由进口商发送）。回到出口商业务主页面，点击“Mail（我的邮件）”，进入邮件系统，点击“新建”，填写邮件内容如下：

收件人：对应进口商的邮件地址（如xyz2@simtrade）

主题：Introduce

合同号：(此时未建立合同，不需要填合同号)

内容栏：

Dear Mr. Carter,

We known your name and address from the website of www. simtrade. net and note with pleasure the items of your demand just fall within the scope of our business line. First of all, we avail ourselves of this opportunity to introduce our company in order to be acquainted with you.

Our firm is a Chinese exporter of various fashion clothes. We highly hope to establish business relations with your esteemed company on the basis of mutual benefit in an earlier date. We are sending a catalogue and a pricelist under separate cover for your reference. We will submit our best price to you upon receipt of your concrete inquiry.

We are looking forward to receiving your earlier reply.

Yours faithfully,

Minghua Liu

Grand Western Trading Corp.

填写完毕后，点击“发送”。

(进口商回复联系邮件后)

2.收取进口商询盘邮件。进入邮件系统，点击新邮件名称或发件人，查看邮件，内容为进口商对女式T恤衫询价。

3.发布国内采购信息。在“Business（业务中心）”里点击“广告公司”，再点击“发布信息”，逐项填写如下：

输入标题：急购大量女式T恤衫

输入关键字：女式T恤衫

选择发布类型为“需求信息”。

输入内容：我公司因客户需要，急购大量女式T恤衫，有意者请与我公司联系！Email：xyz1@simtrade。

填写完毕后，点击“确定”，成功发布信息。

(工厂发送联系邮件，或出口商主动发送联系邮件后)

4.收取工厂希望建立业务关系的邮件（注：建立业务关系的邮件可由工厂发送，也可由出口商发送）。

5.回复邮件。填写内容如下：

收件人：回复状态下自动填写

主题：回复状态下自动填写，可将其改为“询价”

合同号：(此时未建立合同，不需要填合同号)

内容栏：

张弛先生：

您好！非常感谢您的来信。

您的来信中提到贵公司是生产服装的专业厂家，我们对此很感兴趣，想和你们建立起长期的合作关系。贵厂能否给我们报价（含税）女式T恤衫，报价单中请注明交货地点、要求的付款方式及最小订货量。因出口货物一般数量较大，请报最优惠价。

刘铭华

宏昌国际股份有限公司

填写完毕后，点击“发送”。

（工厂回复询价邮件后）

6.收取工厂报价的邮件。

7.根据工厂的报价，预估一个合理的价格，核算出成本与利润后，再向进口商发盘（具体计算方法请参考“出口报价”）。

（注：工厂的报价（单价）即为出口商的采购价。出口商可根据采购价预估一个对进口商的报价（单价），然后根据报价计算各项费用与利润。如利润满足预期则报价合理，反之可重新设定报价。）

打开进口商询盘邮件，点击“回复”，填写邮件内容如下：

收件人：回复状态下自动填写

主题：回复状态下自动填写，可将其改为“Quotation”

合同号：（此时未建立合同，不需要填合同号）

内容栏：

Dear Mr. Carter,

We have received your letter of April 2，2016，asking us to offer the women's T-shirt for shipment to Toronto port and highly appreciate that you are interested in our products.

Comply with your kindly request，we are pleased to offer our best price as follows：

1. Women's T-shirt

2. Packing：Exporter Carton

3. Specification：20 PCS per carton，color：black，fabric content：100% cotton

4. Quantity：15 000 PCS

5. Price：USD 30/PC CIF Toronto

6. Payment：L/C

7. Shipment：in May，2016

8. Brand：At your option

Our offer remains effective until May 30，2016.

Yours faithfully,

Minghua Liu

Grand Western Trading Corp.

填写完毕后，点击“发送”。

（经还盘，进口商回复接受发盘的邮件后）

8.收取进口商接受发盘的邮件。

（三）签订合同与接受信用证

1.起草外销合同。退出邮件页面，点击“Business（业务中心）”里标志为“进口商”的建筑物，在弹出页面中点击“起草合同”。输入合同号（如“Contract 001”），输入对应的进口商编号（如XYZ），再输入办理相关业务的出口地银行编号（如XYZ），并勾选选项“设置为主合同”，再点击“确定”，弹出合同表单，填写内容如下：

外销合同（填写说明可点击表头名称蓝色字体处查看）

（注：合同既可由出口商起草，也可由进口商起草）

填写完成后点击“保存”，再在业务页面中点击“检查合同”，确认合同填写无误；接下来就应制作出口预算表，方法为：点击“添加单据”，选中“出口预算表”前的单选钮，点击“确定”，然后在“查看单据列表”中点击出口预算表对应的单据编号（以后添加与填写单据都用此方法），弹出表单，填写如下：

出口预算表（计算方法请参照Help（帮助）中的“出口预算表的填写”）

填写完成后点击“保存”。需要注意的是，出口预算表要认真填写，把合同发送给进口商之后，就不能修改出口预算表了。

查看出口商资金状况，点击“Finance（财务）”按钮，“目前资金”已经不够支付预算表里的“采购成本”以及即将发生的各项费用，经估算，出口商需向银行贷款RMB 500 000，贷款操作方法请参见帮助中的“常见问题6”。

2.发送合同。回到业务页面中，点击“合同送进口商”。

（进口商确认合同后）

3.收取进口商已确认合同的通知邮件。

（出口地银行转发信用证后）

4.收取信用证已开立的通知邮件，然后回到“Business（业务中心）”，点击“出口地银行”，再点击“信用证业务”，进入信用证列表页面，查看信用证内容无误后，点击“接受”。

（四）履行合同阶段

1.回复工厂报价的邮件。填写内容如下：

收件人：回复状态下自动填写

主题：回复状态下自动填写

合同号：（此时未建立合同，不需要填合同号）

内容栏：

张弛先生：

您好，感谢您的回复！

经过考虑，我们认为您的报价可以接受，我们将订购15 000PCS女式T恤衫，合同将尽快寄出。

刘铭华

宏昌国际股份有限公司

填写完毕后，点击“发送”。

2.起草国内买卖合同。在“Business（业务中心）”里点击标志为“工厂”的建筑物，在弹出页面中点击“起草合同”。输入合同号“Order 01”，输入对应的工厂编号（如XYZ），并勾选选项“设置为主合同”，点击“确定”，填写表单内容如下：

国内买卖合同

（注：此合同既可由出口商起草，也可由工厂起草）

填写完成后点击“保存”。

3.回到业务页面，点击“检查合同”，确认合同填写无误后，再点击“合同送工厂”。

（工厂确认合同并生产放货后）

4.收取工厂已放货的通知邮件后，点击“Stock（库存）”，可看到所订购的货物已在库存列表中，备货完成。

5.租船订舱。添加“货物出运委托书”，填写如下：

货物出运委托书

填写完成后，在“Business（业务中心）”里点击“船公司”，首先点击“指定船公司”，选中“世格国际货运代理有限公司”，点击“确定”；指定完成后再点击“洽订舱位”，选择集装箱为“40′”，填入装船日期“05/15/2016”，再点击“确定”，订舱完成。系统将返回“配舱通知”，点击标志为“进口商”的建筑物里的“查看单据列表”，可查看“配舱通知”的内容。

6.申请出口检验（注：在SimTrade中查询交易商品是否需要出口检验，须在“B2B（淘金网）”的“税率查询”页，输入商品的海关编码，查到相对应的监管条件后，点击代码符号，各代码的意义均列明于其中。若适用规定为必须申请出口检验者，则应依规定办理）。添加“出境货物报检单”，填写如下：

出境货物报检单

填写完成后点击“保存”，再分别添加“商业发票”与“装箱单”，填写如下：

商业发票

装箱单

7.回到“Business（业务中心）”，点击“检验机构”，再点击“申请报检”，选择单据“销货合同”、“信用证”、“商业发票”、“装箱单”和“出境货物报检单”后，点击“报检”。报检完成后，检验机构签发“出境货物通关单”及出口商申请签发的相应检验证书。

8.申请产地证。添加“普惠制产地证明书”，填写如下：

普惠制产地证明书

填写完成后点击“保存”，回到“Business（业务中心）”，点击“检验机构”，再点击“申请产地证”，选择产地证类型为“普惠制产地证明书”，点击“确定”，完成产地证的申请。

9.办理保险。添加“货物运输保险投保单”，填写如下：

货物运输保险投保单（投保时建议选择一切险、战争险、罢工险，这样遇到SimTrade里所有的意外情况都能索赔）

填写完成后点击“保存”，回到“Business（业务中心）”，点击“保险公司”，再点击“办理保险”，选择单据“商业发票”和“货物运输保险投保单”，点击“办理保险”，办理完成后，保险公司签发“货物运输保险单”。

10.送货。点击“海关”，再点击“送货”，将货物送到海关指定地点。

11.报关。添加“出口货物报关单”，填写如下：

出口货物报关单

填写完成后，点击“送货”右边的“报关”，选择单据“商业发票”、“装箱单”、“出境货物通关单”（不需要出口检验的商品可免附）、“出口货物报关单”，点击“报关”。完成报关后，货物装船出运。

12.取回提单。点击“船公司”，再点击“取回提单”，将提单取回。

13.发送装船通知。添加“Shipping Advice”，填写如下：

Shipping Advice

填写完成后，点击“船公司”，再点击“发送装船通知”，将装船通知发送给进口商。

14.押汇。添加“汇票”，填写如下：

汇票

填写完成后点击“保存”，回到“Business（业务中心）”，点击“出口地银行”，再点击“押汇”，选中单据“商业发票”、“装箱单”、“普惠制产地证明书”、“货物运输保险单”（CIF条件时）、“海运提单”、“汇票”前的复选框，点击“押汇”，完成押汇手续的办理。

15.收取银行发来的可以结汇的通知邮件。

16.结汇。在“Business（业务中心）”里点击“出口地银行”，再点击“结汇”，结收货款。

17.办理国际收支网上申报。

回到“Business（业务中心）”，点击“外管局”，再点击“国际收支网上申报”，填写申报表格，保存之后，完成国际收支网上申报的办理。

18.出口退税。点击“国税局”，再点击“退税”，选中单据“商业发票”和“出口货物报关单”前的复选框，点击“退税”，完成退税手续的办理。至此，该笔交易完成。出口商此时可去银行偿还贷款。

七、T/T + FOB出口商快速入门

说明：本篇快速入门为一套完整的SimTrade实际业务操作，交易方式为T/T + FOB。由于不同交易方式下贸易流程不尽相同，本例中的数据资料与表格内容仅供参考，请依具体情况来完成实际操作。

请选择以下主题查看相关内容：

◆交易准备阶段

◆交易磋商阶段

◆签订合同

◆履行合同阶段

（一）交易准备阶段

1.学生以出口商角色登录，输入用户名（如XYZ），选择用户类型为“出口商”，点击“登录系统”按钮，进入出口商业务主页面。

2.创建公司。

（1）点击“Profile（资料）”，可查看公司注册资金、账号、单位代码、邮件地址等资料，其他逐项填写如下：

公司全称（中文）：上海新华贸易公司

公司全称（英文）：Shanghai Xinhua Trade Corp.

公司简称（中文）：新华贸易

公司简称（英文）：Xinhua

企业法人（中文）：张新华

企业法人（英文）：Zhang Xinhua

电话：021-65985632

传真：021-65985633

邮政编码：200020

网址：http：//www.desunsoft.cn

公司地址（中文）：上海市黄浦区重庆南路98弄

公司地址（英文）：No.98 Chongqing South Road，Huangpu District，Shanghai

公司介绍：上海新华贸易公司是一家有着十五年历史的进出口贸易公司，有着良好的信誉。我们期待和您的合作！

可自由添加图片。

注意事项：最好使用GIF或JPG格式的图片，尺寸建议在120*120（像素）左右。

（2）填写完毕后，点击“确定”。

3.发布公司广告。

（1）点击“Business（业务中心）”，进入操作页面。

（2）点击标志为“广告公司”的建筑物。

（3）在弹出页面中点击“发布广告”，逐项填写如下：

输入标题：我公司经营各种国际品牌化妆品

输入关键字：化妆品

选择发布类型为“公司广告”。

输入内容：我公司经营各类国际知名品牌化妆品，种类有口红、香水、眼影等。欢迎来函来电洽谈！Email：xyz1@simtradem。

（4）填写完毕后，点击“确定”，成功发布公司广告。

（进口商发布求购信息后）

4.寻找商机。

点击“B2B（淘金网）”，进入查询页面，在首页上查看通知以及各类市场信息与供求信息，其中在进口商发布的信息中可找到Golden Time Import and Export Company发布的求购口红和香水的信息。

5.查看交易对手。

（1）点击“公司库”进入，可看到所有公司。

（2）输入关键词“Golden”，选择类别为“进口商”。

（3）点击“搜索”按钮，找到对应的公司，再点击“详细情况”，查看公司具体资料。

6.查看交易商品。

（1）点击“产品展示”，可看到所有产品。

（2）分别输入关键词“口红”和“香水”，点击“搜索”。

（3）找到对应的产品，点击“详细情况”，查看商品具体资料。

（二）交易磋商阶段

1.收取进口商询盘邮件（进出口双方已经达成了长期合作协议，进口商直接发送了询盘的邮件）。

（1）在出口商业务主页面，点击“Mail（我的邮件）”，进入邮件系统。

（2）点击新邮件名称或发件人，查看邮件，内容为进口商对口红和香水询价。

2.发布国内采购信息。

（1）在“Business（业务中心）”里点击“广告公司”。

（2）点击“发布信息”，逐项填写如下：

输入标题：急需口红和香水！

输入关键字：口红和香水

选择发布类型为“需求信息”。

输入内容：我公司因客户需要，急需一批口红和香水，价格从优，望有意者与我公司联系！Email：xyz1@simtradem。

（3）填写完毕后，点击“确定”，成功发布信息。

（工厂发送联系邮件，或出口商主动发送联系邮件后）

3.收取工厂希望建立业务关系的邮件（注：建立业务关系的邮件可由工厂发送，也可由出口商发送）。

4.回复邮件。

（1）填写内容如下：

收件人：回复状态下自动填写

主题：回复状态下自动填写，可将其改为“询价”

合同号：（此时未建立合同，不需要填合同号）

内容栏：

李亮先生：

您好！非常感谢您的来信。

您的来信中提到贵公司是多个国内知名品牌化妆品的生产商，我们对此很感兴趣，想和你们建立长期的合作关系。目前我们急需一批口红和香水，希望贵厂能给我们一份报价（含税），报价单中请注明交货地点、要求的付款方式及最小订货量。因出口货物一般数量较大，请报最优惠价。

张新华

上海新华贸易公司

（2）填写完毕后，点击“发送”。

（工厂回复报价邮件后）

5.收取工厂报价的邮件。

6.根据工厂的报价，核算成本与利润后，再向进口商发盘。

（1）打开进口商询盘邮件，点击“回复”，填写邮件内容如下：

收件人：回复状态下自动填写

主题：回复状态下自动填写，可将其改为“Quotation”

合同号：（此时未建立合同，不需要填合同号）

内容栏：

Dear Mr. King,

We have received your letter of Apirl 1，2016，asking us to offer the lipstick and perfume for shipment to Los Angeles port and highly appreciate that you are interested in our products.

Comply with your kindly request, we are pleased to offer our best price as follows:

1. Lipstick

2. Packing: exporter carton

3. Specification: Lipstick, 1 PC / box, 300 PCS / carton
Perfume, 1 bottle / box, 250 bottles / carton

4. Quantity: Lipstick, 1 195 PCS
Perfume, 742 bottle

5. Price: Lipstick, USD 52/PC,
Perfume, USD 81/bottle
FOB Shanghai

6. Payment: T/T

7. Shipment: 2016/04/18

8. Brand: at your option

Yours faithfully,

Zhang Xinhua

Shanghai Xinhua Trade Corp.

（2）填写完毕后，点击“发送”。

（经还盘，进口商回复接受发盘的邮件后）

7.收取进口商接受发盘的邮件。

（三）签订合同

1.起草外销合同。

（1）点击“Business（业务中心）”里标志为“进口商”的建筑物。

（2）在弹出页面中点击“起草合同”。输入合同号（如“Contract 002”），分别输入对应的进口商编号（如XYZ）和办理相关业务的出口地银行编号（如XYZ），并勾选选项“设置为主合同”。

（3）点击“确定”，弹出合同表单，填写内容如下：

外销合同（填写说明可点击表头名称处查看）

（注：合同既可由出口商起草，也可由进口商起草）

（4）填写完成后点击“保存”并在业务页面中点击“检查合同”，确认合同填写无误。

（5）制作出口预算表。点击“添加单据”，选中“出口预算表”前的单选钮，点击“确定”，然后在“查看单据列表”中点击出口预算表对应的单据编号，弹出表单，填写如下：

出口预算表（计算方法请参照在线帮助中的“出口预算表的填写”）

（6）填写完成后点击“保存”。

需要注意的是，出口预算表要认真填写，把合同发送给进口商之后，就不能修改出口预算表了。

2.发送合同。回到业务页面中，点击“合同送进口商”。

（进口商确认合同后）

3.收取进口商已确认合同的通知邮件。

(四)履行合同阶段

1.回复工厂报价的邮件。填写内容如下:

收件人:回复状态下自动填写

主题:回复状态下自动填写

合同号:(此时未建立合同,不需要填合同号)

内容栏:

李亮先生:

您好,感谢您的回复!

经过考虑,我们认为您的报价可以接受,我们将订购1 195PCS口红和742bottles香水,合同将尽快寄出。

张新华

上海新华贸易公司

填写完毕后,点击“发送”。

2.起草国内买卖合同。

(1)在“Business(业务中心)”里点击标志为“工厂”的建筑物。

(2)在弹出页面中点击“起草合同”。输入合同号“Order 02”,输入对应的工厂编号(如XYZ),并勾选选项“设置为主合同”,点击“确定”,填写表单内容如下:

国内买卖合同

(注:此合同既可由出口商起草,也可由工厂起草)

(3)填写完成后点击“保存”。

3.回到业务页面,点击“检查合同”,确认合同填写无误后,再点击“合同送工厂”。

(工厂确认合同并生产放货后)

4.收取工厂已放货的通知邮件后,点击“库存”,可看到所订购的货物已在库存列表中,备货完成。

(进口商指定船公司)

5.租船订舱。

(1)添加“货物出运委托书”,填写如下:

货物出运委托书

(2)在“Business(业务中心)”页面,点击“船公司”建筑物。

(3)点击“洽订舱位”,选择集装箱类型为“拼箱”,填入装船日期“2016/04/18”。

(4)点击“确定”,订舱完成。系统将返回“配舱通知”,点击标志为“进口商”的建筑物里的“查看单据列表”,可查看“配舱通知”的内容。

6.申请出口检验(注:在SimTrade中查询交易商品是否需要出口检验,须在“B2B(淘金网)”的“税率查询”页,输入商品的海关编码,查到相对应的监管条件后,点击代码符号,各代码的意义均列明于其中。若适用规定为须申请出口检验者,则应依规定办理)。

(1)添加“出境货物报检单”,填写如下:

出境货物报检单

(2)填写完成后点击“保存”。

(3)分别添加“商业发票”与“装箱单”,填写如下:

商业发票

装箱单

（4）回到“Business（业务中心）”，点击“检验机构”建筑物，再点击“申请报检”，选择单据“销货合同”、“商业发票”、“装箱单”和“出境货物报检单”后，点击“报检”。

（5）报检完成后，检验机构签发“出境货物通关单”及出口商申请签发的相应检验证书。

7.申请产地证。

（1）添加“原产地证明书”，填写如下：

原产地证明书

（2）填写完成后点击“保存”。

（3）回到“Business（业务中心）”，点击“检验机构”，再点击“申请产地证”，选择产地证类型为“原产地证明书”。

（4）点击“确定”，完成产地证的申请。

8.送货。点击“海关”，再点击“送货”，将货物送到海关指定地点。

9.报关。

（1）添加“出口货物报关单”，填写如下：

出口货物报关单

（2）填写完成后，点击“送货”右边的“报关”，选择单据“商业发票”、“装箱单”、“出境货物通关单”（不需要出口检验的商品可免附）、“出口货物报关单”，点击“报关”。

（3）完成报关后，货物自动装船出运。

10.取回提单。点击“船公司”，再点击“取回提单”，将提单取回。

11.发送装船通知。

（1）添加“Shipping Advice”，填写如下：

Shipping Advice

（2）填写完成后，点击“船公司”，再点击“发送装船通知”，将装船通知发送给进口商。

12.交单。

在单据列表中，选中单据“商业发票”、“装箱单”、“原产地证明书”和“海运提单”前的复选框，点击“单据送进口商”按钮，完成交单手续的办理。

13.收取银行发来的可以结汇的通知邮件。

14.结汇。在“Business（业务中心）”里点击“出口地银行”，再点击“结汇”，结收货款。

15.办理国际收支网上申报。

回到“Business（业务中心）”，点击“外管局”，再点击“国际收支网上申报”，填写申报表格，保存之后，完成国际收支网上申报的办理。

16.出口退税。

（1）点击“国税局”，再点击“退税”，选中单据“商业发票”和“出口货物报关单”前的复选框。

（2）点击“退税”，完成退税手续的办理。

至此，该笔交易完成。

第三节 进口商操作要点

一、进口商实习目标

1.利用SimTrade提供的各项资源，做好交易前的准备工作。

2.学会运用网络资源宣传企业及产品。

3.使用邮件系统进行业务磋商，掌握往来函电的书写技巧。

4.掌握不同贸易术语在海运、保险方面的差异。在询盘、发盘、还盘、接受环节的磋商过程中，灵活使用贸易术语（CIF、CFR、FOB）与结算方式（L/C、T/T、D/P、D/A），正确核算成本、费用与利润，以争取较好的成交价格。

5.根据磋商内容，正确使用贸易术语与结算方式签订外销合同。

6.掌握四种主要贸易术语（L/C、T/T、D/P、D/A）的进出口业务流程。

7.根据磋商内容做好备货工作，正确签订国内购销合同。

8.正确判断市场走向，做好库存管理。

9.正确填写各种单据（包括出口业务中的报检、报关、议付单据，进口业务中的信用证开证申请）。

10.掌握开证、审证、审单要点。

11.学会合理利用各种方式控制成本以达到利润最大化。

12.体会国际贸易的物流、资金流与业务流的运作方式，体会国际贸易中不同当事人的不同地位、面临的具体工作与互动关系。

二、进口商操作页面简介

SimTrade有五个角色，分别为出口商、进口商、工厂、出口地银行与进口地银行，以进口商的用户名登录成功后，进入进口商的操作主页面。在页面首页上，列有该进口商目前的等级（最高为10颗红星，每颗红星相当于10分，每颗白星相当于5分）；“系统提示”帮助进口商分析目前的经营状况，以便及时改进，提高实习成绩；点击“我的公文夹”，可以进入文件管理页面；点击上方的按钮，可分别进入进口商的资料、财务等操作页面。

（一）Profile（资料）

点击进口商主页面上方的第八个按钮，可打开资料的操作页面，用于记录公司各项详细信息。

用户编号、公司账号、注册资金、电子邮件：其中用户编号就是登录时使用的账号。这几项都是老师统一分配的，使用者不能修改。

企业法人：可作为以后填写各项单据的签名使用。

公司名称：第一次登录成功后，必须先注册公司名称，否则不能进行其他的业务操作，注意进口商的名称必须用英文填写。

国籍：老师在创建学生账号时，系统随机给每位进口商指定国籍，进口商不能修改。

公司电话、公司传真、邮政编码、公司网址：这些都是公司的联络资料，请逐项填写，以方便贸易伙伴之间的联络。

公司地址：在合同、信用证及其他单据中都需要填写公司地址，注意进口商的地址必须用英文填写。

公司介绍：填写介绍说明（如公司的经营宗旨、生产规模、产品状况等），以此来吸引一部分交易对象对公司的注意，增加业务机会。

修改密码：点击这里可对登录密码进行修改。

用户还可通过浏览方式自由添加公司图片，以上资料都将显示在“B2B（淘金网）”的“公司库”页面中。

（二）Finance（财务）

点击进口商主页面上方的第二个按钮，可打开财务的操作页面，这里相当于公司的财务部，所有业务往来发生的收入、支出都在“日记账”中体现，所有与贷款有关的项目都在“贷款明细”中体现。本页面的财务状况只用于查询，不能做任何修改。在本页面中，注册资金与币别都不可修改（注意：币别为学生账号创建时系统随机指定的，进口商在做进口预算时须参考此币别计算各项费用）；贷款余额＝所有未还贷款的总金额；库存资产＝库存量×采购成本。

1.日记账

点击“日记账”按钮，可进入日记账的页面。

时间：记录发生收入、支出的具体时间，以“年-月-日 时-分”倒序排列。

收入、支出：记录发生收入、支出的金额。

合同号：记录发生收入、支出的相关合同号。

项目描述：记录发生收入、支出的说明。

2.贷款明细

点击“贷款明细”按钮，可进入贷款明细的页面。

申请时间：按贷款申请的具体时间，以“年-月-日 时-分”倒序排列。

贷款银行：显示贷款银行的编号，以便今后还贷时输入。

贷款额：显示贷款的金额，其中的币别为进口商申请贷款时所输入的币别，但在涉及公司资金流转时贷款金额将自动转换成以本国货币计算。

状态：“申请中”表示银行尚未批准此项贷款；“已放贷”表示银行同意发放贷款，并将贷款金额划入贷款申请者的账户中。

贷款描述：是进口商在向银行申请贷款时填写的内容。

（三）Stock（库存）

点击进口商主页面上方的第三个按钮，可打开库存状况的操作页面，这里相当于公司的仓库。随着业务的进展，系统将根据“进货后库存量增加，销货后库存量减少”的原则自动统计出来，本页面只能查询，不能修改。

商品编号、名称：与“B2B（淘金网）”中“产品展示”里的资料相对应。进货或出货时，系统均以商品编号来自动计算库存量的增减。

数量：系统将根据合同签订的销售数量，在出货或进货以后自动增减库存量。

采购成本：显示进口商向出口商采购时所签合同中有关该项产品的采购成本的平均数。例如，进口商分别向两家出口商采购某产品，与A出口商签订的合同金额为USD 10/PC，与B出口商签订的合同金额为USD 12/PC，则两次进货后，显示的采购成本为USD 11/PC。

（四）Business（业务中心）

点击进口商主页面上方的第四个按钮，可打开业务中心的操作页面。

在地图上，建筑物表示与业务相关的工作机构，将鼠标移到建筑物上会显示相应名称。点击该建筑物（如出口商），会在弹出对话框中列出与出口商相关的工作内容（如起草合同）。在业务中心的具体操作请参考履约流程与快速入门。

（五）Logs（业务日志）

点击进口商主页面上方的第五个按钮，可打开业务日志的操作页面。这里对进口业务中的相关流程加以标识，让使用者及时了解业务的进展状况。注意这里显示的是主合同的业务状况，如果要查看其他合同的业务日志，请点击“切换主合同”。每次只能就一笔合同查看业务日志。

日期：指外销合同的日期。本页面以外销合同日期做倒序排列显示，因此在签订外销合同时，建议使用者输入固定的日期格式（例如：yyyy-mm-dd）。

合同号：为外销合同的合同号。

交易对象：显示外销合同的卖方（seller）用户编号与公司英文简称。

目前状况：根据合同的签订、履行的进程，显示当前的执行情况，更详细的状况可以看下方的业务进程标识。

信用证、租船、投保、付款、承兑、赎单、换提单、报检、报关、缴税、提货、外汇监测系统网上申报、索赔：是相关进口业务过程的状态标识。系统在这些项目的下方以“Y”表示已完成状态，以“N”表示未完成状态。根据贸易条件与结算方式的不同，有些项目是可以为“N”的。例如，CIF条件下由出口商投保，则进口商“投保”项的下方可以为“N”，而出口商在做了投保后，“投保”项下才会改为“Y”。

进口合同详细业务日志：列出此合同项下，从起草合同开始到业务结束的全过程中发生的事件，包括错误操作。

（六）Mail（我的邮件）

点击进口商主页面上方的第六个按钮，进入邮件系统，在这里可通过邮件与各用户联系。

查看相关主题：邮件系统的使用

（七）B2B（淘金网）

点击进口商主页面上方的第八个按钮，可打开“淘金网”页面。

“淘金网”是SimTrade中一个仿真的B to B电子商务中心，提供完全仿真的国际商业环境。使用者可在各个页面中查到通知、今日汇率，以及工厂、出口商与进口商的详细资料，利用关键词搜索功能可以快速找到需要的供求信息、公司、产品资料，为外贸实习提供更大空间。

查看相关主题：淘金网

（八）Help（帮助）

如有任何问题，可点击进口商主页面上方的第九个按钮查阅在线帮助。

三、进口预算表的填写

在进出口贸易中，商品的价格是买卖双方磋商的焦点，有时也是成交的决定性因素。正确掌握进出口商品价格构成，合理采用各种作价方法，选用有利的计价货币和贸易条件，准确核算成本、利润，具有十分重要的意义。在SimTrade中，当合同由出口商起草，进口商签字确认合同时，或者进口商起草完合同，在发送给出口商时，必须先填写进口预算表，预估各项费用。在交易完成后，实际发生的金额将列于右侧栏中，供学生核对自己计算得正确与否。以下就进口预算表中各项费用的计算加以说明，便于学生填写时参考。

注意填入进口预算表的数字全部为本位币，且都保留两位小数。如需换算，汇率请参考“B2B（淘金网）”中的“银行”页面，如没有该项费用发生，请填“0”。

请选择以下主题查看相关内容：

◆基本计算

◆进口预算表项目计算

1.合同金额

2.CIF总价

3.内陆运费

4.报检费

5.报关费

6.关税

7.增值税

8.消费税

9.海运费

10.保险费

11.银行费用

12.其他费用

（一）基本计算

1.毛重、净重、体积计算

首先到“B2B（淘金网）”的“产品展示”中记下每箱产品的重量、体积，其次查询产品的销售单位与包装单位是否相同。

在计算重量时，对销售单位与包装单位相同的产品（如食品类产品），可直接用“交易数量×每箱的毛（净）重”计算总毛（净）重；对销售单位与包装单位不同的产品（如玩具类、服装类产品），须先根据单位换算计算出单件产品的毛（净）重，再根据交易数量计算总毛（净）重。

在计算体积时，对销售单位与包装单位相同的产品（如食品类产品），可直接用“交易数量×每箱的体积”计算总体积；对销售单位与包装单位不同的产品（如玩具类、服装类产品），须先根据单位换算计算出包装箱数，再计算总体积（注意：包装箱数有小数点时，必须进位取整箱，如不满整箱亦按整箱计算总毛（净）重和总体积）。

【例3-14】玩具类产品08001项，销售单位是unit（辆），包装单位是carton（箱），单位换算显示是每箱装6辆，每箱毛重23kgs，每箱净重21kgs，每箱体积0.08052cbm。如果交易数量为1 000辆，试分别计算毛重、净重、体积。

（1）体积的计算：

包装箱数 = 1 000÷6 = 166.6（箱），取整167箱。

总体积 = 167×0.08052 = 13.447（cbm）

（2）毛重的计算：

总毛重=单件的毛重×包装箱数 = 23×167 = 3 841（kgs）

（3）净重的计算：

总净重=单件的净重×包装箱数＝21×167＝3 507（kgs）

【例3-15】食品类产品01001项，销售单位是carton（箱），包装单位也是carton（箱），每箱毛重11.2kgs，每箱净重10.2kgs，每箱体积0.014739cbm。如果交易数量为2 000cartons，试分别计算毛重、净重、体积。

（1）毛重＝2 000×11.2＝22 400（kgs）

（2）净重＝2 000×10.2＝20 400（kgs）

（3）体积＝2 000×0.014739＝29.478（cbm）

注意：因该类产品销售单位与包装单位相同，故计算时可不考虑单位换算的内容。

2.进口数量核算

在国际货物运输中，经常使用的是20′集装箱和40′集装箱。20′集装箱的有效容积为25cbm，限重17.5tne，40′集装箱的有效容积为55cbm，限重26tne，1tne＝1 000kgs。进口商在做进口核算时，建议按照集装箱可容纳的最大包装数量来计算进口数量，以节省海运费。

在"B2B（淘金网）"的"产品展示"中查看产品详细情况，根据产品的体积、包装单位、销售单位、单位换算来计算进口数量。

【例3-16】商品08003（儿童踏板车），销售单位是unit（辆），包装单位是carton（箱），单位换算为每箱装6辆，每箱体积为0.0576cbm，毛重为21kgs，试分别计算该商品用20′、40′集装箱运输进口时的最大可装箱数及进口数量。

解：每20′集装箱：

按体积算可装箱数=25÷0.0576＝434.028（箱）

按重量算可装箱数=17.5÷21×1 000＝833.33（箱）

取两者中较小的值，因此最大可装箱数取整434箱，相应进口数量＝434×6＝2 604（辆）。

每40′集装箱：

按体积算可装箱数=55÷0.0576＝954.861（箱）

按重量算可装箱数=26÷21×1 000＝1 238.095（箱）

取两者中较小的值，因此最大可装箱数取整954箱，相应进口数量＝954×6＝5 724（辆）。

【例3-17】商品01005（甜玉米罐头），销售单位与包装单位都是carton（箱），每箱体积为0.025736cbm，毛重为20.196kgs，试分别计算该商品用20′、40′集装箱运输进口时的最大可装箱数及进口数量。

解：每20′集装箱：

按体积算可装箱数＝25÷0.025736＝971.402（箱）

按重量算可装箱数＝17.5÷20.196×1 000＝866.51（箱）

取两者中较小的值，因此最大可装箱数取整866箱。

由于销售单位与包装单位相同，相应进口数量为866箱。

每40′集装箱：

按体积算可装箱数＝55÷0.025736＝2 137.084（箱）

按重量算可装箱数＝26÷20.196×1 000＝1 287.38（箱）

取两者中较小的值，因此最大可装箱数取整1 287箱。

由于销售单位与包装单位相同，相应进口数量为1 287箱。

（二）进口预算表项目计算

1.合同金额

这是双方议定的合同金额，注意需要换算成进口商的本币（可在“Finance（财务）”中查看注册资金币别）。

注意：进口商根据出口商的报价计算各项费用及利润，具体方法请参考“进口核算”。如利润满足预期则接受报价，反之可向出口商还盘。

2.CIF总价

CIF总价即交易双方在签订合同时所订的货品总金额 。如合同以CIF术语成交，则CIF总价=合同金额，如不是CIF价，则要进行换算。

由FOB价换算成CIF价：CIF = FOB+海运费+保险费

由CFR价换算成CIF价：CIF = CFR+保险费

海运费及保险费的算法请参照下面的说明。

注意：如不是以本币订立的合同，则要进行换算。

假设合同以美元计价，合同金额为USD 36 900，而进口商的本币为日元（JPY），在“B2B（淘金网）”的“银行”中查到美元的汇率为6.8261，日元的汇率为0.073049。

则该栏应填入的金额为：36 900×6.8261÷0.073049 = JPY 3 448 138.78。

3.内陆运费

在“B2B（淘金网）”的“其他费用”中，查到内陆运费为CNY 60/立方米（cbm）。

假设进口商的本币为美元，在“银行”页中，查到当前美元的汇率为6.8261。

可得：内陆运费 = 出口货物的总体积×60÷6.8261。

总体积算法请参考“基本计算”。

4.报检费

在“B2B（淘金网）”的“其他费用”中，查到报检费率为CNY 200/次，当前美元的汇率为6.8261。

可得：报检费 = 200÷6.8261 = USD 29.3。

5.报关费

在“B2B（淘金网）”的“其他费用”中，查到报关费为CNY 200/次，当前美元的汇率为6.8261。

可得：报关费 = 200÷6.8261 = USD 29.3。

6.关税

进入“B2B（淘金网）”的“税率”页，输入商品海关编码进行查询（例如输入商品01001的海关编码2003101100，查到进口优惠税率为25%）。SimTrade中的国家绝大多数适用于优惠税率，因此可直接取优惠税率计算，如果没有则填“0”。如果一笔合同涉及多项商品，则须分别计算再累加。

可得：商品进口税 = 该项商品CIF总价×进口优惠税率（注意：要用CIF总价，而不是合同金额）。

7.增值税

进入“B2B（淘金网）”的“税率”页，输入商品海关编码进行查询（例如输入商品01001的海关编码2003101100，查到增值税税率为17%）。如果一笔合同涉及多项商品，则须分别计算再累加。

可得：商品增值税＝（该项商品CIF总价+进口关税税额+消费税税额）×增值税税率（注意：要用CIF总价，而不是合同金额，其中消费税税额计算方法见下文）。

8.消费税

进入“B2B（淘金网）”的“税率”页，输入商品海关编码进行查询（例如输入商品10001的海关编码3304100000，查到消费税从价计算，为价格的30%）。如果一笔合同涉及多项商品，则须分别计算再累加。如果没有消费税，则填入“0”。

可得：从价商品消费税＝（该项商品CIF总价+进口关税税额）×消费税税率/（1-消费税税率）（注意：要用CIF总价，而不是合同金额）。

从量商品消费税＝应征消费税的商品数量×消费税单位税额。

9.海运费

在进口交易中，采用FOB贸易术语成交的条件下，进口商需要核算海运费。如为CIF或CFR方式，则此栏填“0”。

在进出口交易中，集装箱类型的选用、货物的装箱方法对于进口商减少运费开支起着很大的作用。集装箱的尺码、重量以及货物在集装箱内的配装、摆放、堆叠都有一定的讲究，需要在实践中摸索。

1）运费计算的基础

运费单位（Freight Unit），是指船公司用以计算运费的基本单位。由于货物种类繁多，打包情况不同，装运方式有别，因此计算运费标准不一。

（1）整箱装：以集装箱为运费的单位，在SimTrade中有20′集装箱与40′集装箱两种。20′集装箱的有效容积为25cbm，限重17.5tne，40′集装箱的有效容积为55cbm，限重26tne，1tne＝1 000kgs。

（2）拼箱装：由船方以能收取较高运价为准，运价表上常标注M/W或R/T，表示船公司将就货品的重量吨或体积吨二者中择其运费较高者计算。

拼箱装时计算运费的单位为：

①重量吨（Weight Ton）：按货物总毛重，以1公吨（1tne=1 000kgs）为一个运费吨。

②体积吨（Measurement Ton）：按货物总体积，以1立方公尺（1 cubic meter，简称1mtq、1cbm或1cum，又称1体积吨）为一个运费吨。

在核算海运费时，进口商首先要根据报价数量算出产品体积，再到“B2B（淘金网）”的“运费查询”页，找到对应该批货物目的港的运价。如果报价数量正好够装整箱（20′集装箱或40′集装箱），则直接取其运价为基本运费；如果不够装整箱，则用“产品总体积（或总重量，取运费较多者）×拼箱的价格”来算出海运费。

2）运费分类计算方法

（1）整箱装：整箱运费分三部分，总运费等于三部分费用的总和。

①基本运费：

基本运费＝单位基本运费×整箱数

②港口附加费：

港口附加费＝单位港口附加费×整箱数

③燃油附加费：

燃油附加费＝单位燃油附加费×整箱数

（2）拼箱装：拼箱运费只有基本运费，分按体积计算与按重量计算两种方式。

①按体积计算，X1＝单位基本运费（mtq）×总体积；

②按重量计算，X2＝单位基本运费（tne）×总毛重。

取X1和X2中较大的一个。

【例3-18】商品08003（儿童踏板车）进口到加拿大，卸货港是多伦多港口。试分别计算交易数量为1 000辆和2 604辆的海运费（假设进口商的本币为美元）。

解：第一步：计算产品体积与重量。

在“B2B（淘金网）”的“产品展示”中，查到商品08003的体积是每箱0.0576cbm，每箱毛重21kgs，每箱装6辆。根据查到的产品资料，先计算产品体积。

报价数量为1 000辆：

总包装箱数＝1 000÷6＝166.7（箱），取整167箱，总体积＝167×0.0576＝9.6（cbm）

总毛重＝1 000÷6×21＝3 500（kgs）＝3.5（tne）

报价数量为2 604辆：

总包装箱数＝2 604÷6＝434（箱），总体积＝434×0.0576＝24.998（cbm）

总毛重＝2 604÷6×21＝9 114（kgs）＝9.114（tne）

第二步：查运价。

在“B2B（淘金网）”中“运费查询”里，查到运至加拿大多伦多港的基本运费为：每20′集装箱USD 3 290，每40′集装箱USD 4 410，拼箱每体积吨（mtq）USD 151，每重量吨（tne）USD 216。

港口附加费为：每20′集装箱USD 132，每40′集装箱USD 176。

燃油附加费为：每20′集装箱USD 160，每40′集装箱USD 215。

此外，在“淘金网”的“银行”页中，可查到美元的汇率为6.8261。

根据第一步计算出的结果来看，比照集装箱规格（已在运费计算基础中写明，20′集装箱的有效容积为25cbm，限重17.5tne，40′集装箱的有效容积为55cbm，限重26tne，1tne＝1 000kgs），1 000辆的运费宜采用拼箱，2 604辆的海运费宜采用20′集装箱。

报价数量为1 000辆：

按体积计算基本运费＝9.6×151＝USD 1 449.6

按重量计算基本运费＝3.5×216＝USD 756

两者比较，体积运费较大，船公司收取较大者，则基本运费为USD 1 449.6。

报价数量为2 604辆，由于体积和重量均未超过一个20′集装箱的体积与限重，所以装一个20′集装箱即可：

总运费＝1×（3 290+132+160）＝USD 3 582

注意：如果进口商的本币不是美元，则须再查本币汇率，将计算结果换算成本币，换算方法请参照前面CIF总价的汇率换算。

10.保险费

进口交易中，在以FOB、CFR条件成交的情况下，进口商需要到“B2B（淘金网）”中“保险费”页查询保险费率，用以核算保险费。如系CIF条件，此栏填“0”。计算公式如下：

保险费 = 保险金额×保险费率

保险金额 = CIF货价×（1 + 保险加成率）

保险金额具体计算方法如下：

在进出口贸易中，根据有关的国际贸易惯例，保险加成率通常为10%，出口商也可根据进口商的要求与保险公司约定不同的保险加成率。

由于保险金额的计算是以CIF（或CIP）货价为基础的，因此，对外报价时如果需要将CFR（或CPT）价格变为CIF（或CIP）价格，或是在CFR（或CPT）合同项下买方要求卖方代为投保时，均不应以CFR价格为基础直接加保险费来计算，而应先将CFR（或CPT）价格换算为CIF（或CIP）价格后再求出相应的保险金额和保险费。

（1）按CIF进口时：保险金额 = CIF货价×1.1。

（2）按CFR进口时：保险金额 = CFR货价×1.1 / （1 - 1.1 × r），其中r为保险费率，请在“淘金网”的“保险费”页面查找，将所投险别的保险费率相加即可。

（3）按FOB进口时：保险金额 = （FOB货价 + 海运费）×1.1 / （1 - 1.1 × r），其中FOB货价就是合同金额，海运费请在装船通知中查找，由出口商根据配舱通知填写，如果出口商填写错误，请其查看配舱通知。

注意：（1）因一切险（或A险）已包括所有一般附加险的责任范围，所以在投保一切险（或A险）时，保险公司对一般附加险的各种险别不会再另收费。投保人在计算保险金额时，一般附加险的保险费率可不计入。

（2）基本险只能选择一种投保，特殊附加险则在基本险的基础上加保，如果同时加保特殊附加险中的战争险和罢工险，费率只按其中一项计算，不累加（即同时投保战争险和罢工险，费率仍是0.80‰，而不是1.60‰）。

【例 3-19】商品03001的CFR价格为USD 8 846.4，要按成交价格的110%投保协会货物保险条款（A）（保险费率0.8%）和战争险（保险费率0.08%），试计算进口商应付给保险公司的保险费用（假设进口商的本币为美元）。

解：保险费 = 保险金额×保险费率

= 8 846.4×1.1×（0.8% + 0.08%）÷［1 - 1.1×（0.8% + 0.08%）］

= 85.6332÷0.99032

= USD 86.47

【例 3-20】商品03001的FOB价格为USD 7 296，海运费为USD 1 550，要按成交价格的110%投保协会货物保险条款（A）（保险费率0.8%）和战争险（保险费率0.08%），试计算进口商应付给保险公司的保险费用（假设进口商的本币为美元）。

解：保险费 = 保险金额×保险费率

= （7 296+1 550）×1.1×（0.8% + 0.08%）÷［1 - 1.1×（0.8% + 0.08%）］

= 85.6293÷0.99032

= USD 86.47

注意：如果进口商的本币不是美元，则须再查本币汇率，将计算结果换算成本币，换算方法参照前面CIF总价的汇率换算。

11.银行费用

针对不同的结算方式，银行收取的费用也不同。

【例3-21】进出口商合同总金额为USD 28 846.4，分别计算进口商在L/C、D/P、D/A、T/T方式下的银行费用（假设在L/C方式下修改过一次信用证）。

第一步：查询费率。

在“B2B（淘金网）”的“其他费用”页中，查得开证手续费率0.15%（最低200元）、修改手续费率200元/次、付款手续费率0.13%（最低200元）、D/A费率0.1%（最低100元，最高2 000元）、D/P费率0.1%（最低100元，最高2 000元）、T/T费率0.08%。

第二步：计算银行费用（假设进口商的本币为美元）。

L/C方式下：

开证手续费 = 28 846.4×0.15% = USD 43.27

修改手续费 = 200÷6.8261 = USD 29.3

付款手续费 = 28 846.4×0.13% = USD 37.5

所以，L/C银行费用 = 开证手续费+修改手续费+付款手续费 = USD 110.07。

D/A银行费用 = 28 846.4×0.1% = USD 28.85

D/P银行费用 = 28 846.4×0.1% = USD 28.85

T/T银行费用 = 28 846.4×0.08% = USD 23.08

注意：如果进口商的本币不是美元，则须再查本币汇率，将计算结果换算成本币，换算方法参照前面CIF总价的汇率换算。

12.其他费用

本栏即进口商的公司综合费用，在“B2B（淘金网）”的“其他费用”中，查到进口综合费用为合同金额的5%。

可得：进口综合费用 = 合同金额×5%。

四、进口核算

在进出口贸易中，商品的价格是买卖双方磋商的焦点，有时也是成交的决定性因素。正确掌握进出口商品价格构成，合理采用各种作价方法，选用有利的计价货币和贸易条件，准确核算成本、利润，具有十分重要的意义。在SimTrade中，当出口商报价后，进口商需要进行进口核算。如果利润合理，就可以接受报价；如果利润很少甚至亏损的话，则可以向出口商还盘。

进口商利润=市场销货收入-合同金额-各项费用

其中，合同金额=出口商报价（单价）×数量。

下面以01001洋菇罐头（整粒）为例演示进口核算的计算过程：

进口国：法国（本币EUR）

商品编号：01001

商品名称：洋菇罐头（整粒）

数量：1 000 cartons

出口商报价：EUR 15/carton

与出口商的价格条件为：CIF Mars

支付方式：T/T

1.合同金额

15×1 000=EUR 15 000

2.计算各项费用

下面根据合同金额EUR 15 000计算进口商的各项费用。

（1）内陆运费：EUR 105.05（内陆运费=商品总体积×60÷汇率=14.739×60÷8.4181）。

（2）报检费：EUR 23.76（RMB 200÷汇率）。

（3）报关费：EUR 23.76（RMB 200÷汇率）。

（4）关税：EUR 3 750（商品进口税＝该项商品CIF总价×进口优惠税率。进入“B2B（淘金网）”的“税率”页，输入商品海关编码查询到进口优惠税率为25%）。

（5）增值税：EUR 3 187.5（商品增值税＝（该项商品CIF总价+进口关税税额+消费税税额）×增值税税率。进入“B2B（淘金网）”的“税率”页，输入商品海关编码查询到增值税税率为17%）。

（6）消费税：0。

（7）海运费：0。

（8）保险费：0。

（9）银行费用：EUR 12（银行费用=成交金额×电汇手续费率=EUR 15 000×0.08%）。

（10）其他费用：EUR 750（进口综合费用＝合同金额×5%=EUR 15 000×0.05）。

进口商的各项费用为上述（1）~（10）项之和：EUR 7 852.07。

3.计算市场销货收入

进口商进入“Business（业务中心）”中的“市场”可查询到01001洋菇罐头（整粒）每carton的价格为EUR 22.05，则1 000 cartons的市场销货收入为EUR 22 050。

4.计算利润

进口商利润=市场销货收入-合同金额-各项费用

=22 050-15 000-7 852.07

=EUR -802.07

可见，进口商接受此报价是亏损的，所以此报价对进口商而言不合理，进口商应对出口商进行还盘。

五、发布信息与广告

国际市场上，各国消费者除了知晓一些传统产品与世界驰名品牌以外，对大多数产品还是陌生的。他们不可能像对国内产品那样，通过各种渠道对产品的性质与特点进行详细了解，甚至对国际企业的名称及其实力、规模与经营业绩等也不熟悉。正是由于国际企业与消费者在沟通方面存在困难，因此，加强宣传已成为企业开拓国际市场的重要手段。特别是在商品首次进入某国市场时，国际企业更需要通过广告宣传来帮助其打开市场。

SimTrade模拟了大型B to B电子商务网站的企业宣传功能。在“B2B（淘金网）”中，无论是出口商、进口商，还是工厂，都有机会通过发布供求信息与公司及产品广告来宣传自己，增加业务机会。

（一）发布产品广告

操作步骤：

1. 在“Business（业务中心）”页面，点击标志为“广告公司”的建筑物；

2. 在弹出业务页面中点击上方的“发布广告”项；

3. 输入广告标题、关键字，选择发布类型为“产品广告”，并选择相应的产品编号，再输入广告内容；

4. 点击“确定”按钮，完成产品广告发布。

注意：产品广告发布成功后，会显示在“B2B（淘金网）”的“产品展示”页面中。

（二）发布公司广告

操作步骤：

1. 在“Business（业务中心）”页面，点击标志为“广告公司”的建筑物；

2. 在弹出业务页面中点击上方的“发布广告”项；

3. 输入广告标题、关键字，选择发布类型为“公司广告”，再输入广告内容；

4. 点击“确定”按钮，完成公司广告发布。

注意：公司广告发布成功后，会显示在“B2B（淘金网）”的“公司库”页面中。

（三）发布信息

操作步骤：

1. 在“Business（业务中心）”页面，点击标志为“广告公司”的建筑物；

2. 在弹出业务页面中点击上方的“发布信息”项；

3. 输入信息标题、关键词与内容，并选择发布类型；

4. 点击“确定”按钮，完成信息发布。

注意：出口商、进口商、工厂发布的买卖信息，会分别显示在“B2B（淘金网）”的首页上。

六、L/C + CIF进口商快速入门

说明：本篇快速入门为一套完整的SimTrade实际业务操作，交易方式为L/C + CIF。由于不同交易方式下贸易流程不尽相同，本例中的数据资料与表格内容仅供参考，请依具体情况来完成实际操作。

请选择以下主题查看相关内容：

◆ 交易准备阶段

◆ 交易磋商阶段

◆ 签订与履行合同阶段

（一）交易准备阶段

1.学生以进口商角色登录，输入用户名（如XYZ），选择用户类型为“进口商”，点击“登录系统”按钮，进入进口商业务主页面。

2.创建公司。点击“Profile（资料）”，可查看公司注册资金、账号、所属国家、单位代码、邮件地址等资料，其他逐项填写如下：

公司全称：Carters Trading Company，LLC

公司简称：Carters

企业法人：Carter

电话：0016137893503

传真：0016137895107

网址：http：//www.carter.com

公司地址（注意应根据所属国家来填写）：P.O.Box 8935，New Terminal，Lata. Vista，Ottawa，Canada

公司介绍：We are importers in all items enjoying good reputation！

可自由添加图片。

注意事项：最好使用GIF或JPG格式的图片，尺寸建议在120*120（像素）左右。

填写完毕后，点击“确定”。

3.发布公司广告。点击“Business（业务中心）”里标志为“广告公司”的建筑物，在弹出页面中点击“发布广告”，逐项填写如下：

输入标题：We are importers of clothes for boys and girls!

输入关键字：clothes

选择发布类型为“公司广告”。

输入内容：We are importers of fashions enjoying good reputation，please contact with us! Email：xyz2@simtrade。

填写完毕后，点击“确定”，成功发布公司广告。

4.发布信息。点击“发布广告”左边的“发布信息”，逐项填写如下：

输入标题：We are looking to buy T-shirts for girls!

输入关键字：T-shirt

选择发布类型为“需求信息”。

输入内容：We are looking to buy T-shirts for girls，please contact with us! Email：xyz2@simtrade。

填写完毕后，点击“确定”，成功发布信息。

5.寻找商机。点击“B2B（淘金网）”，进入查询页面，在首页上可查看通知以及各类市场信息与供求信息；点击“产品展示”，可看到所有产品信息；点击“公司库”，可看到所有公司信息。

（二）交易磋商阶段

（出口商发送联系邮件后）

1.收取出口商希望建立业务关系的邮件（也可由进口商主动发送）。回到进口商业务主页面，点击“Mail（我的邮件）”，进入邮件系统，点击新邮件名称，查看邮件内容。

2.回复邮件。点击“回复”，填写内容如下：

收件人：回复状态下自动填写

主题：回复状态下自动填写，可将其改为“Inquiry”

合同号：（此时未建立合同，不需要填合同号）

内容栏：

Dear Mr. Minghua Liu，

Thanks for your Email.

With reference to your letter of April 2，2016，we are glad to learn that you wish to enter into trade relations with us.

At present，we are in the market for women’s T-shirt，and shall be glad to receive your best quotations for this item, with indications of packing, for date of shipment, CIF Toronto.

Your early replay will be appreciated.

Yours sincerely

Carter

Carters Trading Company, LLC

（注：在SimTrade中，进口商所属的国家与币别是随机分配的，因此，学生在使用时，需要在“B2B（淘金网）”的“运费查询”中查询该国家所对应的港口，从中选择一个作为自己的交易港口，并在邮件中告知出口商）

填写完毕后，点击“发送”。

（出口商回复询盘邮件后）

3.收取出口商发盘的邮件

（注：进口商根据出口商的报价计算各项费用及利润，具体方法请参考“进口核算”。如利润满足预期则接受报价，反之可向出口商还盘。）

4.经多次还盘后接受出口商的发盘。填写邮件内容如下：

收件人：回复状态下自动填写

主题：回复状态下自动填写

合同号：（此时未建立合同，不需要填合同号）

内容栏：

Dear Mr. Minghua Liu,

We have received your Email of April 6, 2016

After the consideration, we have pleasure in confirming the following offer and accepting it:

(1) Commodity: women's T-shirt

(2) Packing: exporter carton

(3) Specification: 20PCS per carton, color: black, fabric content: 100% cotton

(4) Quantity: 15 000 PCS

(5) Price: USD 30/PC

(6) Payment: L/C

(7) Shipment: in May, 2016

Please send us a contract and thank you for your cooperation.

Yours sincerely,

Carter

Carters Trading Company, LLC

填写完毕后，点击“发送”。

（三）签订与履行合同阶段

（出口商起草并发送合同后）

1.收取出口商要求确认合同的邮件。

2.填制进口预算表并确认合同。退出邮件系统，点击“Business（业务中心）”里标志为“出口商”的建筑物，在弹出页面的左边首先点击“切换”，将需要确认的合同设置为主合同；再点击“修改合同”，打开合同页面查看相关条款；然后点击“添加单据”，选中“进口预算表”前的单选钮，点击“确定”，然后在“查看单据列表”中点击进口预算表对应的单据编号（以后添加与填写单据都用此方法），弹出表单，填写如下：

进口预算表（计算方法请参照Help（帮助）中的“进口预算表的填写”）

填写完成后点击“保存”。需要注意的是，进口预算表要认真填写，确认合同之后，就不能修改进口预算表了。

查看进口商资金状况，点击“Finance（财务）”按钮，“目前资金”已经不够支付预算表里的“合同金额”以及即将发生的各项费用，经估算，进口商需要向银行贷款CAD400 000，贷款操作方法请参见帮助中的常见问题6。

回到业务页面，点击“修改合同”，在弹出合同的左下方签字，分别在两行空白栏中填入“Carters Trading Company，LLC”与“Carter”，点击“保存”；回到业务页面，点击“确认合同”，输入合同编号（本例中为Contract 001），再输入本地银行编号（如XYZ），点击“确定”，成功确认合同。

3.申请开立信用证。点击标志为“进口地银行”的建筑物，选择“信用证”业务，再点击“添加信用证申请书”，添加完成后，点击该申请书编号进行填写：

不可撤销信用证开证申请书

4.发送开证申请书。填写完成后，仍在信用证管理页面中，选中对应信用证申请书前的单选钮，点击“发送申请书”。

（进口地银行开立信用证后）

5.收取银行要求确认信用证的通知邮件，然后到“Business（业务中心）”点击“进口地银行”，再点击“信用证业务”，检查对应的信用证内容；检查无误后，选中对应信用证前的单选钮，点击“同意”。

（出口商发送装船通知后）

6.收取装船通知已发送的通知邮件。到“Business（业务中心）”点击“出口商”，再点击“查看单据列表”，可查看“Shipping Advice”的内容（注：在FOB、CFR交易方式下，保险由进口商办理，进口商须凭此装船通知内容填写投保单办理保险）。

（进口地银行议付单据后）

7.收取单据到达的通知邮件，然后到“Business（业务中心）”点击“进口地银行”，再点击“付款”，支付货款。

8.取回单据。点击“付款”旁边的“取回单据”，领取相关货运单据。

9.换提货单。点击“Business（业务中心）”里的“船公司”，再点击“换提货单”。

10.报检（注：在SimTrade中查询交易商品是否需要进口检验，须在“B2B（淘金网）”的“税率查询”页，输入商品的海关编码，查到相对应的监管条件后，点击代码符号，各代码的意义均列明于其中。若适用规定为必须申请进口检验者，则应依规定办理）。添加“入境货物报检单”，填写如下：

入境货物报检单

填写完成后点击“保存”，回到“Business（业务中心）”，点击“检验机构”，再点击“申请报检”，选择单据“销货合同”、“商业发票”、“装箱单”、“提货单”和“入境货物报检单”，点击“报检”。报检完成后，检验机构签发“入境货物通关单”，凭以报关。

11.报关。添加“进口货物报关单”，填写如下：

进口货物报关单

填写完成后，点击“Business（业务中心）”里的“海关”，再点击“报关”，选择“销货合同”、“商业发票”、“装箱单”、“提货单”、“入境货物通关单”（不需要进口检验的商品可免附）、“进口货物报关单”前的复选框，点击“报关”。完成报关后，海关加盖放行章后返还提货单与进口报关单。

12.点击“报关”旁边的“缴税”，缴纳税款。

13.点击“缴税”旁边的“提货”，领取货物。

14.办理外汇监测系统网上申报。

回到“Business（业务中心）”，点击“外管局”，再点击“外汇监测系统网上申报”，填写申报表格，保存之后，完成外汇监测系统网上申报的办理。

15.销货。点击“Business（业务中心）”里的“市场”，再点击“销货”，选择编号为02009的产品，点击“确定”即可销售货物。至此，该笔交易完成。进口商此时可去银行偿还贷款。

七、T/T + FOB进口商快速入门

说明：本篇快速入门为一套完整的SimTrade实际业务操作，交易方式为T/T + FOB。由于不同交易方式下贸易流程不尽相同，本例中的数据资料与表格内容仅供参考，请依具体情况来完成实际操作。

请选择以下主题查看相关内容：

◆交易准备阶段

◆交易磋商阶段

◆签订与履行合同阶段

（一）交易准备阶段

1.学生以进口商角色登录，输入用户名（如XYZ），选择用户类型为“进口商”，点击“登录系统”按钮，进入进口商业务主页面。

2.创建公司。

（1）点击“Profile（资料）”，可查看公司注册资金、账号、所属国家、单位代码、邮件地址等资料，其他逐项填写如下：

公司全称：Golden Time Import and Export Company

公司简称：Golden Time

企业法人：King

电话：（310）6465252

传真：（310）6465252

网址：http：//www.desunsoft.com

公司地址（注意应根据所属国家来填写）：2 World Way，Los Angeles

公司介绍：We have being deal with all items trading for over twenty years， and we are always enjoying great reputations. If you have any needs， please contact with us!

可自由添加图片。

注意事项：最好使用GIF或JPG格式的图片，尺寸建议在120*120（像素）左右。

（2）填写完毕后，点击“确定”。

3.发布公司广告。

(1) 点击“Business（业务中心）”里标志为“广告公司”的建筑物，在弹出页面中点击“发布广告”，逐项填写如下：

输入标题：We are importers of all kinds of cosmetics!

输入关键字：cosmetic

选择发布类型为“公司广告”。

输入内容：We are importers of cosmetics，please contact with us! Email：xyz2@simtrade。

(2) 填写完毕后，点击“确定”，成功发布公司广告。

4.发布求购信息。点击“发布广告”左边的“发布信息”，逐项填写如下：

输入标题：We are looking to buy lipstick and perfume

输入关键字：lipstick and perfume

选择发布类型为“需求信息”。

输入内容：We are looking to buy lipstick and perfume，please contact with us! Email：xyz2@simtrade。

填写完毕后，点击“确定”，成功发布信息。

5.寻找商机。

(1) 点击“B2B（淘金网）”，进入查询页面，在首页上可查看通知以及各类市场信息与供求信息；

(2) 点击“产品展示”，可看到所有产品信息；

(3) 点击“公司库”，可看到所有公司信息。

(二) 交易磋商阶段

1.经过多次合作，了解出口商状况，由进口商主动发送询盘邮件。

(1) 回到进口商业务主页面，点击“Mail（我的邮件）”，进入邮件系统，填写内容如下：

收件人：xyz1@simtrade

主题：Inquiry

内容栏：

Dear Mr. Zhang Xinhua，

At present，we are in the market for lipstick and perfume，and shall be glad to receive your best quotations for this item，with indications of packing，for date of shipment，FOB Shanghai.

Your early replay will be appreciated.

Yours sincerely

King

Golden Time Import and Export Company

(2) 填写完毕后，点击“发送”。

(出口商回复发盘邮件后)

2.收取出口商发盘的邮件。

3.经多次还盘后接受出口商的发盘。填写邮件内容如下：

(1) 收件人：回复状态卜自动填写。

主题：回复状态下自动填写

合同号：（此时未建立合同，不需要填合同号）

内容栏：

Dear Mr. Paolo,

We have received your Email of April 13, 2016

After the consideration, we have pleasure in confirming the following offer and accepting it:

1. Lipstick

2. Packing: exporter carton

3. Specification: lipstick, 1 PC /box, 300 PCS /carton; perfume, 1 bottle /box, 250 bottles / carton

4. Quantity: lipstick, 1 195 PCS; perfume, 742 bottles

5. Price: lipstick, USD 52/PC; perfume, USD 81/bottle; FOB Shanghai

6. Payment: T/T

7. Shipment: 2016/04/18

Please send us a contract and thank you for your cooperation.

Yours sincerely,

King

Golden Time Import and Export Company

（2）填写完毕后，点击“发送”。

（三）签订与履行合同阶段

（出口商起草并发送合同后）

1.收取出口商要求确认合同的邮件。

2.填制进口预算表并确认合同。

（1）退出邮件系统，点击“Business（业务中心）”里标志为“出口商”的建筑物。

（2）在弹出页面的左边首先点击“切换”，将需要确认的合同设置为主合同。

（3）点击“修改合同”，打开合同页面查看相关条款。

（4）点击“添加单据”，选中“进口预算表”前的单选钮，点击“确定”。

（5）然后在“查看单据列表”中点击进口预算表对应的单据编号（以后添加与填写单据都用此方法），弹出表单，填写如下：

进口预算表（计算方法请参照Help（帮助）中的“进口预算表的填写”）。

（6）填写完成后点击“保存”。需要注意的是，进口预算表要认真填写，确认合同之后，就不能再修改了。

（7）回到业务页面中，点击“修改合同”，在弹出合同的左下方签字，分别在两行空白栏中填入“Golden Time Import and Export Company”与“King”，点击“保存”。

（8）回到业务页面，点击“确认合同”，输入合同编号（本例中为Contract 002），再输入本地银行编号（如XYZ），点击“确定”，成功确认合同。

3.指定船公司。

在“Business（业务中心）”里点击“船公司”，点击“指定船公司”，选中“世格国际货运代理有限公司”，点击“确定”。

（出口商发送装船通知后）

4.收取装船通知已发送的通知邮件。到“Business（业务中心）”点击“出口商”，再点击“查看单据列表”，可查看“Shipping Advice”的内容。

5.办理保险。

（1）添加“货物运输保险投保单”，填写如下：

货物运输保险投保单（投保时建议选择一切险、战争险、罢工险，这样遇到SimTrade里所有的意外情况都能索赔）

（2）填写完成后点击“保存”，回到“Business（业务中心）”。

（3）点击“保险公司”建筑物，再点击“办理保险”，选择单据“货物运输保险投保单”，点击“办理保险”。

（4）办理完成后，保险公司签发“货物运输保险单”。

（出口商直接将单据寄给进口商）

6.支付货款。

（1）收取单据到达的通知邮件。

（2）回到“Business（业务中心）”，点击“进口地银行”，再点击“付款”，支付货款。

7.换提货单。点击“Business（业务中心）”里的“船公司”，再点击“换提货单”。

8.报检。

（1）添加“入境货物报检单”，填写如下：

入境货物报检单

（2）填写完成后点击“保存”，回到“Business（业务中心）”。

（3）点击“检验机构”建筑物，再点击“申请报检"，选择单据“销货合同”、“商业发票”、“装箱单”、“提货单”和“入境货物报检单”，点击“报检”。

（4）报检完成后，检验机构签发“入境货物通关单”，凭以报关。

9.报关。

（1）添加“进口货物报关单”，填写如下：

进口货物报关单

（2）填写完成后，点击“Business（业务中心）”里的“海关”建筑物。

（3）点击“报关”，选择“销货合同”、“商业发票”、“装箱单”、“提货单”、“入境货物通关单”（不需要进口检验的商品可免附）、“进口货物报关单”前的复选框，点击“报关”。

（4）完成报关后，海关加盖放行章后返还提货单与进口报关单。

10.点击“报关”旁边的“缴税”，缴纳税款。

11.点击“缴税”旁边的“提货”，领取货物。

12.办理外汇监测系统网上申报。

回到“Business（业务中心）”，点击“外管局”，再点击“外汇监测系统网上申报”，填写申报表格，保存之后，完成外汇监测系统网上申报的办理。

13.销货。

点击“Business（业务中心）”里的“市场”，再点击“销货”，选择编号为10001、

10004的产品，点击“确定”即可销售货物。

至此，该笔交易完成。

第四节　出口地银行操作要点

一、出口地银行操作页面简介

SimTrade有五个角色，分别为出口商、进口商、工厂、出口地银行与进口地银行，以出口地银行的用户名登录成功后，进入出口地银行的操作主页面首页。点击上方的按钮，可分别进入出口地银行的资料、财务等操作页面。

（一）Profile（资料）

点击出口地银行主页面上方的第八个按钮，可打开资料的操作页面，用于记录银行各项详细信息。

用户编号、注册资金、电子邮件：其中用户编号就是登录时使用的账号。这几项都是老师统一分配的，使用者不能修改。

银行全称、简称、地址（英文/中文）：第一次登录成功后，必须先注册银行名称，否则不能进行其他的业务操作。注意出口地银行的中文、英文名称都要注册。

银行电话、传真、邮政编码、网址：这些都是银行的联络资料，请逐项填写，以方便贸易伙伴之间的联络。

银行介绍：填写介绍说明，以此来吸引一部分用户的注意，增加业务机会。

修改密码：点击这里可对登录密码进行修改。

以上资料都将显示在“B2B（淘金网）”的“银行”页面中。

（二）Finance（财务）

点击出口地银行主页面上方的第二个按钮，可打开财务的操作页面。所有业务往来发生的收入、支出都在财务中体现。本页面的财务状况只用于查询，不能做任何修改。在本页面中，注册资金与币别都不可修改；贷款=所有已放贷的总金额。

时间：记录发生收入、支出的具体时间，以“年-月-日 时-分”倒序排列。

收入、支出：记录发生收入、支出的金额。

合同号：记录发生收入、支出的相关合同号。

项目描述：记录发生收入、支出的说明。

（三）Loan（贷款业务）

点击出口地银行主页面上方的第三个按钮，可打开贷款业务的操作页面。

申请时间：按贷款申请的具体时间，以“年-月-日 时-分”倒序排列。

贷款人：显示贷款人的编号，以便今后还贷时核对。

贷款额：显示本次贷款的金额。

状态：“申请中”表示银行尚未批准此项贷款；“已放贷”表示银行同意发放贷款，并将贷款金额划入贷款申请者的账户中。

贷款描述：是出口商、工厂在向银行申请贷款时填写的内容。

发放贷款、拒绝贷款：选中相应的贷款业务，点击“发放贷款”，将从银行的当前余额中支出贷款金额给申请单位；点击“拒绝贷款”，银行将删除该项贷款业务，同时，申请单位将收到银行不放贷的邮件通知。

（四）L/C（信用证）

点击出口地银行主页面上方的第四个按钮，可打开信用证的操作页面。本页面主要起着接收进口地银行发来的信用证和信用证修改书并通知出口商的作用。如果该信用证或修改书有问题，出口地银行可通过邮件系统向出口商说明。

收到日期：按收到信用证的具体时间，以“年-月-日 时-分”倒序排列。

信用证名称、编号、合同号：点击加下划线的信用证编号，可打开信用证查看。

状态、制作通知书、通知受益人：以“等待转发”与“已通知出口商”状态表示是否通知出口商，可选择查询条件来分类查看。如果是“等待转发”状态，可选择该信用证或修改书，点击下方的“制作通知书”项，添加信用证通知书或修改通知书并进行填写；填写完成后，再选择该通知书，点击“通知受益人”项，系统将自动通知出口商信用证或信用证修改书已到，并将该项下的状态改为“已通知出口商”。

（五）Bill（结汇单据）

点击出口地银行主页面上方的第五个按钮，可打开结汇单据的操作页面。

选择：每次只能选择一项。选中后，即可审核该合同项下的所有结汇单据。

日期：为单据到达日期，以“年-月-日 时-分”倒序排列。

合同号：记录单据所对应的合同号。

出口商、进口地银行：就是合同涉及的出口商与进口地银行，分别以“用户编号+公司简称”显示。

状态：标志结汇单据的当前状况，便于使用者追踪单据已到何处。

单据编号、名称：选择合同号，下方将显示出口商提交的相应单据。点击加下划线的单据编号，可打开单据查看。

检查单据：这项功能与老师设置的是否允许银行检查单据功能相关。如果老师设置允许银行检查单据，则可看到“检查单据”项，逐一点击“检查单据”，可由系统自动检查并列出单据错误之处；如果老师设置不允许银行检查单据，则担任银行角色的使用者必须自行审核结汇单据。

送进口地银行：出口地银行审单无误，点击此项，系统将自动把结汇单据发送到进口地银行。

（六）Mail（我的邮件）

点击出口地银行主页面上方的第六个按钮，进入邮件系统，在这里可通过邮件与各用户联系。

查看相关主题：邮件系统的使用

（七）B2B（淘金网）

点击出口地银行主页面上方的第七个按钮，可打开“淘金网”页面。

“淘金网”是SimTrade中一个仿真的B to B电子商务中心，提供完全仿真的国际商业环境。使用者可在各个页面中查到通知、今日汇率，以及工厂、出口商与进口商的详细资料，利用关键词搜索功能可以快速找到需要的供求信息、公司、产品资料，为外贸实习提供更大空间。

查看相关主题：淘金网

（八）Help（帮助）

如有任何问题，可点击出口地银行主页面上方的第九个按钮查阅在线帮助。

二、出口地银行业务费用

在进出口贸易过程中，出口地银行的主要业务是转发信用证（L/C结算方式下）、审查单据并拨付押汇款。而银行的主要收入则来自以下几项，相关费率可在“B2B（淘金网）”的“其他费用”中查到。

（一）贷款利息

查到银行贷款利率为0.6%，则：

贷款利息 = 贷款总金额×贷款利率 = 贷款总金额×0.6%

（二）汇款费用

查到银行汇款手续费率为0.1%，则：

汇款手续费 = 汇款总金额×汇款手续费率 = 汇款总金额×0.1%

（三）结汇费用

针对不同的结算方式，银行收取的费用也不同（其中T/T方式下出口地银行不收取费用）。

例如，进出口商合同总金额为USD 28 846.4，分别计算出口商在L/C、D/P、D/A方式下的结汇费用（假设L/C方式下修改过一次信用证）。

第一步：查询费率。

在“B2B（淘金网）”的“其他费用”页中，查得L/C通知费200元/次、修改通知费100元/次、议付费率0.13%（最低200元）、D/A费率0.1%（最低100元，最高2 000元）、D/P费率0.1%（最低100元，最高2 000元）；在“银行”页，查得美元的汇率为6.8261。

第二步：计算银行费用（以美元为单位）。

L/C银行费用 = 28 846.4×0.13% + （200+100）÷ 6.8261 = 37.5 + 43.95 = USD 81.45

D/P银行费用 = 28 846.4×0.1% = USD 28.85

D/A银行费用 = 28 846.4×0.1% = USD 28.85

注：如果合同金额不是以美元计价的，系统将自动把费用转换成美元。

三、L/C + CIF出口地银行快速入门

说明：本篇快速入门为一套完整的SimTrade实际业务操作，交易方式为L/C + CIF。由于不同交易方式下贸易流程不尽相同，本例中的数据资料与表格内容仅供参考，请依具体情况来完成实际操作。

1.学生以出口地银行角色登录，输入账号（如XYZ），选择用户类型为“出口地银行”，点击“登录系统”按钮，进入出口地银行业务主页面。

2.创建银行。点击“Profile（资料）”，逐项填写如下：

银行全称（中文）：南京商业银行

银行全称（英文）：Nanjing Commercial Bank

银行简称（中文）：商业银行

银行简称（英文）：Commercial Bank

电话：86-25-27293344

传真：86-25-27203335

邮政编码：210014

网址：http：//www.firstbank.com

银行地址（中文）：南京市逸仙路32巷19号

银行地址（英文）：No.19 Lane 32 I Sen Rd，Nanjing 210014，P.R.China

银行介绍：我行常年办理国际国内资金借贷与投资等业务，拥有良好信誉与业务能力，欢迎前来我行洽谈业务！

填写完毕后，点击“确定”。

3.查询信息。点击“B2B（淘金网）”，进入查询页面，分别点击上排按钮查看各类信息。

（进口地银行开证后）

4.收取进口地银行已开证的通知邮件。

5.通知出口商。回到出口地银行业务主页面，点击“L/C（信用证）”按钮，打开合同号为Contract 001的信用证进行查看；再选中该信用证前的单选钮，点击“制作通知书”，添加信用证通知书；然后点击该信用证通知书所对应的单据编号，打开表单根据信用证内容进行填写：

信用证通知书

填写完成后点击“保存”，回到业务页面，选择该通知书，点击“通知受益人”。

（出口商押汇后）

6.收取单据已到达的通知邮件，点击“Bill（结汇单据）”，选中合同Contract 001前的单选钮，分别检查单据，如检查无误，再点击“送进口地银行”。

第五节　进口地银行操作要点

一、进口地银行操作页面简介

SimTrade有五个角色，分别为出口商、进口商、工厂、出口地银行与进口地银行，以进口地银行的用户名登录成功后，进入进口地银行的操作主页面。点击上方的按钮，可分别进入进口地银行的资料、财务等操作页面。

（一）Profile（资料）

点击进口地银行主页面上方的第八个按钮，可打开资料的操作页面，用于记录银行各项详细信息。

用户编号、注册资金、电子邮件：其中用户编号就是登录时使用的账号。这几项都是老师统一分配的，使用者不能修改。

银行全称、简称、地址（英文）：第一次登录成功后，必须先注册银行名称，否则不能进行其他的业务操作。注意进口地银行的名址必须要填写英文名址。

银行电话、传真、邮政编码、网址：这些都是银行的联络资料，请逐项填写，以方便贸易伙伴之间的联络。

银行介绍：填写介绍说明，以此来吸引一部分用户的注意，增加业务机会。

修改密码：点击这里可对登录密码进行修改。

以上资料都将显示在“B2B（淘金网）”的“银行”页面中。

（二）Finance（财务）

点击进口地银行主页面上方的第二个按钮，可打开财务的操作页面。所有业务往来发生的收入、支出都在此体现。本页面的财务状况只用于查询，不能做任何修改。在本页面中，注册资金与币别都不可修改；贷款 = 所有已放贷的总金额。

时间：记录发生收入、支出的具体时间，以“年-月-日 时-分”倒序排列。

收入、支出：记录发生收入、支出的金额。

合同号：记录发生收入、支出的相关合同号。

项目描述：记录发生收入、支出的说明。

（三）Loan（贷款业务）

点击进口地银行主页面上方的第三个按钮，可打开贷款业务的操作页面。

申请时间：按贷款申请的具体时间，以“年-月-日 时-分”倒序排列。

贷款人：显示贷款人的编号，以便今后还贷时核对。

贷款额：显示本次贷款的金额。

贷款状态：“申请中”表示银行尚未批准此项贷款；“已放贷”表示银行同意发放贷款，并将贷款金额划入贷款申请者的账户中。

贷款描述：是进口商在向银行申请贷款时填写的内容。

发放贷款、拒绝贷款：选中相应的贷款业务，点击“发放贷款”，将从银行的当前余额中支出贷款金额给申请单位；点击“拒绝贷款”，银行将删除该项贷款业务，同时，申请单位将收到银行不放贷的邮件通知。

（四）L/C（信用证）

点击进口地银行主页面上方的第四个按钮，可打开信用证的操作页面。本页面主要起着审核开证申请书、开立信用证并通知出口地银行的作用。如果开证申请书有问题，进口地银行可通过邮件系统向进口商说明问题所在，并要求进口商重发开证申请书。

选择：每次只能选择一项，在这里所做的“开证”、“送进口商”及“送出口地银行”的操作也是针对所选的这项而言。

收到日期：按收到信用证的具体时间，以“年-月-日 时-分”倒序排列。

名称、编号、合同号：点击加下划线的开证申请书或信用证编号，可打开单据查看。

状态：“已开证”状态表示该合同项下的信用证或修改书已开出；“等待确认”状态表示该合同项下的信用证或修改书已发送到进口商等待其确认；“已确认”状态表示该合同项下的信用证或修改书已由进口商确认，等待发送出口地银行；“已到出口地银行”表示信用证已发送到出口地银行处。

检查：银行填完信用证或信用证修改书后，可用此功能检验是否填写正确。这项功能与老师设置的是否允许银行检查单据功能相关。

开证：选择开证申请书或修改申请书前的单选钮，点击“开证”项，再选择查询条件为“已开证”，点击加下划线的信用证或修改书名称，打开单据页面进行填写，然后点击页面下方的“保存”按钮，即完成信用证或修改书的开立。

送进口商：选择要发送的信用证或修改书，点击“送进口商”。在SimTrade中，进口地银行开证后须将信用证发送给进口商让其确认。

送出口地银行：选择要发送的信用证或修改书，点击“送出口地银行”，系统自动处理“通知出口地银行信用证已到”事项，同时，状态项自动改为“已到出口地银行”。

（五）Bill（结汇单据）

点击进口地银行主页面上方的第五个按钮，可打开结汇单据的操作页面。

选择：每次只能选择一项。选中后，即可审核该合同项下的所有结汇单据。

日期：为单据到达日期，以“年-月-日 时-分”倒序排列。

合同号：记录单据所对应的合同号。

进口商、出口地银行：就是合同涉及的进口商与出口地银行，分别以“用户编号+公司简称”显示。

状态：标志结汇单据的当前状况，便于使用者追踪单据已到何处。

单据编号、名称：选择合同号，下方将显示出口地银行送来的相应单据。点击加下划线的单据编号，可打开单据查看。

检查单据：这项功能与老师设置的是否允许银行检查单据功能相关。如果老师设置允许银行检查单据，则可看到“检查单据”按钮，逐一点击“检查单据”，可由系统自动检查并列出单据错误之处；如果老师设置不允许银行检查单据，则担任银行角色的使用者必须自行审核结汇单据。

通知进口商：进口地银行审单无误，点击此项，系统将自动通知进口商前来赎单。

（六）Mail（我的邮件）

点击进口地银行主页面上方的第六个按钮，进入邮件系统，在这里可通过邮件与各用户联系。

查看相关主题：邮件系统的使用

（七）B2B（淘金网）

点击进口地银行主页面上方的第七个按钮，可打开“淘金网”页面。

“淘金网”是SimTrade中一个仿真的B to B电子商务中心，提供完全仿真的国际商业环境。使用者可在各个页面中查到通知、今日汇率，以及工厂、出口商与进口商的详细资料，利用关键词搜索功能可以快速找到需要的供求信息、公司、产品资料，为外贸实习提供更大空间。

查看相关主题：淘金网

（八）Help（帮助）

如有任何问题，可点击进口地银行主页面上方的第九个按钮查阅在线帮助。

二、进口地银行业务费用

在进出口贸易过程中，进口地银行的主要业务是开发信用证（L/C结算方式下）、审查单据并拨付货款。而银行的主要收入则来自以下几项，相关费率可在“B2B（淘金网）”的“其他费用”中查到。

（一）贷款利息

查到银行贷款利率为0.6%，则：

贷款利息＝贷款总金额×贷款利率＝贷款总金额×0.6%

（二）汇款费用

查到银行汇款手续费率为0.1%，则：

汇款手续费＝汇款总金额×汇款手续费率＝汇款总金额×0.1%

（三）结汇费用

针对不同的结算方式，银行收取的费用也不同。

例如，进出口商合同总金额为USD 28 846.4，分别计算进口商在L/C、D/P、D/A、T/T方式下的银行费用（假设L/C方式下修改过一次信用证）。

第一步：查询费率。

在“B2B（淘金网）”的“其他费用”页中，查得开证手续费率0.15%（最低200元）、修改手续费率200元/次、付款手续费率0.13%（最低200元）、D/A费率0.1%（最低100元，最高2 000元）、D/P费率0.1%（最低100元，最高2000元）、T/T费率0.08%。

第二步：计算银行费用。

L/C方式下：

开证手续费 = 28 846.4×0.15% = USD 43.27

修改手续费 = 200÷6.8261 = USD 29.3

付款手续费 = 28 846.4×0.13% = USD 37.5

L/C银行费用 = 开证手续费+修改手续费+付款手续费 = USD 110.07

D/A银行费用 = 28 846.4×0.1% = USD 28.85

D/P银行费用 = 28 846.4×0.1% = USD 28.85

T/T银行费用 = 28 846.4×0.08% = USD 23.08

注：如果合同金额不是以美元计价的，系统将自动把费用转换成美元。

三、L/C + CIF进口地银行快速入门

说明：本篇快速入门为一套完整的SimTrade实际业务操作，交易方式为L/C + CIF。由于不同交易方式下贸易流程不尽相同，本例中的数据资料与表格内容仅供参考，请依具体情况来完成实际操作。

1.学生以进口地银行角色登录，输入账号（如XYZ），选择用户类型为“进口地银行”，点击“登录系统”按钮，进入进口地银行业务主页面。

2.创建银行。点击“Profile（资料）”，逐项填写如下：

银行全称：The Chartered Bank

银行简称：Chartered

电话：0096614659220

传真：0096614659123

网址：http：//www.chartered.com

银行地址：P.O.Box99552，Riyadh 22766，KSA

银行介绍：We major in international loan and investment!

填写完毕后，点击“确定”。

3.查询信息。点击“B2B（淘金网）”，进入查询页面，分别点击上排按钮查看各类信息。

（进口商向银行申请开立信用证后）

4.收取进口商申请开证的邮件。

5.开立信用证。回到进口地银行业务主页面，点击“L/C（信用证）”按钮，点击合同号为Contract 001的信用证申请书编号，查看其内容；再选中该申请书，点击“开证”，

完成后点击信用证编号进入，填写内容如下：

信用证

填写完成后，点击“保存”，在“信用证”页面中选中合同号为Contract 001的信用证前的单选钮，点击“送进口商”。

（进口商同意信用证后）

6.收取进口商同意信用证的邮件。到信用证管理页面中，选择合同号为Contract 001的信用证前的单选钮，点击“送出口地银行”。

（出口地银行议付单据后）

7.收取单据已到达的通知邮件。

8.议付单据。点击“Bill（结汇单据）”，选中合同Contract 001前的单选钮，点击“检查单据”，如单据检查无误，再点击“发送进口商”。

第四章
学生实训

第一节　履约流程介绍

一、L/C方式下的履约流程

从签订外销合同，到租船订舱、检验、产地证、保险、送货、报关、装船出口，直至押汇（或托收）、交单、结汇、核销、退税，是每笔进出口业务必经的过程。SimTrade外贸实训平台模拟了进出口业务中最常用的结算方式（L/C、T/T、D/P或D/A）和贸易术语（FOB、CFR、CIF）。下面以CIF下的L/C方式为例，分别列出SimTrade环境里，出口地银行、出口商、进口商、进口地银行的进出口合同履约过程，便于使用者理解和实践。L/C方式下的履约流程如图4-1所示。

1.推销

进出口商要将产品打进国际市场，必须先开拓市场，寻找合适的交易对象。进出口商可以通过寄送业务推广函电或在计算机网络、国外报刊上刊登产品广告来推销自己，也可以通过参加商展、实地到国外考察等途径来寻找交易对象，增加贸易机会。

2.询盘

询盘又称为询价。进口商收到出口商的业务推广函电或看到广告后，根据自己的需要，对有意进一步洽谈的出口商予以询盘（Inquiry），以期达成交易。

3.发盘

发盘又称为报价。出口商按买主来函要求，先向供货的工厂询盘，然后计算出口报价，并回函给进口商。这期间可能需要函电多次往返接洽，最后得到关于价格条款的一致意见。

4.签订合同

国外买主与出口商经一番讨价还价后，就各项交易条件达成一致，正式签订外销合同（Contract或Agreement）。

在SimTrade中，外销合同可以由出口商起草，也可以由进口商起草，注意起草与确认合同时双方都需要填写预算表。

5.领核销单

为保证企业严格按照正常贸易活动的外汇需要来使用外汇，杜绝各种形式的套汇、逃汇、骗汇等违法犯罪行为，我国规定企业对外付汇要通过国家审核，实行进口付汇核销制度。采用信用证结算方式时，进口商须在开证前到外汇指定银行领取“贸易进口付汇核销单（代申报单）”，凭以办理进口付汇手续；其他结算方式下则在付款前领此单。

6.申请开信用证

进口商填妥付汇核销单后，再开具“不可撤销信用证开证申请书”（Irrevocable Documentary Credit Application），向与其有往来业务的外汇银行申请开立信用证。

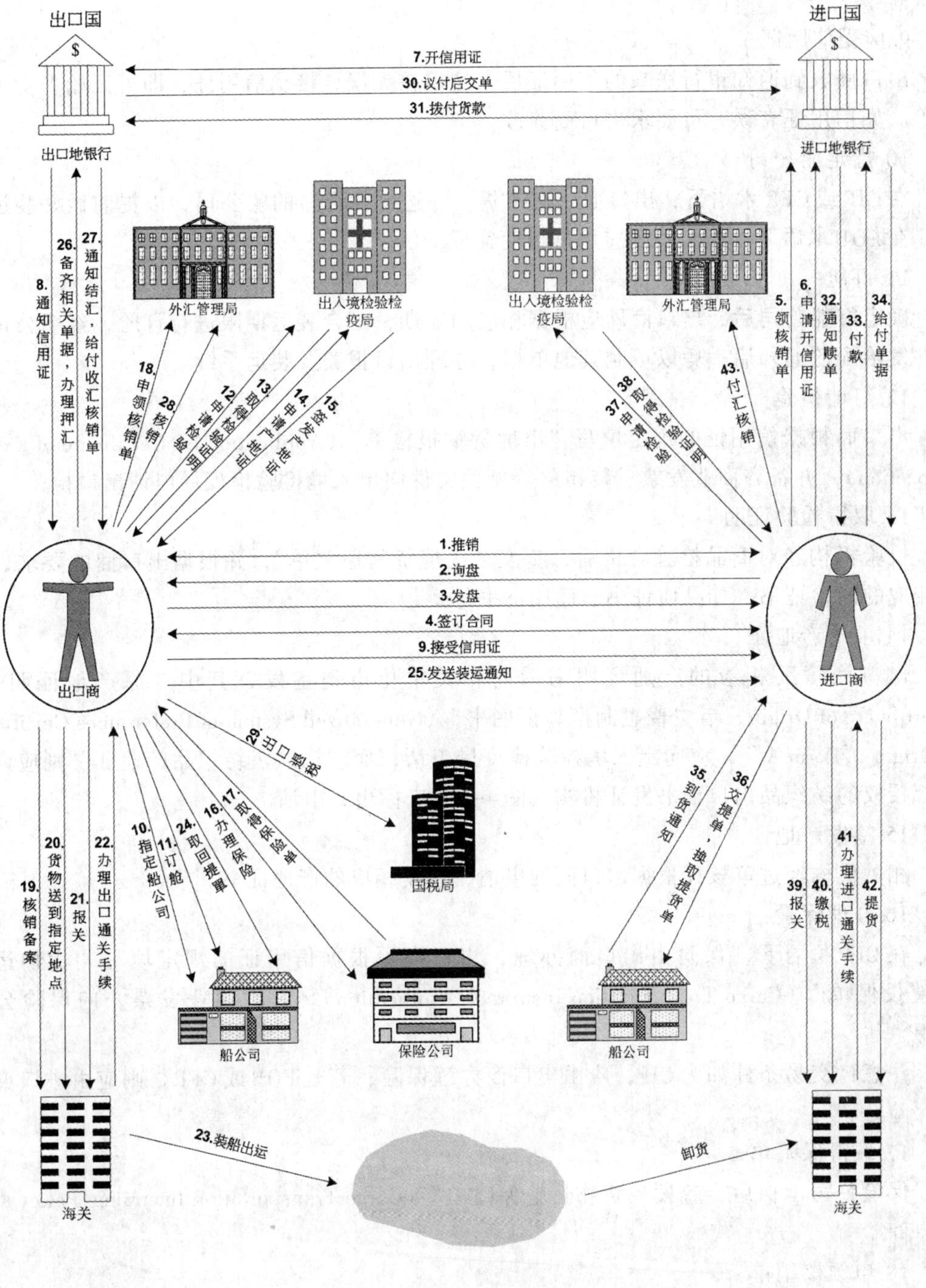

图4-1　L/C方式下的履约流程

7.开信用证

开证银行接受申请并根据申请书开立信用证（Letter of Credit，L/C），经进口商确认后，将信用证寄给出口地银行（在出口国称通知银行），请其代为转送给出口商。

8.通知信用证

出口地银行填妥“信用证通知书”（Notification of Documentary Credit），将信用证通知

出口商。

9.接受信用证

出口商收到通知银行送来的信用证后，经审核无误，接受信用证，即可开始备货、装船等。如信用证有误，可要求进口商修改。

10.指定船公司

在CIF或CFR术语下，出口商一边备货，一边寻找合适的船公司，以提前做好装运准备；在FOB术语下，此步骤则应由进口商完成。

11.订舱

确定好船公司后，出口商即应根据相应的船期，配合装运期限进行订舱，经船公司接受并发给配舱通知后，凭以填制其他单据，办理出口报关及装运手续。

12.申请检验

出口商根据信用证的规定填写“出境货物报检单”（Application for Certificate of Export Inspection），并备齐商业发票、装箱单等相关文件向出入境检验检疫局申请出口检验。

13.取得检验证明

检验机构经对商品检验合格后，签发“出境货物通关单”，并根据出口商的要求，签发相应的商检证书，如品质证书、健康证书等。

14.申请产地证

出口商填妥相应的产地证明书后向相关单位申请签发，其中“原产地证明书”（Certificate of Origin）与“普惠制产地证明书”（Generalized System of Preferences Certificate of Origin “Form A”）应向出入境检验检疫局申请，而“输欧盟纺织品产地证”则应向商务部授权的纺织品出口证书发证机构（图4-1中未标出）申请。

15.签发产地证

相关机构经过审核，根据出口商的申请，签发相应的产地证书。

16.办理保险

在CIF术语下，保险由出口商办理，出口商须根据信用证的规定填写“货物运输保险投保单”（Cargo Transportation Insurance Application），并附商业发票，向保险公司投保。

注意：交易条件如为CIF，应由出口商办理保险；若是FOB或CFR，则应由进口商办理保险。

17.取得保险单

保险公司承保后，签发“货物运输保险单”（Cargo Transportation Insurance Policy）给出口商。

18.申领核销单

我国法律规定，境内出口单位向境外出口货物，均应当办理出口收汇核销手续。出口商在报关前，须到外汇管理局申领“出口收汇核销单”。

19.核销备案

填妥核销单后，出口商即可凭以向海关申请核销备案。

20.货物送到指定地点

出口商办完以上各项手续后，将货物送抵指定的码头或地点，以便报关出口。

21.报关

送出货物后，出口商填妥“出口货物报关单”，并备齐相关文件（出口收汇核销单、商业发票、装箱单、出境货物通关单等），向海关投单报关。

22.办理出口通关手续

海关审核单据无误后即办理出口通关手续，签发加盖验讫章的核销单与报关单（出口退税联）给出口商，以便其办理核销与退税。

23.装船出运

通关手续完成后，货物即装上船，开航。

24.取回提单（B/L）

船公司须等到货物已装上船（B/L上有记载On Board Date）并启航后才签发提单，因此货物出运后，出口商就可到船公司领取“海运提单”（Bill of Lading，B/L）。

25.发送装运通知

出口商将货物运出后，应向买主寄发“装运通知”（Shipping Advice）。尤其是在FOB、CFR术语下，保险由买方自行负责时，出口商须尽快发送装运通知，以便买方凭此办理保险事宜。

26.备齐相关单据，办理押汇

货物装运出口后，出口商按信用证的规定备妥相关文件（商业发票、装箱单、海运提单、货物运输保险单、商检证书、产地证、信用证等），并签发以进口商为付款人的汇票（Bill of Exchange），向出口地银行要求押汇（Negotiation），以出口单据作为质押，向银行取得融资。

27.通知结汇，给付收汇核销单

押汇单据经押汇银行验审与信用证的规定相符，即拨付押汇款，通知出口商可以结汇，同时收取一定的押汇费用。此外，银行还将出具加盖“出口收汇核销专用联章”的“出口收汇核销专用联”给出口商。

28.核销

出口商凭出口收汇核销专用联及其他相关文件（出口收汇核销单送审登记表、报关单、出口收汇核销单、商业发票等）向外管局办理核销，办理完成后，外管局发还出口收汇核销单（第三联）。

29.出口退税

核销完成后，出口商再凭出口收汇核销单（第三联）、报关单（出口退税联）与商业发票前往国税局办理出口退税。

30.议付后交单

押汇银行议付后，将押汇单据发送到国外开证银行，要求偿付押汇款。

31.拨付货款

开证银行审单，与信用证条款核对无误后，拨付押汇款（即承兑）给出口地银行。

32.通知赎单

开证银行向进口商要求缴清货款。由于当初进口商在向开证银行申请开立信用证时，大部分的信用证金额尚未付清，而出口商已经在出口地押汇（抵押融资），所以开证银行通知进口商缴清余款，将押汇单据赎回。

33.付款

进口商向开证银行缴清货款，同时须将之前领取的贸易进口付汇核销单交给银行审核。

34.给付单据

进口商付款后，自开证银行取回所有单据（即出口商凭以押汇的文件）。

35.到货通知

此时，货物已运抵进口国的目的港，船公司通知进口商来换取提货单。

36.交提单，换取提货单

进口商向船公司缴交提单（B/L），换取提货单（Delivery Order，D/O）。尤其当进口商是在FOB术语下买入货物时，进口商唯有向船公司缴清运费及杂费，并将B/L交船公司换取D/O，才能向海关提出报关要求，表明进口商已获得船公司同意可以提领货物。

37.申请检验

进口商填写“入境货物报检单”（Application for Certificate of Import Inspection），并备齐提货单、商业发票、装箱单等文件，向出入境检验检疫局申请进口检验。

38.取得检验证明

检验机构经对商品检验合格后，签发“入境货物通关单”给进口商。

39.报关

进口商备齐进口货物报关单、提货单、商业发票、装箱单、入境货物通关单、合同等文件，向海关投单报关。

40.缴税

进口商向海关缴清各项税款，应纳税费包括进口关税、增值税与消费税等。

41.办理进口通关手续

海关审单通过，办理进口通关手续。

42.提货

海关放行后，进口商即可至码头或货物存放地提领货物。

43.付汇核销

最后，进口商还要凭进口付汇到货核销表、进口货物报关单及进口付汇核销单到外汇管理局办理付汇核销。

二、其他方式下的履约流程

L/C、D/P、D/A、T/T是国际贸易中常用的四种结算方式，也是SimTrade中供选择的结算方式。前面已经具体描述过L/C方式下的履约流程，以下将就其他三种结算方式与L/C在流程方面的区别加以说明。

（一）D/P与L/C的区别

在D/P方式下：

1.进口商不需要向银行申请开立信用证，有关信用证部分的流程都可省去。

2.出口商在办完报关等手续后，不再采用“押汇”方式向银行交付单据，而是采用“托收”方式，出口地银行也不需要垫付款项。

3.进口地银行同样不需要垫付款项，可直接通知进口商前来付款赎单。

4.进口商付款后，银行才能通知出口商结汇。

（二）D/A与L/C的区别

在D/A方式下：

1.进口商不需要向银行申请开立信用证，有关信用证部分的流程都可省去。

2.出口商在办完报关等手续后，不再采用“押汇”方式向银行交付单据，而是采用“托收”方式，出口地银行也不需要垫付款项。

3.进口地银行同样不需要垫付款项，可直接通知进口商前来赎单；进口商赎单时不需要付款，可先承兑，在汇票到期日前付款即可。

4.进口商付款后，银行才能通知出口商结汇。

（三）T/T与L/C的区别

在T/T方式下：

1.进口商不需要向银行申请开立信用证，有关信用证部分的流程都可省去。

2.出口商在办完报关等手续后，不再采用“押汇”方式向银行交付单据，而是在“单据列表”页面中直接将单据发送给进口商。

3.进口商收到单据后可直接办理相关手续，待销货收回资金后再付款给进口商。

4.进口商付款后，银行才能通知出口商结汇。

三、国内采购流程

出口商与进口商签订合同后，就应开始准备货物。下面以图4-2为例，对采购的具体流程加以说明，便于使用者理解和实践。

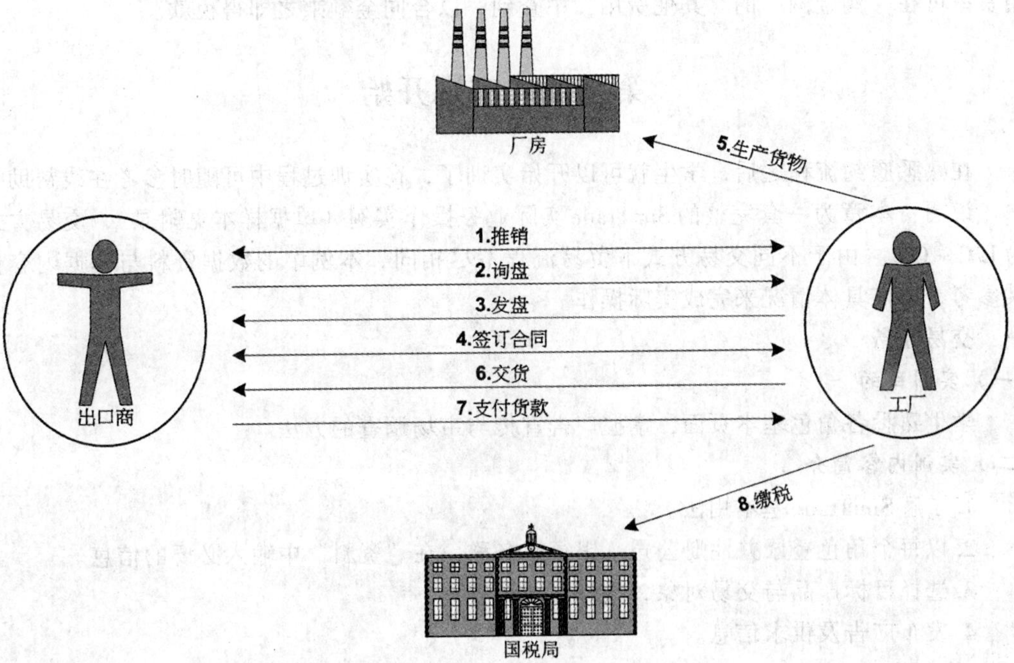

图4-2 国内采购流程

1.推销

产品制造商和出口贸易商都需要积极开发市场，寻找贸易对象，可寄送业务推广函（Sale Letter）或在计算机网络、报刊上刊登产品广告来推销自己，还可通过参加商展等途径寻找交易对手，增加贸易机会。

2.询盘

出口商收到工厂的业务推广函或看到广告后，根据自己的需要，对有意进一步洽谈的工厂予以询盘，以期达成交易。

3.发盘

工厂按买主来函要求，计算报价，并回函给出口商。这期间可能需要函电多次往返接洽，最后得到关于价格条款的一致意见。

4.签订合同

交易双方经一番讨价还价后，正式签订国内买卖合同（Contract或Agreement）。在SimTrade中，买卖合同可以由出口商起草，也可以由工厂起草。

5.生产货物

签约后，工厂即着手生产货物。

6.交货

生产完成后，工厂依合同放货给出口商。

7.支付货款

工厂放货的同时，出口商支付货款，交易完成。

8.缴税

合同完成后，工厂还需要到国税局就该笔合同的收益缴付税款，增值税税率与综合费用费率可在“淘金网”的“其他费用”中查到，以合同金额乘之即得税款。

第二节 实训开始

在熟悉履约流程之后，学生就可以开始实训了，在实训过程中可随时参考在线帮助。

说明：本章为一套完整的SimTrade实际业务操作实例（单据样本见附录），交易方式为L/C + CIF。由于不同交易方式下贸易流程不尽相同，本例中的数据资料与单据内容仅供参考，请依具体情况来完成实际操作。

一、交易准备

（一）实训目的

学生熟悉各角色基本页面，掌握广告宣传与市场调查的方法。

（二）实训内容简介

1.了解SimTrade基本用法。

2.以每个角色登录并注册公司（银行）名称，在“资料”中输入必要的信息。

3.选择目标产品与交易对象，做好市场调查。

4.发布广告及供求信息。

（三）实训步骤

1.进口商

（1）学生以进口商角色登录，在登录页面中输入用户名（如XYZ），在“选择用户类型”下拉框中选择“进口商”，点击“登录系统”按钮，进入进口商业务主页面。

（2）创建公司。

①点击“资料”，可查看公司注册资金、账号、所属国家、单位代码、邮件地址等资料，其他逐项填写如下（还可自由添加图片）：

公司全称：Carters Trading Company，LLC 公司简称：Carters 企业法人：Carter 电话：0016137893503 传真：0016137895107 网址：http：//www.carter.com 公司地址（注意应根据所属国家来填写）：P.O.Box8935，New Terminal，Lata. Vista，Ottawa，Canada 公司介绍：We are importers in all items enjoying good reputation！

注意事项：最好使用GIF或JPG格式的图片，尺寸建议在120*120（像素）左右。

②填写完毕后，点击“确定”。

（3）发布公司广告。

①点击“业务中心”里标志为“广告公司”的建筑物。

②在弹出页面中点击“发布广告”，逐项填写如下：

输入标题：We are importers of canned foodstuffs!

输入关键字：canned foodstuffs

选择发布类型为“公司广告”。

输入内容：We are importers of canned foodstuffs enjoying good reputation，please contact with us! Email：xyz2@simtrade。

③填写完毕后，点击“确定”，成功发布公司广告。

注：电子邮件地址可在公司资料页面中查到。

（4）寻找商机。

①点击“淘金网”，进入查询页面，在首页上可查看通知以及各类市场信息与供求信息。

②点击“产品展示”，可看到所有产品信息，从中选择一种或多种商品进行交易（本例中选择商品01005甜玉米罐头）。

③点击“公司库”，可看到所有公司信息，从中选择合适的公司作为交易对象。

（5）发布信息。

①选定商品后，回到业务页面，点击“发布广告”左边的“发布信息”，逐项填写如下：

输入标题：We are looking to buy canned sweet corn

输入关键字：canned sweet corn

选择发布类型为“需求信息”。

输入内容：We are looking to buy canned sweet corn，please contact with us! Email：xyz2@simtrade。

②填写完毕后，点击“确定”，成功发布信息。

（6）退出登录。点击页面上方最后一个按钮，退出登录。

2.出口商

（1）学生以出口商角色登录，在登录页面中输入用户名（如XYZ），在“选择用户类型”下拉框中选择“出口商”，点击“登录系统”按钮，进入出口商业务主页面。

（2）创建公司。

①点击上方的“资料”按钮，可查看公司注册资金、账号、单位代码、邮件地址等资料，其他逐项填写如下（可自由添加图片）：

公司全称（中文）：宏昌国际股份有限公司

公司全称（英文）：Grand Western Trading Corp.

公司简称（中文）：宏昌

公司简称（英文）：Grand

企业法人（中文）：刘铭华

企业法人（英文）：Minghua Liu

电话：86-25-23501213

传真：86-25-23500638

邮政编码：210005

网址：http：//www.desunsoft.net

公司地址（中文）：南京市北京西路嘉发大厦2501室

公司地址（英文）：Room 2501，Jiafa Mansion，Beijing West Road，Nanjing 210005，P.R.China

公司介绍：我们是一家主营服装、食品的外贸公司，长期以来致力于提高产品质量，信誉卓著，欢迎来函与我公司洽谈业务！

注意事项：最好使用GIF或JPG格式的图片，尺寸建议在120*120（像素）左右。

②填写完毕后，点击“确定”。

（3）发布公司广告。

①点击“业务中心”里标志为“广告公司”的建筑物。

②在弹出页面中点击“发布广告”，逐项填写如下：

输入标题：我公司经营罐头食品

输入关键字：罐头

选择发布类型为“公司广告”。

输入内容：我公司长期经营罐头食品，信誉卓著，欢迎来函来电洽谈！Email：xyz1@simtrade。

③填写完毕后，点击“确定”，成功发布公司广告。

注：电子邮件地址可在公司资料页面中查到。

（4）寻找商机。

点击“淘金网”，进入查询页面，在首页上查看通知以及各类市场信息与供求信息，其中在进口商发布的信息中可找到Carters Trading Company，LLC发布的求购甜玉米罐头（canned sweet corn）的信息（第一部分中进口商已发布该信息）。

（5）查看交易对象。

①点击“公司库”，可看到所有公司的资料。

②输入关键词“Carters”，选择类别为“进口商”，点击“搜索”，找到对应的公司。

③点击“详细情况”，查看Carters Trading Company，LLC的具体信息。

（6）查看交易商品。

①点击“产品展示”，可看到所有产品的资料。

②输入关键词“甜玉米罐头”，点击“搜索”，找到对应的产品。

③点击“详细情况”，查看商品具体资料。

（7）发布国内采购信息。

①退出“淘金网”，回到出口商业务主页面。

②在“业务中心”里点击“广告公司”。

③点击“发布信息”，逐项填写如下：

输入标题：急购大量甜玉米罐头

输入关键字：甜玉米罐头

选择发布类型为“需求信息”。

输入内容：我公司因客户需要，急购大量甜玉米罐头，有意者请与我公司联系！Email：xyz1@simtrade。

④填写完毕后，点击“确定”，成功发布信息。

（8）退出登录。点击页面上方最后一个按钮，退出登录。

3.工厂

（1）学生以工厂角色登录，输入账号（如XYZ），在“选择用户类型”下拉框中选择“工厂”，点击“登录系统”按钮，进入工厂业务主页面。

（2）创建公司。

①点击“资料”，可查看公司账号、邮件地址等资料，其他逐项填写如下（可自由添加图片）：

公司全称：冠弛股份有限公司

公司简称：冠弛

企业法人：张弛

电话：86-25-29072727

传真：86-25-29072626

邮政编码：210016

网址：http：//www.guch.com

公司地址：南京市中正路651号3楼

公司介绍：我公司为信誉卓著的厂商，产品深受客户喜爱，欢迎与我公司洽谈业务，我们会竭力提供您所需！

注意事项：最好使用GIF或JPG格式的图片，尺寸建议在120*120（像素）左右。

②填写完毕后，点击“确定”。

（3）寻找商机。点击“淘金网”，进入查询页面，在首页上可查看通知以及各类市场信息与供求信息，其中在出口商发布的信息中可找到宏昌国际股份有限公司发布的求购甜玉米罐头的信息。

（4）查看交易对象。

①点击“公司库”。

②输入关键词“宏昌”，选择类别为“出口商”，点击“搜索”，找到对应的公司。

③点击“详细情况”，查看公司具体资料。

（5）查看交易商品。

①点击“产品展示”。

②输入关键词“甜玉米罐头”，点击“搜索”，找到对应的产品。

③点击“详细情况”，查看商品具体资料。

（6）查看生产成本。

①退出“淘金网”，回到工厂业务主页面。

②点击“业务中心”里标志为“市场”的建筑物。

③点击“查看市场”，可看到01005甜玉米罐头的生产价格。

（7）发布信息。

①点击标志为“广告公司”的建筑物。

②点击“发布信息”，逐项填写如下：

输入标题：大量罐头食品出售

输入关键字：罐头

选择发布类型为“供应信息”。

输入内容：我公司现有大量罐头食品存货，欲低价出售，欢迎来函来电洽谈！Email：xyz3@simtrade。

③填写完毕后，点击“确定”，成功发布信息。

（8）发布产品广告与公司广告。

①点击“发布信息”右边的“发布广告”，逐项填写如下：

输入标题：供应甜玉米罐头，优质低价！

输入关键字：甜玉米罐头

选择发布类型为“产品广告”，在产品编号下拉框中选择01005。

输入内容：我公司现供应甜玉米罐头，优质低价，欢迎前来参观订购！Email：xyz3@simtrade。

②填写完毕后，点击“确定”，成功发布产品广告。

③接下来发布公司广告，逐项填写如下：

输入标题：常年供应各类商品，优质低价！

输入关键字：各类商品

选择发布类型为“公司广告”。

输入内容：我公司常年供应各类商品，包括罐头食品、服装、钟表、玩具等，优质低价，欢迎前来参观订购！Email：xyz3@simtrade。

④填写完毕后，点击“确定”，成功发布公司广告。

（9）退出登录。点击页面上方最后一个按钮，退出登录。

4.出口地银行

（1）学生以出口地银行角色登录，输入账号（如XYZ），在“选择用户类型”下拉框中选择“出口地银行”，点击“登录系统”，进入出口地银行业务主页面。

（2）创建银行。

①点击“资料”，逐项填写如下：

银行全称（中文）：南京商业银行
银行全称（英文）：Nanjing Commercial Bank
银行简称（中文）：商业银行
银行简称（英文）：Commercial Bank
电话：86-25-27293344
传真：86-25-27203335
邮政编码：210014
网址：http：//www.firstbank.com
银行地址（中文）：南京市逸仙路32巷19号
银行地址（英文）：No.19 Lane 32 I Sen Rd，Nanjing 210014，P.R.China
银行介绍：我行常年办理国际国内资金借贷与投资等业务，拥有良好信誉与业务能力，欢迎前来我行洽谈业务！

②填写完毕后，点击“确定”。

（3）查询信息。点击“淘金网”，进入查询页面，分别点击上排按钮查看各类信息。

（4）退出登录。退出“淘金网”，回到业务页面，点击上方最后一个按钮，退出登录。

5.进口地银行

（1）学生以进口地银行角色登录，输入账号（如XYZ），在“选择用户类型”下拉框中选择“进口地银行”，点击“登录系统”，进入进口地银行业务主页面。

（2）创建银行。

①点击“资料”，逐项填写如下：

银行全称：The Chartered Bank
银行简称：Chartered
电话：0096614659220
传真：0096614659123
网址：http：//www.chartered.com
银行地址：P.O.Box99552，Riyadh 22766，KSA
银行介绍：We major in international loan and investment！

②填写完毕后，点击“确定”。

（3）查询信息。点击“淘金网”，进入查询页面，分别点击上排按钮查看各类信息。

二、交易磋商

（一）实训目的

1. 参与国际贸易买卖合同的磋商，熟悉询盘、发盘、还盘和接受环节的实践过程。

2. 熟悉价格术语的使用，掌握报价核算方法。

（二）实训内容简介

通过SimTrade内置的邮件系统进行交易磋商，要求出口商和进口商之间的往来业务函电必须使用英文（如图4-3所示）。

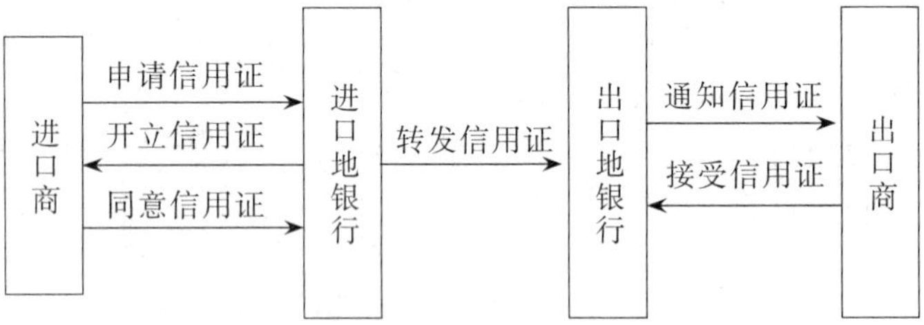

图4-3 邮件交流

（三）实训步骤

1. 以出口商的身份登录，进入出口商业务主页面，与进口商建立业务关系（注：建立业务关系的邮件可由出口商主动发送，也可由进口商发送）。

（1）点击“邮件”，进入邮件系统。

（2）点击“新建”，填写邮件内容如下：

收件人：对应进口商的邮件地址（如xyz2@simtrade）

主题：Introduce

合同号：（此时未建立合同，不需要填合同号）

内容栏：

> Dear Mr. Carter,
>
> We known your name and address from the website of www.simtrade.net and note with pleasure the items of your demand just fall within the scope of our business line. First of all, we avail ourselves of this opportunity to introduce our company in order to be acquainted with you.
>
> Our firm is an exporter of various canned foodstuffs. We highly hope to establish business relations with your esteemed company on the basis of mutual benefit in an earlier date. We are sending a catalogue and a pricelist under separate cover for your reference. We will submit our best price to you upon receipt of your concrete inquiry.
>
> We are looking forward to receiving your earlier reply.
>
> Yours faithfully,
>
> Minghua Liu
>
> Grand Western Trading Corp.

（3）填写完毕后，点击“发送”。

2. 对应的进口商登录后，收取出口商希望建立业务关系的邮件，并向对方询盘。

（1）点击“邮件”，进入邮件系统。

（2）点击新邮件名称，查看邮件内容。

（3）点击“回复”，填写内容如下：

收件人：回复状态下自动填写

主题：回复状态下自动填写，可将其改为“Inquiry”

合同号：（此时未建立合同，不需要填合同号）

内容栏：

Dear Mr. Minghua Liu,

Thanks for your Email.

With reference to your letter of July 28，2016，we are glad to learn that you wish to enter into trade relations with us.

At present，we are in the market for canned sweet corn，and shall be glad to receive your best quotations for this item，with indications of packing，for date of shipment，CIF Toronto.

Your early replay will be appreciated.

Yours sincerely,

Carter

Carters Trading Company，LLC

注：在SimTrade中，进口商所属的国家与币别是随机分配的，因此，学生在使用时，需要首先在公司资料中找到自己所属国家，然后到“淘金网”的“运费查询”中查询该国家所对应的港口，从中选择一个作为自己的交易港口，并在邮件中告知出口商。

（4）填写完毕后，点击“发送”。

3.出口商登录后，收取进口商询盘的邮件。

（1）点击“邮件”，进入邮件系统。

（2）点击新邮件名称或发件人，查看邮件，内容为进口商对甜玉米罐头询价。

4.出口商发邮件向工厂询价（邮件的具体内容请参考本节“五、备货”）。

5.工厂核算成本并向出口商报价。

（1）查看商品的生产成本（查看方法请参考本节“一、交易准备”）。

（2）打开在线帮助中的“工厂的业务费用”，按照其中的说明计算各项支出。

（3）根据各项费用与利润确定报价。

（4）工厂向出口商报价（邮件的具体内容请参考本节“五、备货”）。

6.出口商核算成本并向进口商发盘。

（1）收取工厂报价的邮件。

（2）打开在线帮助中的“出口预算表的填写”页面。

（3）进入“淘金网”，分别点击“保险费”、“运费查询”及“其他费用”等页面，根据在线帮助中的说明逐一计算各项成本。

（4）核算各项成本与利润后，确定报价。

（5）向进口商发盘。打开进口商询盘邮件，点击“回复”，填写邮件内容如下：

收件人：回复状态下自动填写

主题：回复状态下自动填写，可将其改为“Quotation”

合同号：（此时未建立合同，不需要填合同号）

内容栏：

Dear Mr. Carter,

We have received your letter of July 29, 2016, asking us to offer the canned sweet corn for shipment to Toronto port and highly appreciate that you are interested in our products.

Comply with your kindly request, we are pleased to offer our best price as follows:

1. Canned sweet corn
2. Packing: exporter carton
3. Specification: 3 060g × 6 tins/ctn
4. Quantity: 800 cartons
5. Price: USD 14/carton CIF Toronto
6. Payment: L/C
7. Shipment: in August, 2016
8. Brand: At your option

Our offer remains effective until August 30, 2016

Yours faithfully,

Minghua Liu

Grand Western Trading Corp.

（6）填写完毕后，点击“发送”。

7.进口商登录后，收取出口商发盘的邮件。双方经多次还盘，最后进口商表示接受对方发盘。填写邮件内容如下：

收件人：回复状态下自动填写

主题：回复状态下自动填写

合同号：（此时未建立合同，不需要填合同号）

内容栏：

Dear Mr. Minghua Liu,

We have received your Email of July 29, 2016.

After the consideration, we have pleasure in confirming the following offer and accepting it:

1. Commodity: canned sweet corn
2. Packing: exporter carton
3. Specification: 3 060g × 6 tins/ctn
4. Quantity: 800cartons
5. Price: USD 14/carton
6. Payment: L/C
7. Shipment: in August, 2016

Please send us a contract and thank you for your cooperation.

Yours sincerely,

Carter

Carters Trading Company, LLC

填写完毕后，点击“发送”。

8.出口商收取进口商接受发盘的邮件。

三、签订合同

（一）实训目的

1.掌握合同条款的具体规定与表达。

2.掌握进出口价格核算。

（二）实训内容简介

签订一笔结汇方式为L/C、价格术语为CIF的外销合同，填写预算表，双方签字确认并开始履行合同。

（三）实训步骤

1.起草外销合同（注：合同既可由出口商起草，也可由进口商起草）。

（1）退出邮件页面，点击“业务中心”里标志为“进口商”的建筑物。

（2）在弹出页面中点击“起草合同”。

（3）输入合同号（如“Contract 01”）、对应的进口商编号（如XYZ），再输入办理相关业务的出口地银行编号（如XYZ），并勾选选项“设置为主合同”，点击“确定”，弹出合同表单进行填写（填写说明可点击表头名称蓝色字体处查看，表单样本请参考附录中的附表1）。

（4）填写完成后点击“保存”。

（5）回到业务页面中，点击“检查合同”，确认合同填写无误。

2.制作出口预算表。

（1）点击“添加单据”。

（2）选中“出口预算表”前的单选钮，点击“确定”。

（3）然后在“查看单据列表”中点击出口预算表对应的单据编号（以后添加与填写单据都用此方法），弹出表单进行填写（计算方法请参照在线帮助中的“出口预算表的填写”，表单样本请参考附录中的附表2）。

3.发送合同。回到业务页面中，点击“合同送进口商”。

4.进口商登录后，收取出口商要求确认合同的邮件。

5.制作进口预算表。

（1）退出邮件系统，点击“业务中心”里标志为“出口商”的建筑物。

（2）在弹出页面的左边点击“切换”，将需要确认的合同设置为主合同。

（3）点击“修改合同”，打开合同页面查看相关条款。

（4）点击“添加单据”，选中“进口预算表”前的单选钮，点击“确定”。

（5）在“查看单据列表”中点击进口预算表对应的单据编号（以后添加与填写单据都用此方法），弹出表单进行填写（计算方法请参照在线帮助中的“进口预算表的填写”，表单样本请参考附录中的附表3）。

（6）填写完成后点击“保存”。

6.确认合同。

（1）回到业务页面中，点击“修改合同”。

（2）在弹出合同的左下方签字，分别在两行空白栏中填入“Carters Trading Company,

LLC”与“Carter”，点击“保存”。

（3）回到业务页面，点击“确认合同”。

（4）输入合同编号（本例中为Contract 01），再输入进口地银行编号（如XYZ，此处最好找自己熟悉的银行，以免到需要办理相关业务（如信用证）时，因找不到银行而耽误业务进程），点击“确定”，成功确认合同。

四、信用证业务

（一）实训目的

熟悉与掌握信用证的申请、开证、审证要点。

（二）实训内容简介

信用证业务流程如图4-4所示。

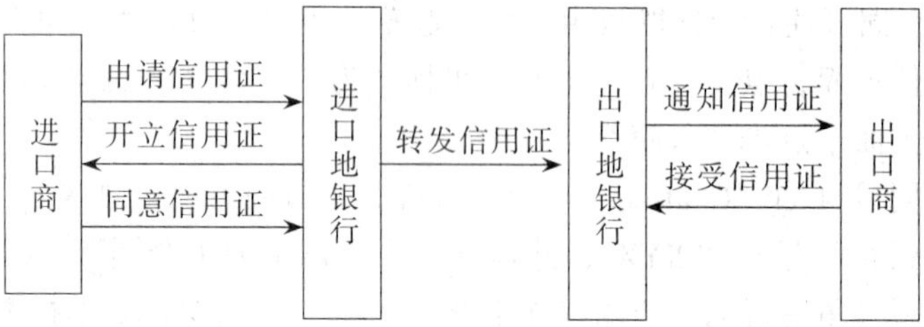

图4-4 信用证业务流程

1. 进口商：申请开证。

2. 进口地银行：审核开证申请书，开信用证，交进口商确认。

3. 进口商：确认信用证。

4. 进口地银行：通知出口地银行。

5. 出口地银行：对照合同审核信用证，填写通知书，通知出口商信用证已到。

6. 出口商：审证并接受信用证。若信用证有问题，可发邮件给进口商要求其修改。

（三）实训步骤

1. 进口商申领核销单（L/C方式下，需要在开证前领单；其他方式下，则在付款前领单）。

（1）回到“业务中心”，点击“进口地银行”。

（2）点击“申领核销单”，即领取“贸易进口付汇核销单”。

（3）点击“出口商”建筑，进入“单据列表”中进行填写（填写说明可点击表头名称蓝色字体处查看，表单样本请参考附录中的附表4）。

（4）填写完成后点击“检查”，确认通过。

单据填写重点说明：在贸易进口付汇核销单中，对外付汇币种须以进口商的本币填写，金额亦作相应转换。在SimTrade中币别由系统自动分配，进口商可在自己的“财务”页面中查询本币币别。

2. 申请开立信用证。

（1）点击标志为“进口地银行”的建筑物，选择“信用证”业务。

（2）点击“添加信用证申请书”，添加完成后，点击该申请书编号进行填写（表单样本请参考附录中的附表5）。

（3）填写完成后点击“检查”，确认通过。

（4）在信用证管理页面中，选中对应信用证申请书前的单选钮，点击“发送申请书”。

3.进口地银行开立信用证。

（1）收取进口商申请开证的邮件。

（2）回到进口地银行业务主页面，点击“信用证”按钮。

（3）点击合同号为Contract 01的信用证申请书编号，查看其内容。

（4）选中该申请书，点击“开证”。

（5）完成后点击信用证编号进入，根据开证申请书进行填写（填写说明可点击表头名称蓝色字体处查看，表单样本请参考附录中的附表6）。

（6）填写完成后点击“检查”，确认通过。

（7）在信用证管理页面中，选中合同号为Contract 01的信用证前的单选钮，点击“送进口商”。

4.进口商同意信用证。

（1）收取银行要求确认信用证的通知邮件。

（2）到“业务中心”点击“进口地银行”。

（3）点击“信用证业务”，检查对应的信用证内容。

（4）检查无误后，选中对应信用证前的单选钮，点击“同意”。

5.进口地银行转发信用证。

（1）收取进口商同意信用证的邮件。

（2）进入信用证管理页面，选择合同号为Contract 01的信用证前的单选钮，点击“送出口地银行”。

6.出口地银行将信用证通知出口商。

（1）收取进口地银行已开证的通知邮件。

（2）回到出口地银行业务主页面，点击“信用证”按钮。

（3）打开合同号为Contract 01的信用证进行查看。

（4）选中该信用证前的单选钮，点击“制作通知书”，添加信用证通知书。

（5）点击该信用证通知书所对应的单据编号，打开表单根据信用证内容进行填写（填写说明可点击表头名称蓝色字体处查看，表单样本请参考附录中的附表7）。

（6）填写完成后点击“检查”，确认通过。

（7）回到业务页面，选择该通知书，点击“通知受益人”。

7.出口商接受信用证。

（1）收取信用证已开立的通知邮件。

（2）回到“业务中心”，点击“出口地银行”。

（3）点击“接受信用证”，进入信用证列表页面。

（4）查看信用证内容无误后，点击“接受”。

五、备货

（一）实训目的

1.熟悉与国内工厂的交易磋商环节。

2.了解并掌握国内购销合同的签订与履行。

（二）实训内容简介

1.出口商：与工厂进行邮件磋商，按工厂接受的价格签订国内购销合同。

2.工厂：确认购销合同，组织生产，放货。

（三）实训步骤

1.工厂与出口商建立业务关系（也可由出口商主动建立业务关系）。

（1）点击“邮件”，进入邮件系统。

（2）点击“新建”，填写邮件内容如下：

收件人：对应出口商的邮件地址（如xyz1@simtrade）

主题：建立业务关系

合同号：（此时未建立合同，不需要填合同号）

内容栏：

刘铭华先生： 　　您好！我们是冠弛股份有限公司，我公司有着悠久的经营历史，在国内外享有良好声誉。我们在www.simtrade.net里找到了贵公司的资料，得知你们欲购买甜玉米罐头，我公司正好是一家专业的罐头生产厂商，希望能与贵公司建立起长期的合作关系，盼来函询价！ 　　盼复！ 张弛 冠弛股份有限公司

（3）填写完毕后，点击“发送”。

2.出口商收取并回复该邮件，向工厂询价。

（1）收取邮件，阅读内容。

（2）点击“回复”，填写邮件内容如下：

收件人：回复状态下自动填写

主题：回复状态下自动填写，可将其改为“询价”

合同号：（此时未建立合同，不需要填合同号）

内容栏：

张弛先生： 　　您好！非常感谢您的来信。 　　您的来信中提到贵公司是罐头食品的专业厂商，我们对此很感兴趣，想和你们建立起长期的合作关系。贵厂能否给我们报价（含税）甜玉米罐头，报价单中请注明交货地点、要求的付款方式及最小订货量。因出口货物一般数量较大，请报最优惠价。 刘铭华 宏昌国际股份有限公司

（3）填写完毕后，点击“发送”。

3.工厂收取并回复邮件。

（1）收取邮件，阅读内容。

（2）点击“回复”，填写内容如下：

收件人：回复状态下自动填写

主题：回复状态下自动填写，可将其改为“甜玉米罐头报价”

合同号：（此时未建立合同，不需要填合同号）

内容栏：

> 刘铭华先生：
>
> 您好！来函已收到，非常感谢您对我公司产品的关注与信赖，现报价如下：
>
> 产品名称：甜玉米罐头 canned sweet corn
>
> 货品编号：01005
>
> 海关编码：200580002
>
> 规格描述：每箱6罐，每罐3 060克
>
> 销售单位：carton
>
> 包装单位：carton
>
> 交货地点：工厂交货
>
> 付款方式：需方凭供方提供的增值税发票及相应的税收（出口货物专用）缴款书在供方工厂交货后7个工作日内付款。如果供方未将有关票证备齐，需方扣除17%税款支付给供方，等有关票证齐全后结清余款。
>
> 最小订货量：800cartons
>
> 单价：RMB 65/carton
>
> 以上资料供您参考并确认，盼复！
>
> 张弛
>
> 冠弛股份有限公司

（3）填写完毕后，点击“发送”。

4.出口商收取并回复工厂报价的邮件（其间可经过多次邮件往来进行还盘）。

（1）收取邮件，阅读内容。

（2）点击“回复”，填写内容如下：

收件人：回复状态下自动填写

主题：回复状态下自动填写

合同号：（此时未建立合同，不需要填合同号）

内容栏：

> 张弛先生：
>
> 您好，感谢您的回复！
>
> 经过考虑，我们认为您的报价可以接受，我们将订购800cartons甜玉米罐头，合同将尽快寄出。
>
> 刘铭华
>
> 宏昌国际股份有限公司

（3）填写完毕后，点击“发送”。

5.出口商起草国内买卖合同（注：此合同既可由出口商起草，也可由工厂起草）。

（1）在“业务中心”里点击标志为“工厂”的建筑物。

（2）在弹出页面中点击“起草合同”。

（3）输入合同号（如“Order 01”），输入对应的工厂编号（如XYZ），并勾选选项“设置为主合同”，点击“确定”，填写表单内容（填写说明可点击表头名称蓝色字体处查看，表单样本请参考附录中的附表8）。

（4）填写完成后点击“保存”。

6.回到业务页面，点击“检查合同”，确认合同填写无误后，再点击“合同送工厂”。

7.工厂确认购销合同。

（1）收取出口商要求确认合同的邮件。

（2）在“业务中心”里点击“出口商”。

（3）在弹出页面的左边点击“切换”，将需要确认的合同设置为主合同。

（4）点击“修改合同”，在弹出的合同的下方签字，填入各项详细信息（账号等可在公司资料中找到），点击“保存”。

（5）回到用户对话框中“确认合同”。

8.组织生产。

（1）点击“业务中心”中标志为“市场”的建筑物，再点击“查看市场”。

（2）选择商品“01005”，点击“组织生产”。

（3）输入生产数量“800”，点击“确定”，完成生产。

9.放货。

（1）点击标志为“出口商”的建筑物。

（2）点击“放货”，将货物送到出口商处，同时系统自动收取货款。

10.缴税。点击标志为“国税局”的建筑物，再点击“缴税”。至此，该笔交易完成。

11.出口商收取工厂已放货的通知邮件后，点击“库存”，可看到所订购的货物已在库存列表中，备货完成。

六、租船订舱

（一）实训目的

1.了解租船订舱的流程。

2.学会制作货物出运委托书。

（二）实训内容简介

准备相关单据向船公司办理租船订舱手续。

（三）实训步骤

1.准备相关单据。

（1）添加“货物出运委托书”进行填写（填写说明可点击表头名称蓝色字体处查看，表单样本请参考附录中的附表9）。

（2）填写完成后点击“检查”，确认通过。

2.租船订舱。

（1）填写完成后，在“业务中心”里点击“船公司”。

（2）点击“指定船公司”，选中“世格国际货运代理有限公司”，点击“确定”。

（3）点击“洽订舱位”。

（4）选择集装箱为“20′”，填入装船日期“09/10/2016”，再点击“确定”，订舱完成，系统将返回“配舱通知”。

（5）点击标志为“进口商”的建筑物里的“查看单据列表”，可查看“配舱通知”的内容。

七、出口报检

（一）实训目的

1.了解出口报检的流程。

2.学会制作出境货物报检单、商业发票、装箱单。

（二）实训内容简介

准备相关单据向检验机构办理检验手续。

（三）实训步骤

在SimTrade中查询交易商品是否需要出口检验，须在“B2B（淘金网）”的“税率查询”页，输入商品的海关编码，查到相对应的监管条件后，点击代码符号，各代码的意义均列明于其中。若适用规定为必须申请出口检验者，则应依规定办理。

1.准备相关单据。

（1）添加“出境货物报检单”进行填写（表单样本请参考附录中的附表10）。

（2）分别添加“商业发票”与“装箱单”进行填写（表单样本请参考附录中的附表11与附表12）。

（3）填写完成后点击“检查”，确认通过。

单据填写重点说明：出境货物报检单里的“报检单位登记号”请到公司资料中查找；“运输工具名称号码”即船名，请到订舱后给出的“配舱通知”中查找；装箱单中各项重量、体积的计算请参考在线帮助中的“了解产品的基本特点”。

2.申请出口检验

（1）回到“业务中心”，点击“检验机构”。

（2）点击“申请报检”，选择单据“销货合同”、“信用证”、“商业发票”、“装箱单”和“出境货物报检单”后，点击“报检”。

（3）报检完成后，检验机构签发“出境货物通关单”及出口商申请签发的相应检验证书。

八、办理保险

（一）实训目的

1.了解办理保险的流程。

2.学会制作货物运输保险投保单。

3.了解如何在国际贸易货物运输过程中减少风险，熟悉与掌握价格术语CIF、CFR、FOB的细节与运用技巧。

（二）实训内容简介

准备相关单据向保险公司办理保险手续。

（三）实训步骤

1.准备相关单据。

（1）添加“货物运输保险投保单”进行填写（表单样本请参考附录中的附表13）。

（2）填写完成后点击“检查”，确认通过。

单据填写重点说明：其中船名、航次、开航日期等信息请在“配舱通知”中查找，若为进口商投保，则在出口商发来的“Shipping Advice”中查找。

2.办理保险。

（1）回到“业务中心”，点击“保险公司”。

（2）点击“办理保险”，选择单据“商业发票”和“货物运输保险投保单”，点击“办理保险”。

（3）办理完成后，保险公司自动签发“货物运输保险单”。

注：在CIF条件下，出口商要向保险公司投保，CFR或FOB条件下则由进口商负责。

九、出口报关

（一）实训目的

1.了解办理报关的流程。

2.学会制作出口收汇核销单与出口货物报关单。

（二）实训内容简介

准备相关单据向海关办理核销备案、出口报关等手续。

（三）实训步骤

1.申领核销单。

（1）到“业务中心”点击“外管局”。

（2）选择“申领核销单”，即可从外管局取得“出口收汇核销单”。

（3）到单据列表中填写出口收汇核销单（表单样本请参考附录中的附表14）。

（4）填写完成后点击“检查”，确认通过。

2.备案。点击“海关”，再点击“备案”，凭填好的出口收汇核销单办理备案。

3.送货。点击“备案”右边的“送货”，将货物送到海关指定地点。

4.报关。

（1）添加“出口货物报关单”进行填写（表单样本请参考附录中的附表15）。

（2）填写完成后点击“检查”，确认通过。

（3）点击“海关”，再点击“送货”右边的“报关”。

（4）选择单据“商业发票”、“装箱单”、“出境货物通关单”（不需要出口检验的商品可免附）、“出口收汇核销单”、“出口货物报关单”，点击“报关”。

（5）完成报关的同时，货物自动装船出运。

十、装船出运

（一）实训目的

学会制作装船通知。

（二）实训内容简介

在SimTrade中，装船出运的步骤是报关后由系统自动处理的，因此报关（出运）完成后，出口商即应到船公司取提单并向进口商发送装船通知。

(三) 实训步骤

1.取回提单。到"业务中心"点击"船公司",再点击"取回提单",将提单取回。

2.发送装船通知。

(1) 添加"Shipping Advice"进行填写(表单样本请参考附录中的附表16)。

(2) 填写完成后点击"检查",确认通过。

(3) 回到业务中心,点击"船公司"。

(4) 点击"发送装船通知",将装船通知发送给进口商。

单据填写重点说明:其中"Vessel"一栏最好将船名与航次同时填上,"Container"栏请参考"配舱通知"填写。

3.进口商收取装船通知。

(1) 收取"装船通知已发送"的通知邮件。

(2) 到"业务中心"点击"出口商",再点击"查看单据列表",可查看"Shipping Advice"的内容(注:在FOB、CFR交易方式下,保险由进口商办理,进口商须凭此装船通知内容填写投保单办理保险)。

十一、结汇

(一) 实训目的

了解国际贸易买卖中货款的结算方式,熟悉与掌握各种方式的结算程序和运用技巧(本例中为L/C)。

(二) 实训内容简介

进出口双方到银行办理结汇事宜,具体流程如图4-5所示。

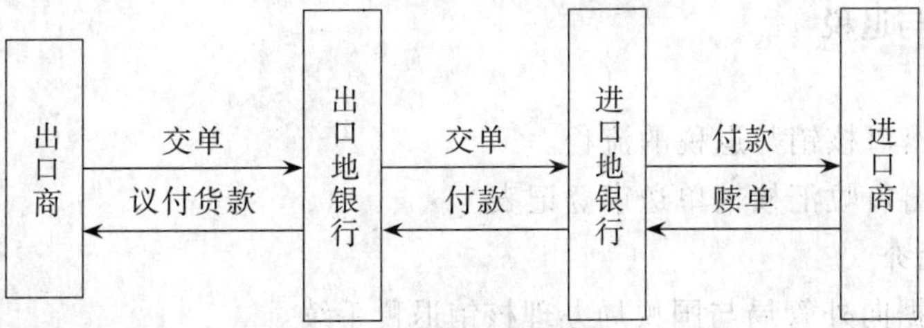

图4-5　银行结汇流程

(三) 实训步骤

1.出口商申请产地证。

(1) 添加"普惠制产地证明书"进行填写(表单样本请参考附录中的附表17)。

(2) 填写完成后点击"检查",确认通过。

(3) 回到"业务中心",点击"检验机构"。

(4) 点击"申请产地证",选择产地证类型为"普惠制产地证明书",点击"确定",完成产地证的申请。

2.出口押汇。

(1) 添加"汇票"进行填写(表单样本请参考附录中的附表18)。

(2) 填写完成后点击"检查",确认通过。

(3) 回到"业务中心",点击"出口地银行",选择"押汇"业务。

（4）选中单据“商业发票”、“装箱单”、“普惠制产地证明书”、“货物运输保险单”（CIF条件下）、“海运提单”和“汇票”前的复选框，点击“押汇”，完成押汇手续的办理。

3.出口地银行议付。

（1）收取单据已到达的通知邮件。

（2）点击“结汇单据”，选中合同Contract 01前的单选钮，分别检查单据。

（3）如检查无误，点击“送进口地银行”，同时系统自动议付货款。

4.出口商结收货款。

（1）收取出口地银行发来的可以结汇的通知邮件。

（2）在“业务中心”里点击“出口地银行”。

（3）点击“结汇”，结收货款，同时银行签发“出口收汇核销专用联”，用以出口核销。

5.进口地银行处理单据。

（1）收取单据已到达的通知邮件。

（2）点击“结汇单据”，选中合同Contract 01前的单选钮，点击“检查单据”。

（3）如单据检查无误，点击“发送进口商”。

6.进口商付款赎单。

（1）收取单据到达的通知邮件。

（2）回到“业务中心”，点击“进口地银行”。

（3）点击“付款”，支付货款。

（4）点击“付款”旁边的“取回单据”，领取相关货运单据。

十二、出口核销与退税

（一）实训目的

1.了解办理出口核销与退税的流程。

2.学会制作出口收汇核销单送审登记表。

（二）实训内容简介

准备相关单据向外管局与国税局办理核销退税手续。

（三）实训步骤

1.出口核销。

（1）添加“出口收汇核销单送审登记表”进行填写（表单样本请参考附录中的附表19）。

（2）填写完成后点击“检查”，确认通过。

（3）回到“业务中心”，点击“外管局”，选择“办理核销”业务。

（4）选中单据“商业发票”、“出口货物报关单”、“出口收汇核销单”、“出口收汇核销专用联”和“出口收汇核销单送审登记表”前的复选框，点击“核销”，完成核销手续的办理。

（5）与此同时，外管局盖章后返还出口收汇核销单第三联，用以出口退税。

2.出口退税。

（1）点击“国税局”，选择“退税”业务。

（2）选中单据“商业发票”、“出口货物报关单”和“出口收汇核销单（第三联）”前的复选框，点击“退税”，完成退税手续的办理。

至此，出口商的工作就完成了。

十三、进口报检

（一）实训目的

1.了解办理进口检验的流程。

2.学会制作入境货物报检单。

（二）实训内容简介

准备相关单据向检验机构办理进口检验手续。

（三）实训步骤

在SimTrade中查询交易商品是否需要进口检验，须在“B2B（淘金网）”的“税率查询”页，输入商品的海关编码，查到相对应的监管条件后，点击代码符号，各代码的意义均列明于其中。若适用规定为必须申请进口检验者，则应依规定办理。

1.换提货单。点击“业务中心”里的“船公司”，再点击“换提货单”。

2.准备相应单据。

（1）添加“入境货物报检单”进行填写（表单样本请参考附录中的附表20）。

（2）填写完成后点击“检查”，确认通过。

单据填写重点说明：单据中的“报检单位登记号”请到公司资料中查找；“运输工具名称号码”即船名，请到出口商发来的“Shipping Advice”中查找；提单号请到提货单中查找。

3.报检。

（1）回到“业务中心”，点击“检验机构”，选择“申请报检”业务。

（2）选择单据“销货合同”、“商业发票”、“装箱单”、“提货单”和“入境货物报检单”，点击“报检”。

（3）报检完成后，检验机构签发“入境货物通关单”，凭以报关。

十四、进口报关与提货

（一）实训目的

1.了解办理进口报关与提货的流程。

2.学会制作进口货物报关单。

（二）实训内容简介

准备相关单据向海关办理进口报关及提货手续。

（三）实训步骤

1.准备相应单据。

（1）添加“进口货物报关单”进行填写（表单样本请参考附录中的附表21）。

（2）填写完成后点击“检查”，确认通过。

2.报关。

（1）点击“业务中心”里的“海关”，选择“报关”业务。

（2）选择“销货合同”、“商业发票”、“装箱单”、“提货单”、“入境货物通关单”（不需要进口检验的商品可免附）、“进口货物报关单”前的复选框，点击“报关”。

（3）完成报关后，海关加盖放行章后返还提货单与进口报关单。

3.点击“报关”旁边的“缴税”，缴纳税款。

4.点击“缴税”旁边的“提货”，领取货物。

十五、进口付汇核销

（一）实训目的

1.了解办理付汇核销的流程。

2.学会制作进口付汇到货核销表。

（二）实训内容简介

准备相关单据向外管局办理付汇核销手续。

（三）实训步骤

1.准备相应单据。

（1）添加“进口付汇到货核销表”进行填写（表单样本请参考附录中的附表22）。

（2）填写完成后点击“检查”，确认通过。

2.付汇核销。

（1）回到“业务中心”，点击“外管局”，选择“付汇核销”业务。

（2）选择单据“进口付汇核销单”、“进口货物报关单”和“进口付汇到货核销表”前的复选框，点击“付汇核销”。

十六、销货

（一）实训目的

了解市场上的价格变动，掌握销货时机。

（二）实训内容简介

进口商将货物在市场上售出，收回资金。

（三）实训步骤

1.点击“业务中心”里的“市场”。

2.点击“销货”，选择编号为01005的产品，点击“确定”即可销售货物。

至此，进口商的工作就完成了。

十七、国际收支网上申报

国际收支网上申报在SimTrade中的应用如下：

第一步：在“业务中心”点击外汇管理局，弹出“国家外汇管理局应用服务平台”网站，在“用户登录”页面点击“登录”（此栏中的“机构代码”、“用户代码”、“用户密码”及“验证码”均为系统自动生成，无须用户填写），如图4-6所示。

第二步：在弹出页面中点击“国际收支网上申报系统（企业版）”（如图4-7所示），打开申报信息录入列表。

第三步：点击待申报业务条目的申报号码（如图4-8所示），进入该笔业务的申报信息录入页面。

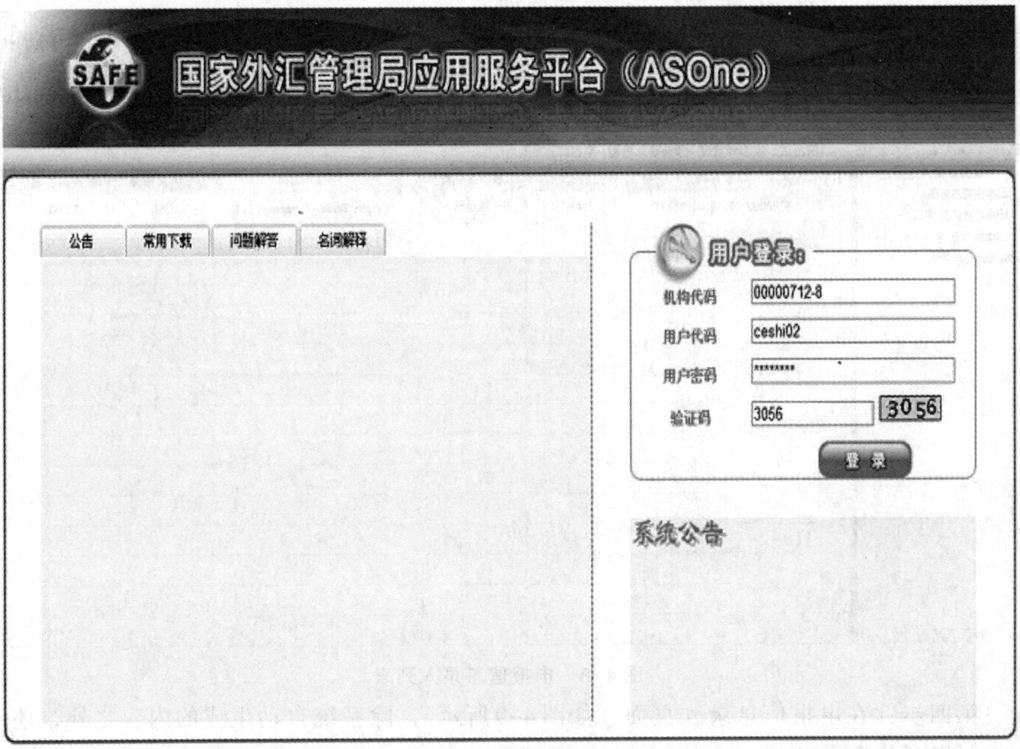

图 4-6　登录页面

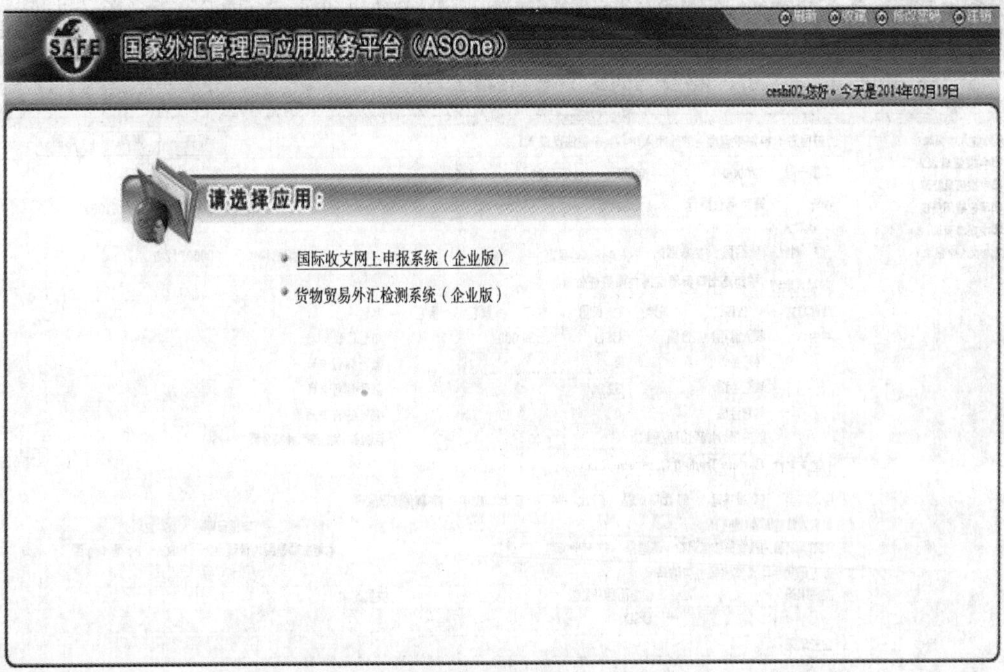

图 4-7　选择国际收支网上申报系统

图4-8　申报信息录入列表

第四步：在申报信息录入页面（如图4-9所示），除系统自动生成的内容之外，还需要填写以下几个栏目：

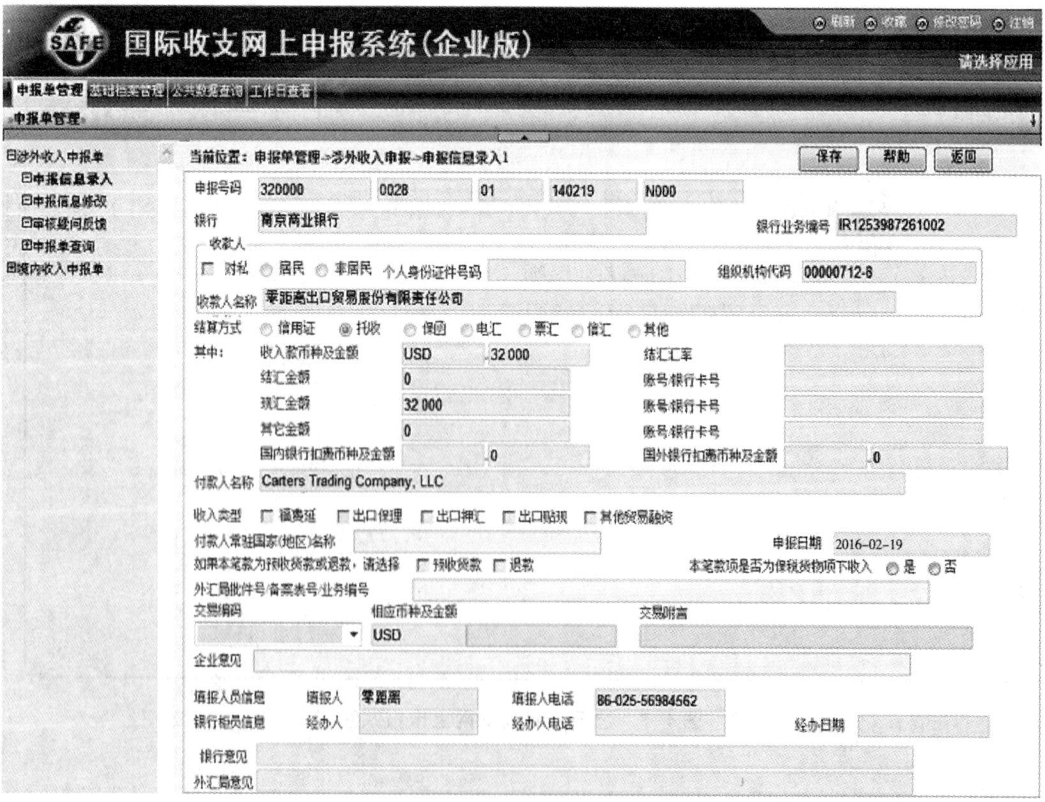

图4-9　申报信息录入页面

1.付款人常驻国家（地区）名称：填写进口商所在的国家英文名称，可复制进口商资料里的所属国家。

2.本笔款项是否为保税货物项下收入：统一选“否”。

3.交易编码：统一选择“一般贸易收入”。

4.相应币种及金额：“币种”根据合同币别，由系统自动生成，只需在币别后填上相应的合同金额。

5.交易附言：统一填写“一般贸易收入”。

点击右上角的“保存”按钮，若信息填写无误，系统将提示“成功办理国际收支网上申报”。此时，成功提交申报的业务条目将从申报信息录入列表中消失。

附　录

附录1　实训安排与实施范例

通过实训，让每个学生都深刻理解进出口贸易中一般贸易的实际应用与其中的工作细节。以下列出几种方式的实训安排，请老师根据本校的教学计划作相应调整。

◆ 范例一：18学时50人的实训

◆ 范例二：5人一组的实训

◆ 范例三：8周的实训

范例一：18学时50人的实训

老师要做的准备工作：

1.在Users（学生管理）中给每个学生分配好5种角色。

2.在Message（信息管理）中发布本次实训内容的通知，要求学生按“B2B（淘金网）”主页上显示的“通知”要求进行实训。

3.检查学生到课状况，及时调整指定的角色，以免实训时发生无交易对象的状况。

4.指定每次实训的商品范围。

5.要求学生根据淘金网中“产品展示”的详细资料，认真做好核算。对商品资料不清楚处，可让学生参考在线帮助中的“了解产品的基本特点”部分。

6.有关计算方法，可让学生参考在线帮助中的“预算表的填写”部分；有关流程问题，可参考在线帮助中的“履约流程参考”。

第1、2学时：

老师指定出口商22个（学号01～22）、进口商11个（学号23～33）、工厂11个（学号34～44）、出口地银行3个（学号45～47）、进口地银行3个（学号48～50）。

实训内容：

1.了解SimTrade基本用法。

2.分别以每个角色登录并注册公司名称，在“Profile（资料）”中输入必要的数据。

3.进入每个角色的页面，对照在线帮助说明，熟悉操作环境与每个角色的具体工作。

4.出口商、进口商了解并掌握各项核算，可参考在线帮助中“预算表的填写”部分。

5.寻找业务合作伙伴，使用“Mail（我的邮件）”系统建立初步的业务联系，要求出口商与进口商之间的往来业务函电必须使用英文。

注意事项：

1.输入公司名称时，注意不要使用\/<>'　@!%^&*　[ ]　等符号。

2.公司概况中，公司法人可以修改，公司地址必须填写，否则以后单据中会缺少公司地址数据。

3.使用SimTrade的内置邮件系统发送邮件，收件人填写交易对象的邮件地址，可在公司库中搜索查询。

第3、4、5、6学时：

老师指定角色同1、2学时，要求必须做1笔L/C+CIF的业务。

实训内容：

1.根据第1、2学时指定的角色进行交易磋商。

（1）出口商、进口商之间的询盘、发盘、还盘、接受的往来函电，要求写英文函电。

（2）出口商、工厂之间的询盘、发盘、还盘、接受的往来函电。

2.出口商、进口商：签订一笔结算方式为L/C、贸易术语为CIF的外销合同，填写预算表，双方签字确认并开始履行合同。

3.进口商：申请开证。

4.进口地银行：审核开证申请书，开信用证，通知出口地银行。

5.出口地银行：对照合同审核信用证，通知出口商信用证已到。

6.出口商：审证，若信用证有问题，可退回进口商要求其重开。

7.出口商：备货，按工厂接受的价格签订买卖合同。

8.工厂：确认买卖合同，组织生产，出货。

9.出口商：制单，办理租船订舱、报检、保险、报关、出运、押汇事宜。

10.出口地银行：审单，寄议付单据给进口地银行。

11.进口地银行：审单，通知进口商赎单。

12.进口商：付款赎单，办理进口报检、报关、提货、销货事宜。

13.出口商：办理结汇、国际收支网上申报和退税事宜。

第7、8、9、10学时：

老师指定出口商22个（学号29～50）、进口商11个（学号01～11）、工厂11个（学号18～28）、出口地银行3个（学号12～14）、进口地银行3个（学号15～17）、要求必须做1笔L/C+CFR的业务。

实训内容：

1.根据指定的角色进行交易磋商。

（1）出口商、进口商之间的询盘、发盘、还盘、接受的往来函电，要求写英文函电。

（2）出口商、工厂之间的询盘、发盘、还盘、接受的往来函电。

2.出口商、进口商：签订一笔结算方式为L/C、贸易术语为CFR的外销合同，填写预算表，双方签字确认并开始履行合同。

3.进口商：申请开证。

4.进口地银行：审核开证申请书，开信用证，通知出口地银行。

5.出口地银行：对照合同审核信用证，通知出口商信用证已到。

6.出口商：审证，若信用证有问题，可退回进口商要求其更改信用证。

7.出口商：备货，按工厂接受的价格签订买卖合同。

8.工厂：组织生产，出货。

9.出口商：制单，办理租船订舱、发装船通知、报检、报关、出运、押汇事宜。

10.进口商：根据出口商的装船通知办理保险。

11.出口地银行：审单，寄议付单据给进口地银行。

12.进口地银行：审单，通知进口商赎单。

13.进口商：付款赎单，办理进口报检、报关、提货、销货事宜。

14.出口商：办理结汇、国际收支网上申报和退税事宜。

第11、12学时：

老师指定出口商24个（学号23～46）、进口商12个（学号13～20）、工厂12个（学号01～12）、出口地银行1个（学号21）、进口地银行1个（学号22），要求必须做1笔D/P+FOB的业务。

实训内容：

1.根据指定的角色进行交易磋商。

（1）出口商、进口商之间的询盘、发盘、还盘、接受的往来函电，要求写英文函电。

（2）出口商、工厂之间的询盘、发盘、还盘、接受的往来函电。

2.出口商、进口商：签订一笔结算方式为D/P、贸易术语为FOB的外销合同，填写预算表，双方签字确认并开始履行合同。

3.出口商：备货，按工厂接受的价格签订买卖合同。

4.工厂：组织生产，出货。

5.进口商：办理租船事宜。

6.出口商：制单，办理发装船通知、报检、报关、出运、交单事宜。

7.进口商：根据出口商的装船通知办理保险。

8.出口地银行：审单，寄议付单据给进口地银行。

9.进口地银行：审单，通知进口商赎单。

10.进口商：付款赎单，办理进口报检、报关、提货、销货事宜。

11.出口商：办理结汇、国际收支网上申报和退税事宜。

第13、14学时：

老师指定出口商24个（学号1～9、17～20、23～33）、进口商12个（学号10～12、21～22、34～40）、工厂12个（学号13～16、43～50）、出口地银行1个（学号41），进口地银行1个（学号42），要求必须做1笔T/T+CIF的业务。在本次实训中，银行角色主要是为了处理出口商、工厂、进口商资金不够时的贷款事宜。

实训内容：

1.根据指定的角色进行交易磋商。

（1）出口商、进口商之间的询盘、发盘、还盘、接受的往来函电，要求写英文函电。

（2）出口商、工厂之间的询盘、发盘、还盘、接受的往来函电。

2.出口商、进口商：签订一笔结算方式为T/T、贸易术语为CIF的外销合同，填写预算表，双方签字确认并开始履行合同。

3.出口商：备货，按工厂接受的价格签订买卖合同。

4.工厂：组织生产，出货。

5.出口商：制单，办理租船订舱、报检、保险、报关、出运、交单事宜。

6.进口商：付款，办理进口报检、报关、提货、销货事宜。

7.出口商：办理结汇、国际收支网上申报和退税事宜。

第15、16学时：

老师指定出口商24个（学号3~14、21~27、34~38）、进口商12个（学号39~50）、工厂12个（学号15~20、28~33）、出口地银行1个（学号1）、进口地银行1个（学号2），要求必须做1笔T/T+CFR的业务。在本次实训中，银行角色主要是为了处理出口商、工厂、进口商资金不够时的贷款事宜。

实训内容：

1.根据指定的角色进行交易磋商。

（1）出口商、进口商之间的询盘、发盘、还盘、接受的往来函电，要求写英文函电。

（2）出口商、工厂之间的询盘、发盘、还盘、接受的往来函电。

2.出口商、进口商：签订一笔结算方式为T/T、贸易术语为CFR的外销合同，填写预算表，双方签字确认并开始履行合同。

3.出口商：备货，按工厂接受的价格签订买卖合同。

4.工厂：组织生产，出货。

5.出口商：制单，办理租船订舱、发装船通知、报检、报关、出运、交单事宜。

6.进口商：根据出口商的装船通知办理保险。

7.进口商：付款，办理进口报检、报关、提货、销货事宜。

8.出口商：办理结汇、国际收支网上申报和退税事宜。

第17、18学时：

老师不指定角色，学生可自由选择，也可采取自己与自己交易的方式，要求必须做1笔结算方式为D/A+FOB的业务。

实训内容：

1.根据自由选择的角色进行交易磋商。

（1）出口商、进口商之间的询盘、发盘、还盘、接受的往来函电，要求写英文函电。

（2）出口商、工厂之间的询盘、发盘、还盘、接受的往来函电。

2.出口商、进口商：签订一笔结算方式为D/A、贸易术语为FOB的外销合同，填写预算表，双方签字确认并开始履行合同。

3.出口商：备货，按工厂接受的价格签订买卖合同。

4.工厂：组织生产，出货。

5.进口商：办理租船事宜。

6.出口商：制单，办理发装船通知、报检、报关、出运、交单事宜。

7.进口商：根据出口商的装船通知办理保险。

8.出口地银行：审单，寄议付单据给进口地银行。

9.进口地银行：审单，通知进口商赎单。

10.进口商：赎单，办理进口报检、报关、提货、销货事宜。

11.出口商：办理结汇、国际收支网上申报和退税事宜。

12.进口商：汇票到期时办理付款事宜。

范例二：5人一组的实训

老师要做的准备工作：

1.在Users（学生管理）中给每个学生分配好5种角色。

2.在Message（信息管理）中发布本次实训内容的通知，要求学生按淘金网上的通知进行实训。该通知一般由小组成员、本次实训的结算方式及贸易术语的使用等内容组成。

3.要求每个学生在担任出口商时，必须使用四种主要结算方式（L/C、D/P、D/A、T/T），结合三种贸易术语（CIF、CFR、FOB），做4笔以上出口业务。

4.检查学生到课状况，及时调整指定的角色，以免实训时发生无法协同完成业务的状况。

范例三：8周的实训

这项实训计划适用于“部分学生有实训单位，部分学生无实训单位”的学校使用。

老师要做的准备工作：

1.介绍如何使用SimTrade。

2.在Users（学生管理）中给每个学生分配好5种角色。

3.第1~7周安排无实训单位的学生自行上网实训。实训期间，交易对象可自由选择。无交易对象时，学生可用自己的5个账号自行交易，要求每人必须完成以下实训任务：

（1）出口商：至少完成4笔出口业务（L/C、D/P、D/A、T/T各1笔）。

（2）进口商：至少完成4笔进口业务（L/C、D/P、D/A、T/T各1笔）。

（3）工厂：至少完成3笔买卖合同。

（4）进口地银行：至少完成2笔信用证开证申请书的审核及开证、审单。

（5）出口地银行：至少完成2笔审证、审单。

4.第8周安排所有学生在学校集中上机实训，可参考范例一或范例二安排实训。另可通过用户业务考核的计算功能，找几个在第1~7周上网实训做得好的学生辅导从未上网做过实训的学生。

5.要求学生在实训期间尽可能多做业务，熟练掌握与进出口业务相关的主要业务及操作技巧。

注意事项：老师要事先安排好联络方式，以便及时解答学生在第1~7周上网实训时遇到的问题。

附录2　常见问题解答

1.如何填写单据？

2.如何计算毛重、净重、体积？

3.“起草合同”及“确认合同”时的“银行编号”怎么填？

4.货物发生意外以后该如何处理？

5.贸易中出现“金额不足”该怎么办？

6.如何向银行申请贷款？

7.如何给其他公司汇款？

8.D/A、D/P方式下，向银行交单托收时，需要递交哪些单据？

9.汇率换算方法是什么？
10.所有商品都要进出口报检吗？
11.如何查看贷款状况？
12.如何在单据中修改商品资料？
13.如何在单据中删除商品资料？
14.为什么没有CIP、CPT、FCA等贸易术语？
15.怎样知道自己的得分？
16.怎样才能提高自己的得分？
17.为什么分数会下降？
18.产地证在哪里申请？

下面对上述问题进行一一解答。

1.如何填写单据？

答：打开单据后，点击单据名称的蓝色字体，可看到完整的单据填写说明，再结合在线帮助里“单据填写样本参考”里的单据样本进行填写。填好后在“查看单据列表”里点击单据旁边的“检查”，根据提示进行修改。

2.如何计算毛重、净重、体积？

答：首先到“B2B（淘金网）”的“产品展示”中记录每箱产品的重量、体积，其次查看产品的销售单位与包装单位是否相同。

在计算重量时，对销售单位与包装单位相同的产品（如食品类产品），可直接用“交易数量×每箱的毛（净）重”计算总毛（净）重；对销售单位与包装单位不同的产品（如玩具类、服装类产品），须先根据单位换算计算出单件产品的毛（净）重，再根据交易数量计算总毛（净）重。

在计算体积时，对销售单位与包装单位相同的产品（如食品类产品）可直接用“交易数量×每箱的体积”计算总体积；对销售单位与包装单位不同的产品（如玩具类、服装类产品），须先根据单位换算计算出包装箱数，再计算总体积（注意：包装箱数有小数点时，必须进位取整箱，如不满整箱亦按整箱计算总毛（净）重和总体积）。

【附例1】玩具类产品08001项，销售单位是unit（辆），包装单位是carton（箱），单位换算显示每箱装6辆，每箱毛重23kgs，每箱净重21kgs，每箱体积0.08052cbm。如果交易数量为1 000辆，试分别计算毛重、净重、体积。

解：体积的计算：

包装箱数＝1000÷6＝166.6，取整167箱。

总体积＝167×0.08052＝13.447（cbm）

毛重的计算：

总毛重=单件的毛重×包装箱数＝23×167＝3 841（kgs）

净重的计算：

总净重=单件的净重×包装箱数＝21×167＝3 507（kgs）

【附例2】食品类产品01001项，销售单位是carton（箱），包装单位也是carton（箱），每箱毛重11.2kgs，每箱净重10.2kgs，每箱体积0.014739cbm。如果交易数量为2 000箱，试分别计算毛重、净重、体积。

解：毛重 = 2 000×11.2 = 22 400（kgs）

净重 = 2 000×10.2 = 20 400（kgs）

体积 = 2 000×0.014739 = 29.478（cbm）

注意：因该类产品销售单位与包装单位相同，故计算时可不考虑单位换算的内容。

3.“起草合同”及“确认合同”时的“银行编号”怎么填？

答：在SimTrade中，合同既可以由出口商起草，也可以由进口商起草。起草合同时填写的银行编号指起草合同方的本地银行编号，即：出口商起草合同时，这里就应该填出口地银行编号；进口商起草合同时，这里就应该填进口地银行编号。同理，确认合同时填写的银行编号指确认合同方的本地银行编号，即：出口商确认合同时，这里就填出口地银行编号；进口商确认合同时，这里就填进口地银行编号。

4.货物发生意外以后该如何处理？

答：货物在运输过程中有可能遇到意外造成损失，不能换提单提货。这时，如果已经投保，进口商就应凭保险单到保险公司办理索赔。索赔完成后，不需要再进口报检和报关，只要于付款后到外管局办理外汇监测系统网上申报，即可完成合同。

5.贸易中出现“金额不足”该怎么办？

答：可以通过以下三种方式解决：

（1）通过银行贷款，具体操作方法见常见问题6的解答。

（2）向别的公司借款，也就是请别的公司汇款，具体操作方法见常见问题7的解答。

（3）请老师增加资产。

6.如何向银行申请贷款？

答：请按如下步骤操作：

（1）在进出口商“Business（业务中心）”里点击标志为“出口地银行”或“进口地银行”的建筑物。

（2）点击上方的“申请贷款”项，进入贷款业务页面。

（3）填写银行编号，选择贷款币别，输入贷款金额、贷款说明，点击“确定”按钮完成向银行的贷款申请。

（4）登录进入申请贷款的“出口地银行”或“进口地银行”页面，点击上方的“贷款业务”按钮。选择相应的申请贷款栏目，点击“发放贷款”，进出口商即可在各自业务中心的“Finance（财务）”里查收到申请的贷款。

注意事项：

（1）贷款金额为数字格式，不能加写千分号等符号，否则贷款申请不会通过。

（2）若老师没有修改过，则每个角色贷款上限默认为500万元人民币（如为其他币别要进行换算）。

7.如何给其他公司汇款？

答：请按如下步骤操作：

（1）在“Business（业务中心）”里点击标志为“出口地银行”或“进口地银行”的建筑物。

（2）点击上方的“汇款”项，进入汇款业务页面。

（3）填写收款人账号（注意是账号而不是编号，为收款人的公司“Profile（资料）”里的“账号”），写明通过其汇款的银行编号，选择汇款币别，输入汇款金额、汇款说明，点击“确定”按钮完成汇款，同时银行会收取一定的手续费。

注意：汇款和贷款一样，都需要偿还，不还款会影响得分。

8.D/A、D/P方式下，向银行交单托收时需要递交哪些单据？

答：出口商在“Business（业务中心）”里点击标志为“出口地银行”的建筑，再点击“托收”，选中单据“商业发票”、“装箱单”、“普惠制产地证明书”、“货物运输保险单”（CIF条件下）、“海运提单”和“汇票”，点击“托收”，完成托收手续的办理。

9.汇率换算方法是什么？

答：在SimTrade中，汇率可在“B2B（淘金网）”里的银行查询到，各币别间的换算方法详见以下例题。

【附例3】把500元人民币换算成欧元。

（1）通过淘金网的银行查询到欧元对人民币的汇率是100：842.46。

（2）汇率换算。用500×（100÷842.46）=59.35，可得，CNY 500=EUR 59.35。

【附例4】把1 000日元换算成人民币。

（1）通过淘金网的银行查询到日元对人民币的汇率是100：5.99。

（2）汇率换算。用1 000×（5.99÷100）=59.9，可得，JPY 1 000=CNY 59.9。

【附例5】把800英镑换算成澳大利亚元。

（1）通过淘金网的银行查询到英镑对澳大利亚元的汇率是1 022.29：552.58。

（2）汇率换算。用800×（1 022.29÷552.58）=1 480.02，可得，GBP 800=AUD 1 480.02。

10.所有商品都要进出口报检吗？

答：不是。我们一般根据商品的监管条件来判断某种商品是否需要进出口报检。在SimTrade中，商品的监管条件可以在“B2B（淘金网）”的“税率”页输入商品海关编码进行查询。A代表需要入境报检；B代表需要出境报检；如果没有A或B，则不用报检（这种情况下也可以报检，但是会产生商检费）。

11.如何查看贷款状况？

答：在“Finance（财务）”中，点击“贷款明细”按钮，可查到所有贷款记录及当前状况。

12.如何在单据中修改商品资料？

答：在商品资料中，点击货号前的单选钮（如附图1所示），再点击“修改”按钮打开商品资料窗口，修改内容并保存（如附图2所示）。

Choice	Product No.	Description	Quantity	Unit	Unit Price	Amount
					[CIF] [Bombay]	
⊙	01001	CANNED WHOLE MUSHROOMS 425Gx24TINS/CTN	8	CARTON	USD20	USD160
						[添 加][修 改][删 除]

附图1　显示商品基本资料

Product No.	01001		
Description	CANNED WHOLE MUSHROOMS 425Gx24TINS/CTN		
Quantity	8	Unit	CARTON
Unit	USD	Price	20
		Amount	160

附图2 修改商品基本资料

13.如何在单据中删除商品资料？

答：如附图1所示，选中货号前的单选钮，再点击“删除”按钮，该笔商品资料即被删除。

14.为什么没有CIP、CPT、FCA等贸易术语？

答：SimTrade的运输方式是海运，所以采用的是适用于海运和内河水运的术语中最常用的3个术语，即FOB、CFR、CIF，故CIP、CPT、FCA等条件未列其中。

15.怎样知道自己的得分？

答：SimTrade满分为100分，总分为出口商、进口商、工厂三个角色的平均分。每个角色首页“您目前的等级”反映了目前的得分，有两种识别方法：

（1）红星代表10分，白星代表5分。例如，7颗红星代表70分；6颗红星、1颗白星，代表65分。

（2）鼠标停在钻石上会显示目前的等级，等级乘以5就是分数。例如，目前显示为11级，11×5=55，则分数为55分。

16.怎样才能提高自己的得分？

答：SimTrade有完善的自动评分系统。当一笔业务完成时，系统会对此笔业务做出综合评价，并计入总分。也就是说，每个角色的得分是对该角色所有业务的综合评价，并不是做的业务多，得分就一定高，必须从质和量两个方面进行提高。操作过程中应参考在线帮助，尽量避免错误操作，认真完成贸易的每个环节，切勿偷懒，这样才有可能提高自己的得分。

17.为什么分数会下降？

答：得分下降可能有以下几个原因：

（1）新做的业务质量不高，导致得分下降。

（2）资金骤然减少，导致财务得分降低，从而总分降低，待资金周转回去即可恢复。资金减少可能有几种原因：①新买一批货，还未收到货款；②汇款给他人，导致资金减少；③偿还贷款，导致资金减少。

18.产地证在哪里申请？

答：在实务中，原产地证的签发机构可以是出入境检验检疫局，也可以是贸易促进委员会；普惠制产地证只能由出入境检验检疫局签发。

在SimTrade中，产地证均在出入境检验检疫局申请。

附录3 常见单证举例

附表1 国际贸易合同

GRAND WESTERN FOODS CORP.

Room2501,Jiafa Mansion, Beijing West Road, Nanjing 210005, P.R.China

SALES CONFIRMATION

Messrs:	Carters Trading Company, LLC P.O.Box8935, New Terminal, Lata. Vista, Ottawa, Canada	**No.**	Contract01
		Date:	2016-08-19

Dear Sirs,

We are pleased to confirm our sale of the following goods on the terms and conditions set forth below:

Choice	Product No.	Description	Quantity	Unit	Unit Price	Amount
					[CIF] [Toronto]	
○	01005	CANNED SWEET CORN 3060Gx6TINS/CTN	800	CARTON	USD14	USD11200
					[添 加] [修 改] [删 除]	
		Total:	800	CARTON		[USD] [11 200]

Say Total:	U.S.DOLLARS ELEVEN THOUSAND TWO HUNDRED ONLY
Payment:	L/C [By 100% irrevocable sight letter of credit in our favor.]
packing:	3060Gx6TINS/CTN Each of the carton should be indicated with Item No., Name of the Table, G.W., and C/No.
Port of Shipment:	Nanjing
Port of Destination:	Toronto
Shipment:	All of the goods will be shipped on or before Sep. 20, 2016 subject to L/C reaching the SELLER by the end of August, 2016. Partial shipments and transhipment are not allowed.
Shipping Mark:	CANNED SWEET CORN CANADA C/NO.1-800 MADE IN CHINA
Quality:	As per sample submitted by seller.
Insurance:	The SELLER shall arrange marine insurance covering ICC(A) plus institute War Risks for 110% of CIF value and provide of claim, if any, payable in Canada, with U.S. currency.
Remarks:	The Buyers are requested to sign and return one copy of this Sales Confirmation immediately after receipt of the same.

BUYERS	SELLERS
	GRAND WESTERN FOODS CORP.
	Minghua Liu
(Manager Signature)	(Manager Signature)

附表 2　　出口预算表

出口预算表

合同号：　Contract01
预算表编号：　STEBG000001　　（注：本预算表填入的位数全部为本位币）

项目	预算金额	实际发生金额
合同金额	92 835.68	
采购成本	52 000.00	
FOB总价	62 246.19	
内陆运费	1 235.33	
报检费	200.00	
报关费	200.00	
海运费	29 690.84	
保险费	898.65	
核销费	10.00	
银行费用	400.00	
其他费用	5 073.87	
退税收入	7 555.56	
利润	10 682.55	

附表 3　　进口预算表

进口预算表

合同号：　Contract01
预算表编号：　STIBG000001　　（注：本预算表填入的位数全部为本位币）

项目	预算金额	实际发生金额
合同金额	11 200.00	
CIF总价	11 200.00	
内陆运费	149.03	
报检费	24.13	
报关费	24.13	
关税	1 456.00	
增值税	1 904.00	
消费税	0	
海运费	0	
保险费	0	
银行费用	55.49	
其他费用	560.00	

附表 4　　贸易进口付汇核销单

贸易进口付汇核销单（代申报单）

印单局代码：320000　　核销单编号：STICA000001

单位代码 00000005-8	单位名称 Carters Trading Company, LLC	所在地外汇局名称
付汇银行名称 THE CHARTERED BANK	收汇人国别 China	交易编码 0101
收款人是否在保税区：是 ☐ 否 ☑	交易附言	
对外付汇币种 USD　对外付汇总额 11 200 其中：购汇金额 11 200　现汇金额　其他方式金额 人民币账号　外汇账号		
付汇性质 ☑正常付汇 ☐不在名录　☐90天以上信用证　☐90天以上托收　☐异地付汇 ☐90天以上到货　☐转口贸易 备案表编号		
预计到货日期 09/10/2016	进口批件号	合同/发票号 Contract01/STINV000001
结算方式 信用证　90天以内 ☑　90天以上 ☐　承兑日期　/　/　付汇日期　/　/　期限　天 托收　90天以内 ☐　90天以上 ☐　承兑日期　/　/　付汇日期　/　/　期限　天		
汇款 预付货款 ☐　货到付汇（凭报关单付汇） ☐　付汇日期　/　/ 报关单号　报关日期　/　/　报关单币种　金额 报关单号　报关日期　/　/　报关单币种　金额 报关单号　报关日期　/　/　报关单币种　金额 报关单号　报关日期　/　/　报关单币种　金额 报关单号　报关日期　/　/　报关单币种　金额 （若报关单填写不完，可另附纸。）		
其他 ☐　付汇日期　/　/		
以下由付汇银行填写 申报号码： 业务编号：　审核日期：　/　/　（付汇银行签章）		

附表 5

信用证申请书

IRREVOCABLE DOCUMENTARY CREDIT APPLICATION

TO: THE CHARTERED BANK **DATE:** 160819

☐ Issue by airmail ☐ With brief advice by teletransmission
☐ Issue by express delivery
☑ Issue by teletransmission (which shall be the operative instrument)

Credit NO. STLCA000001

Date and place of expiry 161015 in the beneficiary's country

Applicant
CARTERS TRADING COMPANY, LLC
P.O.BOX8935,NEW TERMINALI, LATA. VISTA,
OTTAWA, CANADA

Beneficiary (Full name and address)
GRAND WESTERN FOODS CORP.
ROOM2501,JIAFA MANSION, BEIJING WEST ROAD,
NANJING 210005, P.R.CHINA

Advising Bank
NANJING COMMERCIAL BANK
NO.19 LANE 32 I SEN RD, NANJING 210014, P.R.CHINA

Amount
[USD][11 200]
U.S.DOLLARS ELEVEN THOUSAND TWO HUNDRED ONLY

Parital shipments ☐ allowed ☑ not allowed
Transhipment ☐ allowed ☑ not allowed

Credit available with
NANJING COMMERCIAL BANK
By
☐ sight payment ☐ acceptance ☑ negotiation
☐ deferred payment at ________
against the documents detailed herein
☑ and beneficiary's draft(s) for 100 % of invoice value
at **** sight
drawn on ISSUE BANK

Loading on board/dispatch/taking in charge at/from
NANJING
not later than 160920
For transportation to: TORONTO

☐ FOB ☐ CFR ☑ CIF
☐ or other terms

Documents required: (marked with X)

1.(X) Signed commercial invoice in 6 copies indicating L/C No. ________ and Contract No. Contract01

2.(X) Full set of clean on board Bills of Lading made out to order and blank endorsed, marked "freight [ ] to collect / [X] prepaid [ ] showing freight amount" notifying THE APPLICANT.

( ) Airway bills/cargo receipt/copy of railway bills issued by ________ showing "freight [ ] to collect/ [ ] prepaid [ ] indicating freight amount" and consigned to ________.

3.(X) Insurance Policy/Certificate in 3 copies for 110 % of the invoice value showing claims payable in CANADA in currency of the draft, blank endorsed, covering All Risks and War Risks.

4.(X) Packing List/Weight Memo in 3 copies indicating quantity, gross and weights of each package.

5.( ) Certificate of Quantity/Weight in ____ copies issued by ________.

6.( ) Certificate of Quality in ____ copies issued by [ ] manufacturer/[ ] public recognized surveyor ____.

7.(X) Certificate of Origin in 3 copies issued by MANUFACTURER.

8.( ) Beneficiary's certified copy of fax / telex dispatched to the applicant within ____ hours after shipment advising L/C No., name of vessel, date of shipment, name, quantity, weight and value of goods.

Other documents, if any

Description of goods:
01005 CANNED SWEET CORN, 3060Gx6TINS/CTN
QUANTITY: 800 CARTON
PRICE: USD14/CTN

Additional instructions:

1.(X) All banking charges outside the opening bank are for beneficiary's account.

2.(X) Documents must be presented within 21 days after date of issuance of the transport documents but within the validity of this credit.

3.( ) Third party as shipper is not acceptable, Short Form/Blank B/L is not acceptable.

4.( ) Both quantity and credit amount ____ % more or less are allowed.

5.( ) All documents must be forwarded in ________.

( ) Other terms, if any

附表6 信用证

LETTER OF CREDIT

MESSAGE TEXT

:27:SEQUENCE OF TOTAL

1/1

:40A:FORM OF DOCUMENTARY CREDIT

IRREVOCABLE

:20:DOCUMENTARY CREDIT NUMBER

STLCN000001

:31C:DATE OF ISSUE

160820

:31D:DATE AND PLACE OF EXPIRY

161015 IN THE BENEFICIARY'S COUNTRY

:51A:APPLICANT BANK

THE CHARTERED BANK

:50:APPLICANT

CARTERS TRADING COMPANY, LLC
P.O.BOX8935,NEW TERMINALI, LATA. VISTA, OTTAWA, CANADA

:59:BENEFICIARY

GRAND WESTERN FOODS CORP.
ROOM2501,JIAFA MANSION, BEIJING WEST ROAD, NANJING 210005, P.R.CHINA

:32B:CURRENCY CODE, AMOUNT

[USD] [11 200]

:41D:AVAILABLE WITH BY

NANJING COMMERCIAL BANK BY NEGOTIATION

:42C:DRAFTS AT

SIGHT

:42A:DRAWEE

ISSUE BANK

:43P:PARTIAL SHIPMENTS

NOT ALLOWED

:43T:TRANSHIPMENT

NOT ALLOWED

:44A:ON BOARD/DISP/TAKING CHARGE

NANJING

:44B:FOR TRANSPORTATION TO

TORONTO

:44C:LATEST DATE OF SHIPMENT

160920

:45A:DESCRIPTION OF GOODS AND/OR SERVICES

01005 CANNED SWEET CORN, 3060Gx6TINS/CTN, QUANTITY: 800 CARTON
CIF TORONTO, PRICE: USD14/CTN

:46A:DOCUMENTS REQUIRED

+SIGNED COMMERCIAL INVOICE IN 6 COPIES INDICATING CONTRACT NO. CONTRACT01
+FULL SET OF CLEAN ON BOARD BILLS OF LADING MADE OUT TO ORDER AND BLANK ENDORSED, MARKED "FREIGHT TO PREPAID" NOTIFYING THE APPLICANT
+INSURANCE POLICY/CERTIFICATE IN 3 COPIES FOR 110 % OF THE INVOIECE VALUE SHOWING CLAIMS PAYABLE IN CANADA IN CURRENCY OF THE DRAFT, BLANK ENDORSED, COVERING ALL RISKS, WAR RISKS

:47A:ADDITIONAL CONDITIONS

:71B:CHARGES

ALL BANKING CHARGES OUTSIDE THE OPENING BANK ARE FOR BENEFICIARY'S ACCOUNT

:48:PERIOD FOR PRESENTATION

DOCUMENTS MUST BE PRESENTED WITHIN 21 DAYS AFTER DATE OF ISSUANCE OF THE TRANSPORT DOCUMENTS BUT WITHIN THE VALIDITY OF THIS CREDIT

:49:CONFIRMATION INSTRUCTIONS

WITHOUT

:57D:ADVISE THROUGH BANK

附表7 信用证通知书

南京商业银行

Nanjing Commercial Bank

No.19 Lane 32 I Sen Rd, Nanjing 210014, P.R.China
FAX:86-25-27203335

信 用 证 通 知 书

NOTIFICATION OF DOCUMENTARY CREDIT

日期:2016-08-22

TO 致： GRAND WESTERN FOODS CORP. ROOM2501,JIAFA MANSION, BEIJING WEST ROAD, NANJING 210005, P.R.CHINA		WHEN CORRESPOND NG PLEASE QUOTE OUT REF NO.	AD94001A40576
ISSUING BANK开证行 THE CHARTERED BANK P.O.Box99552,Riyadh 22766,KSA		TRANSMITTED TO US THROUGH 转递行 REF NO.	
L/C NO.信用证号 STLCN000001	DATED 开证日期 160820	AMOUNT 金额 [USD] [11 200]	EXPIRY PLACE 有效地 CANADA
EXPIRY DATE 有效期 161015	TENOR 期限 SIGHT	CHARGE 未付费用 RMB0.00	CHARGE BY 费用承担人 BENE
RECEIVED VIA 来证方式 SWIFT	AVAILABLE 是否生效 VALID	TEST/SIGN 印押是否相符 YES	CONFIRM 我行是否保兑 NO

DEAR SIRS 敬启者：
WE HAVE PLEASURE IN ADVISING YOU THAT WE HAVE RECEIVED FROM THE A/M BANK A(N) **LETTER OF CREDIT**, CONTENTS OF WHICH ARE AS PER ATTACHED SHEET(S).
THIS ADVICE AND THE ATTACHED SHEET(S) MUST ACCOMPANY THE RELATIVE DOCUMENTS WHEN PRESENTED FOR NEGOTIATION.
兹通知贵公司，我行收自上述银行信用证一份，现随附通知。贵司交单时，请将本通知书及信用证一并提示。

REMARK备注：
PLEASE NOTE THAT THIS ADVICE DOES NOT CONSTITUTE OUR CONFIRMATION OF THE ABOVE L/C NOR DOES IT CONVEY ANY ENGAGEMENT OR OBLIGATION ON OUT PART.

THIS L/C CONSISTS OF SHEET(S), INCLUDING THE COVERING LETTER AND ATTACHMENT(S).
本信用证连同面函及附件共 张。

IF YOU FIND ANY TERMS AND CONDITIONS IN THE L/C WHICH YOU ARE UNABLE TO COMPLY WITH AND OR ANY ERROR(S), IT IS SUGGESTED THAT YOU CONTACT APPLICANT DIRECTLY FOR NECESSARY AMENDMENT(S) SO AS TO AVOID AND DIFFICULTIES WHICH MAY ARISE WHEN DOCUMENTS ARE PRESENED.
如本信用证中有无法办到的条款及/或错误，请迳与开证申请人联系，进行必要的修改，以排除交单时可能发生的问题。

THIS L/C IS ADVISED SUBJECT TO ICC UCP PUBLICATION NO.500.
本信用证之通知系遵循国际商会跟单信用证统一惯例第500号出版物办理。

此证如有任何问题及疑虑，请与结算业务部审证科联络，电话： 86-25-27293344

YOURS FAITHFULL

FOR *Nanjing Commercial Bank*

附表8 国内买卖合同

买 卖 合 同

合同编号：Order01

卖方： 冠弛股份有限公司 签订时间：2016-08-20

买方： 宏昌国际股份有限公司 签订地点：南京

一、产品名称、品种规格、数量、金额、供货时间：

选择	产品编号	品名规格	计量单位	数量	单价(元)	总金额(元)	交(提)货时间及数量
○	01005	甜玉米罐头 每箱6罐，每罐3060克	CARTON	800	65	52 000	2016年4月16日前工厂交货
		合计：	CARTON	800		52 000	
					[添 加]	[修 改]	[删 除]
合计人民币(大写)	伍万贰仟元整						
备注：							

二、质量要求技术标准、卖方对质量负责的条件和期限：

质量符合国标出口优级品，如因品质问题引起的一切损失及索赔由供方承担，质量异议以本合同产品保质期为限。（产品保质期以商标有效期为准）

三、交(提)货地点、方式：

工厂交货。

四、交（提）货地点及运输方式及费用负担：

集装箱门到门交货，费用由需方承担。

五、包装标准、包装物的供应与回收和费用负担：

纸箱包装符合出口标准，商标由需方无偿提供。

六、验收标准、方法及提出异议期限：

需方代表按出口优级品检验内在品质及外包装，同时供方提供商检放行单或商检换证凭单。

七、结算方式及期限：

需方凭供方提供的增值税发票及相应的税收（出口货物专用）缴款书在供方工厂交货后七个工作日内付款。如果供方未将有关票证备齐，需方扣除17%税款支付给供方，等有关票证齐全后结清余款。

八、违约责任：

违约方支付合同金额的15%违约金。

九、解决合同纠纷的方式：

按《中华人民共和国经济合同法》。

十、本合同一式两份，双方各执一份，效力相同。未尽事宜由双方另行友好协商。

卖 方	买 方
单位名称：	单位名称： 宏昌国际股份有限公司
单位地址：	单位地址： 南京市北京西路嘉发大厦2501室
法人代表或委托人：	法人代表或委托人： 刘铭华
电话：	电话： 86-25-23501213
税务登记号：	税务登记号： 000000000000003
开户银行：	开户银行： 南京商业银行
账号：	账号： SIM-dst011
邮政编码：	邮政编码： 210014

附表 9 货物出运委托书

货物出运委托书

(出口货物明细单) 日期：2016-09-10

根据《中华人民共和国合同法》与《中华人民共和国海商法》的规定，就出口货物委托运输事宜订立本合同。

合同号	Contract01	运输编号	STINV000001
银行编号	dst01	信用证号	STLCN000001
开证银行	THE CHARTERED BANK		
付款方式	L/C		
贸易性质	一般贸易	贸易国别	Canada
运输方式	海运	消费国别	Canada
装运期限	2016-09-20	出口口岸	Nanjing
有效期限	2016-10-15	目的港	Toronto
可否转运	NO	可否分批	NO
运费预付	YES	运费到付	NO

托运人	宏昌国际股份有限公司 南京市北京西路嘉发大厦2501室
抬头人	To order of Carters Trading Company, LLC
通知人	Carters Trading Company, LLC P.O.Box8935,New Terminal, Lata. Vista, Ottawa, Canada

选择	标志唛头	货名规格	件数	数量	毛重	净重	单价	总价
○	CANNED SWEET CORN CANADA C/NO.1-800 MADE IN CHINA	CANNED SWEET CORN 3060Gx6TINS/CTN	800CARTON	800CARTON	16156.8KGS	14688KGS	USD14	USD11200
		TOTAL:	[800][CARTON]	[800][CARTON]	[16156.8][KGS]	[14688][KGS]		[USD][11200]

[添加][修改][删除]

注意事项			
FOB价		[USD][7509.58]	
总体积		[20.5888] [CBM]	
保险单	险别	ICC(A) WAR RISKS	
保险单	保额	[USD][12320]	
保险单	赔偿地点	CANADA	
海关编号		0000000003	
制单员		刘铭华	

受托人（即承运人）		委托人（即托运人）	
名称：		名称：	宏昌国际股份有限公司
电话：		电话：	86-25-23501213
传真：		传真：	86-25-23500638
委托代理人：		委托代理人：	刘铭华

附表 10　　出境货物报检单

中华人民共和国出入境检验检疫

出境货物报检单

报检单位（加盖公章）：宏昌国际股份有限公司　　*编　号 STEPC000001

报检单位登记号：000000000000C　联系人：刘铭华　电话：86-25-2350121　报检日期：2016 年 8 月 20 日

发货人	（中文）	宏昌国际股份有限公司
	（外文）	GRAND WESTERN FOODS CORP.
收货人	（中文）	
	（外文）	Carters Trading Company, LLC

选择	货物名称（中/外文）	H.S.编码	产地	数/重量	货物总值	包装种类及数量
○	甜玉米罐头 每箱6罐，每罐3 060克 CANNED SWEET CORN 3060Gx6TINS/CTN	20168000	China	800CARTON	USD11 200	800CARTON

[添 加] [修 改] [删 除]

运输工具名称号码	Zaandam	贸易方式	一般贸易	货物存放地点	Nanjing CY
合 同 号	Contract01	信用证号	STLCN000001	用途	
发货日期	2016-09-20	输往国家(地区)	Canada	许可证／审批号	
启 运 地	Nanjing	到 达 口 岸	Toronto	生产单位注册号	
集装箱规格、数量及号码					

合同、信用证订立的检验检疫条款或特殊要求	标 记 及 号 码	随附单据（划“√”或补填）	
	CANNED SWEET CORN CANADA C/NO.1-800 MADE IN CHINA	☑合同 ☑信用证 ☑发票 ☐换证凭单 ☑装箱单 ☐厂检单	☐包装性能结果单 ☐许可/审批文件 ☐ ____ ☐ ____ ☐ ____ ☐ ____

需要证单名称（划“√”或补填）		*检验检疫费	
☐品质证书 ＿正＿副 ☐重量证书 ＿正＿副 ☐数量证书 ＿正＿副 ☐兽医卫生证书 ＿正＿副 ☐健康证书 ＿正＿副 ☐卫生证书 ＿正＿副 ☐动物卫生证书 ＿正＿副	☐植物检疫证书 ＿正＿副 ☐熏蒸/消毒证书 ＿正＿副 ☐出境货物换证凭单 ☑通关单 ☐ ____ ☐ ____ ☐ ____	总金额 （人民币元）	
		计费人	
		收费人	

报检人郑重声明：	领 取 证 单	
1. 本人被授权报检。 2. 上列填写内容正确属实，货物无伪造或冒用他人的厂名、标志、认证标志，并承担货物质量责任。	日 期	
签名：刘铭华	签 名	

注：有“*”号栏由出入境检验检疫机关填写　　◆国家出入境检验检疫局制

[1-2 (2000.1.1)]

附表 11 商业发票

ISSUER GRAND WESTERN FOODS CORP. Room2501,Jiafa Mansion, Beijing West Road, Nanjing 210005, P.R.China	商业发票 COMMERCIAL INVOICE
TO Carters Trading Company, LLC P.O.Box8935,New Terminal, Lata. Vista, Ottawa, Canada	**NO.** STINV000001 / **DATE** 2016-08-20
TRANSPORT DETAILS From Nanjing to Toronto on Sep. 10, 2016 By Vessel.	**S/C NO.** Contract01 / **L/C NO.** STLCN000001 **TERMS OF PAYMENT** L/C

Choice	Marks and Numbers	Description of goods	Quantity	Unit Price	Amount
				CIF TORONTO	
○	CANNED SWEET CORN CANADA C/NO.1-800 MADE IN CHINA	CANNED SWEET CORN 3060Gx6TINS/CTN	800CARTON	USD14	USD11 200

[添 加][修 改][删 除]

Total: [800][CARTON] [USD][11 200]

SAY TOTAL: U.S.DOLLARS ELEVEN THOUSAND TWO HUNDRED ONLY

(写备注处)

GRAND WESTERN FOODS CORP. (公司名称)

Minghua Liu (法人签名)

附表 12　**装箱单**

ISSUER	
GRAND WESTERN FOODS CORP. Room2501,Jiafa Mansion, Beijing West Road, Nanjing 210005, P.R.China	**装箱单** **PACKING LIST**
TO Carters Trading Company, LLC P.O.Box8935,New Terminal, Lata. Vista, Ottawa, Canada	**INVOICE NO.**: STINV000001 **DATE**: 2016-08-16

Choice	Marks and Numbers	Description of goods	Package	G.W	N.W	Meas.
○	CANNED SWEET CORN CANADA C/NO.1-800 MADE IN CHINA	CANNED SWEET CORN 3060Gx6TINS/CTN	800CARTON	16 156.8KGS	14 688KGS	20.5888CBM

[添加][修改][删除]

Total:	[800 [CARTON]	[16 156.8 [KGS]	[14 688 [KGS]	[20.5888 [CBM]

SAY TOTAL: EIGHT HUNDRED CARTONS ONLY

(写备注处)

GRAND WESTERN FOODS CORP.(公司名称)
Minghua Liu(法人签名)

附表 13 货物运输保险投保单

货 物 运 输 保 险 投 保 单

投保人： 宏昌国际股份有限公司 投保日期： 2016-08-25

发票号码	STINV000001	投保条款和险别
被保险人	客户抬头 宏昌国际股份有限公司 过户 Carters Trading Company, LLC	( ) PICC CLAUSE (√) ICC CLAUSE ( ) ALL RISKS ( ) W.P.A./W.A. ( ) F.P.A (√) WAR RISKS ( ) S.R.C.C ( ) STRIKE (√) ICC CLAUSE A ( ) ICC CLAUSE B ( ) ICC CLAUSE C ( ) AIR TPT ALL RISKS ( ) AIR TPT RISKS ( ) O/L TPT ALL RISKS ( ) O/L TPT RISKS ( ) TRANSHIPMENT RISKS ( ) W TO W ( ) T.P.N.D. ( ) F.R.E.C. ( ) R.F.W.D. ( ) RISKS OF BREAKAGE ( ) I.O.P.
保险金额	[USD][12 320]	
启运港	Nanjing	
目的港	Toronto	
转内陆		
开航日期	2016-09-10	
船名航次	Zaandam, DY105-09	
赔款地点	Canada	
赔付币别	USD	
保单份数		
其他特别条款		
以下由保险公司填写		
保单号码		签单日期

附表 14 出口收汇核销单

出口收汇核销单
存根

（苏）编号：STECA000001

出口单位：	宏昌国际股份有限公司
单位代码：	00000003-8
出口币种总价：	[USD][11 200]
收汇方式：	L/C
预计收款日期：	2016-10-15
报关日期：	2016-09-10
备注：	
此单报关有效期截止到	

出口收汇核销单

（出口单位盖章）

STECA000001

（苏）编号：STECA000001

出口单位：	宏昌国际股份有限公司			
单位代码：	00000003-8			
银行签注栏	类 别	币种金额	日期	盖 章
		[ ][ ]		
海关签注栏：				
外汇局签注栏：				
		年 月 日(盖章)		

（出口单位盖章）

（海关盖章）

出口收汇核销单
出口退税专用

（苏）编号：STECA000001

出口单位：	宏昌国际股份有限公司		
单位代码：	00000003-8		
选择	货物名称	数 量	币种总价
○	食品	800 Carton	[USD] [11 200]
	[添 加] [修 改] [删 除]		
报关单编号：			
外汇局签注栏：			
		年 月 日(盖章)	

未经核销此联不得撕开

附表15 出口货物报关单

中华人民共和国海关出口货物报关单

预录入编号：DS9110002 海关编号：

出口口岸 NANJING PORT	备案号	出口日期 2016-09-10	申报日期 2016-09-10
经营单位 宏昌国际股份有限公司,0000000003	运输方式 江海运输	运输工具名称 Zaandam	提运单号
发货单位 宏昌国际股份有限公司,0000000003	贸易方式 一般贸易	征免性质 一般征税	结汇方式 L/C
许可证号	运抵国（地区） Canada	指运港 Toronto	境内货源地 Nanjing
批准文号	成交方式 CIF	运费 [USD][3 582]	保费 [USD][108.4:] 杂费 [ ][ ]
合同协议号 Contract01	件数 800	包装种类 CARTON	毛重(千克) 16 156.8 净重(千克) 14 688
集装箱号 TBXU3605231*1	随附单据 INVOICE, PACKING LIST,		生产厂家

标记唛码及备注

CANNED SWEET CORN
CANADA
C/NO.1-800
MADE IN CHINA

选择	项号	商品编号	商品名称、规格型号	数量及单位	最终目的国(地区)	单价	总价	币制	征免
C	1	01005	甜玉米罐头每箱6罐，每罐3060克	800CARTON	Canada	14	11 200	USD	一般征税

[添 加] [修 改] [删 除]

税费征收情况

录入员 录入单位	兹声明以上申报无讹并承担法律责任	海关审单批注及放行日期(签章)
报关员 刘铭华	申报单位（签章）	审单 审价
单位地址 南京市北京西路嘉发大厦2501室		征税 统计
邮编 210005 电话 86-25-235012	填制日期 2016-09-10	查验 放行

附表 16

装船通知

SHIPPING ADVICE

Invoice No. STINV000001

Date: 2016-09-10

Messrs.

Carters Trading Company, LLC
P.O.Box8935,New Terminal, Lata. Vista, Ottawa, Canada

Particulars

1.L/C No. STLCN000001

2.Purchase order No. Contract01

3.Vessel: Zaandam

4.Port of Loading: Nanjing

5.Port of Dischagre: Toronto

6.On Board Date: 2016-09-10

7.Estimated Time of Arrival: 2016-09-22

8.Container: 20' X 1

9.Freight [USD] [3 582]

10.Description of Goods:

CANNED SWEET CORN
3060Gx6TINS/CTN

11.Quantity:[800] [CARTON]

12.Invoice Total Amount: [USD] [11 200]

Documents enclosed

1.Commercial Invoice: 1

2.Packing List: 1

3.Bill of Lading: 1(Duplicate)

4.Insurance Policy: 1(Duplicate) 2 Copies

Very truly yours, GRAND WESTERN FOODS CORP.
Minghua liu

Manager of Foreign Trade Dept.

附表 17

普惠制产地证明书

ORIGINAL

1.Goods consigned from (Exporter's business name, address, country) GRAND WESTERN FOODS CORP. Room2501,Jiafa Mansion, Beijing West Road, Nanjing 210005, P.R.China	Reference No. STGSP000001 **GENERALIZED SYSTEM OF PREFERENCES CERTIFICATE OF ORIGIN** (Combined declaration and certificate) **FORM A** Issued in **THE PEOPLE'S REPUBLIC OF CHINA** (country)
2.Goods consigned to (Consignee's name, address, country) Carters Trading Company, LLC P.O.Box8935,New Terminal, Lata. Vista, Ottawa, Canada	
3.Means of transport and route (as far as known) From Nanjing to Toronto On Sep. 10, 2016 By Vessel.	4.For official use

Choice	Item number	6.Marks and numbers of packages	7.Number and kind of packages; description of goods	8.Origin criterion (see Notes overleaf)	9.Gross weight or other quantity	10.Number and date of invoices
○	1	CANNED SWEET CORN CANADA C/NO.1-800 MADE IN CHINA	800 CARTONS (EIGHT HUNDRED CARTONS ONLY) OF CANNED SWEET CORN 3 060Gx6TINS/CTN	"P"	16 156.8KGS	STINV000001 Aug 20,2016

[添 加] [修 改] [删 除]

11.Declaration by the exporter **It is hereby certified, on the basis of control carried out, that the declaration by the exporter is correct.** **Place and date, signature and stamp of certifying authority**	12.Certification **The undersigned hereby declares that the above details and statements are correct, that all the goods were** produced in **CHINA** (country) and that they comply with the origin requirements specified for those goods in the Generalized System of Preferences for goods exported to **Place and date, signature and stamp of authorized signatory**

附表 18　　汇票

BILL OF EXCHANGE

No. STDFT000001　　　　Dated 2016-08-30

Exchange for USD 11 200

At ---- Sight of this FIRST of Exchange

(Second of exchange being unpaid)

Pay to the Order of Nanjing Commercial Bank

the sum of U.S.DOLLARS NINE THOUSAND SIX HUNDRED ONLY

Drawn under L/C No. STLCN000001　　　　Dated 2016-08-20

Issued by THE CHARTERED BANK

To Carters Trading Company, LLC
P.O.Box8935,New Terminal, Lata. Vista, Ottawa,
Canada

GRAND WESTERN FOODS CORP.

(Authorized Signature)

附表 19　　出口收汇核销单送审登记表

出口收汇核销单送审登记表

出口单位：宏昌国际股份有限公司　　　　送审日期：2016 年 10 月 12 日

核销单编号	发票编号	商品大类	国别地区	贸易方式	结算方式	报关日期	货款			收汇核销金额
							币别	报关金额	FOB金额	
STECA000001	STINV0000(	食品	Canada	一般贸易	L/C	2016-09-10	USD	11 200	7 509.58	[USD] [11 200]

第一联　外汇局留存

出口单位填表人：刘铭华　　　　外汇局审核人：

附表 20　　入境货物报检单

中华人民共和国出入境检验检疫

入境货物报检单

报检单位（加盖公章）：Carters Trading Company, LLC　　　　*编　号 STIPC000001

报检单位登记号：000000000000C　联系人：Carter　电话：001613789350　报检日期：2016年 9 月 22 日

收货人	（中文）	企业性质(划“√”)	☑ 合资 ☐ 合作 ☐ 外资
	（外文）Carters Trading Company, LLC		
发货人	（中文）宏昌国际股份有限公司		
	（外文）GRAND WESTERN FOODS CORP.		

选择	货物名称（中/外文）	H.S.编码	原产国(地区)	数/重量	货物总值	包装种类及数量
C	CANNED SWEET CORN 3 060Gx6TINS/CTN	20168000	Nanjing	800CARTON	USD11 200	800CARTON

[添 加][修 改][删 除]

运输工具名称号码	Zaandam			合同号	Contract01
贸易方式	一般贸易	贸易国别(地区)	Canada	提单/运单号	STBLN000001
到货日期	2016-09-22	启运国家(地区)	China	许可证/审批号	
卸毕日期	2016-09-22	启运口岸	Nanjing	入境口岸	Toronto
索赔有效期至	2016-09-30	经停口岸		目的地	
集装箱规格、数量及号码	TBXU3605231*1*20'				
合同订立的特殊条款以及其他要求				货物存放地点	
				用途	

随附单据（划“√”或补填）		标记及号码	*外商投资财产(划“√”) ☐ 是 ☐ 否
☑合同	☐到货通知	CANNED SWEET CORN CANADA C/NO.1-800 MADE IN CHINA	*检验检疫费
☑发票	☑装箱单		
☑提/运单	☐质保书		总金额（人民币元）
☐兽医卫生证书	☐理货清单		
☐植物检疫证书	☐磅码单		计费人
☐动物检疫证书	☐验收报告		
☐卫生证书	☐		收费人
☐原产地证	☐		
☐许可/审批文件	☐		

报检人郑重声明： 1.本人被授权报检。 2.上列填写内容正确属实。 签名：Carter	领取证单 日期 签名

注：有“*”号栏由出入境检验检疫机关填写　　　　◆国家出入境检验检疫局制

[1-2 (2000.1.1)]

附表 21 进口货物报关单

中华人民共和国海关进口货物报关单

预录入编号：012004516-1 海关编号：

进口口岸 Toronto Port	备案号		进口日期 2016-09-22	申报日期 2016-09-22
经营单位 Carters Trading Company, LLC, 0000000005	运输方式 江海运输	运输工具名称 Zaandam		提运单号 STBLN000001
收货单位 Carters Trading Company, LLC, 0000000005	贸易方式 一般贸易		征免性质 一般征税	征税比例
许可证号	起运国（地区） China	装货港 Nanjing		境内目的地
批准文号	成交方式 CIF	运费 [USD] [3 582]	保费 [USD] [108.4]	杂费 [ ] [ ]
合同协议号 Contract01	件数 800	包装种类 CARTON	毛重(千克) 16 156.8	净重(千克) 14 688
集装箱号 TBXU3605231*1	随附单据 INVOICE,PACKING LIST			用途

标记唛码及备注

CANNED SWEET CORN
CANADA
C/NO.1-800
MADE IN CHINA

选择	项号	商品编号	商品名称、规格型号	数量及单位	最终目的国(地区)	单价	总价	币制	征免
○	1	01005	CANNED SWEET CORN3 060Gx6TINS/CTN	800CARTON	Canada	14	11 200	USD	一般征税

[添 加][修 改][删 除]

税费征收情况

录入员 录入单位	兹声明以上申报无讹并承担法律责任	海关审单批注及放行日期(签章)
报关员 Carter	申报单位（签章）	审单 审价
单位地址 P.O.Box8935,New Terminal, Lata. Vista, Ottawa, Canada		征税 统计
邮编 电话 0016137893503	填制日期 2016-09-22	查验 放行

附表22　　　　进口付汇到货核销表

2016 年　9 月贸易进口付汇到货核销表

进口单位名称：Carters Trading Company, LLC　　进口单位编码：00000005-8　　核销表编号：STICE000001

付汇情况								报关到货情况							
序号	核销单号	备案表号	付汇币种金额	付汇日期	结算方式	付汇银行名称	应到货日期	报关单号	到货企业名称	报关币种金额	报关日期	与付汇差额		凭报关单付汇	备注
												退汇	其它		
1	STICA00000		[USD][11 200	2016-09-22	L/C	THE CHARTERED BANK	2016-09-22	STIAC00000	Carters Trading Company,	[USD][11 200]	2016-09-22				

付汇合计笔数：	付汇合计金额：	到货报关合计笔数：	到货报关合计金额：	退汇合计金额：	凭报关单付汇合计金额：
1	[USD][11 200]	1	[USD][11 200]	[ ][ ]	[ ][ ]
至本月累计笔数：	至本月累计金额：	至本月累计笔数：	至本月累计金额：	至本月累计金额：	至本月累计金额：
	[ ][ ]		[ ][ ]	[ ][ ]	[ ][ ]

填表人：Carter　　负责人：Carter　　填表日期：2016 年 9 月 22 日

第二联：进口单位留存　　本核销表内容无讹。

第二部分

英　文

Chapter 1

Preparation for Practical Training

Based on the investigation and research on the teaching characteristics, application effect and application prospect of simulation software, as well as the theoretical basis and technical feasibility of the software platform, Seger Software Company puts forward the new concept of "SimTrade Foreign Trade Training Platform", which is a simulation teaching in the Internet era. The SimTrade foreign trade training platform developed by which solves the problem of students' training to a large extent, and becomes the mainstream platform of comprehensive training of international trade major in colleges and universities at present. Therefore, the guidance book is based on SimTrade foreign trade training platform to carry out comprehensive training of international trade.

Section 1 Objectives of Comprehensive Training

In professional education, practical training is an important practical teaching link. The comprehensive training of international trade is a necessary link for international economy and trade and other related majors to engage in the practical operation of international trade. Through comprehensive training and simulation of authentic practical operation process and scene, students can be familiar with the specific operation process of foreign trade practice, enhance their perceptual knowledge, further understand, consolidate and deepen the theories and methods they have learned, and improve their ability to find, analyze and solve problems. At the same time, through group cooperation and other practical training methods, cultivate their team spirit and leadership coordination ability.

Students are required to carry out the specific operation of international goods trading practice on SimTrade foreign trade training platform, quickly master the basic skills of import and export cost accounting, inquiry, offer and counter offer; be familiar with the operation mode of international trade logistics, capital flow and business flow; be aware of the specific work faced by different parties in international trade and the interaction between them, and learn how foreign trade companies control costs in various ways to maximize profits; understand the balance of supply and demand, competition and other macro-economic phenomena, and make reasonable use of them. Through publishing news on the website, adjusting the cost and price of goods, adjusting the exchange rate and various rates, the teacher implements macro-control on the international trade environment, so that students can give full play to their subjective initiative in the practical training, truly understand and absorb the knowledge learned in the classroom, and lay a good foundation for future work.

The main contents of comprehensive training are as follows:

1. Be familiar with and master the practical application of general trade.

2. Participate in the negotiation of international trade contracts, be familiar with the practical process of inquiry, offer, counter offer and acceptance, and master the specific provisions and expressions of contract terms.

3. Master the contents of goods, certificates, ships, funds, etc. during the performance of the contract for the sale of goods in international trade.

4. Understand the settlement method of payment in international trade, be familiar with and master the settlement procedures and application skills of L / C , D / P, D / A and T / T.

5. Be familiar with and master the application, opening and review points of L / C.

6. Be familiar with the specific operation of marine transportation.

7. Be familiar with the preparation and application skills of various documents.

8. Understand how to reduce risks in the transportation of goods in international trade, and be familiar with and master the details and application skills of price terms CIF, CFR and FOB.

9. Master the operation of customs declaration, insurance claim settlement, export tax refund and other foreign trade practice processes.

Section 2 Requirements for Practical Training of Students

1. Abide by relevant laws and regulations, and shall not make illegal comments on the Internet.

2. Prepare carefully according to the training content, actively carry out investigation activities, study hard, and keep a training diary.

3. During the training, students should do more business as much as possible and master the main business and operation skills related to import and export business.

4. Each role must complete the following tasks:

(1) Exporter: at least 4 export businesses (1 for L / C, 1 for D / P, 1 for D / A and 1 for T / T).

(2) Importer: at least 4 import businesses (1 for L / C, 1 for D / P, 1 for D / A and 1 for T / T).

(3) Factory: complete at least 3 sales contracts.

(4) Bank in the place of import: to complete the examination and approval of the letter of credit application and the issuance and examination of documents.

(5) Bank in the place of export: to complete the examination of certificates and documents.

5. Complete the training report on some aspects of the following specific business operations:

(1) Independent business planning.

(2) Master the basic skills of using network resources to find favorable information, and use the network to publish advertisements and search information.

(3) Establish partnerships with business partners.

(4) Accounting of cost, expense and profit.

(5) Inquiry, offer, counter offer, acceptance.

(6) Signing of export sales contract.

(7) Application and opening of L / C.

(8) Review and amendment of L / C.

(9) Signing of domestic sales contract.

(10) Chartering and booking.

(11) Insurance and claim for import and export goods.

(12) Handle import and export inspection application.

(13) Handle import and export declaration.

(14) Prepare documents for inspection, declaration and negotiation.

(15) The bank deals with negotiation and settlement of foreign exchange.

(16) Apply for export tax refund after verification.

(17) Specific implementation of common trade terms (CIF, CFR, FOB).

(18) Specific implementation of common settlement methods (L / C, D / P, D / A, T / T).

Chapter 2

Teacher Preparation

Section 1　Introduction to Teacher Interface

1. Users (Student Management)

Assign the roles of importer, exporter, factory, import bank and export bank.

View related topics: training account management.

2. Score (Student Assessment)

After the teacher marks the students, the general branch of the students is shown in the list.

View related topics: training score.

3. Analysis (Performance Analysis)

After the teacher scores the students, the teacher can view the analysis chart of students' ability and performance on this page.

View related topics: score analysis.

4. Products (Basic Information)

Set and adjust all basic data, including commodity data, exchange rate setting, country setting, inland port and foreign port setting, insurance premium, tax rate, other system expenses, etc. , in which data such as tax rate and insurance premium can only be viewed and cannot be modified.

View related topics: basic data adjustment.

5. Message (Information Management)

Contents of management notice, market information and trading information.

The teacher can use "notice" to tell the whole class the requirements of this training and other contents. Students can click the title in the notice area of "taojin. com" to view the details. Since each administrator (teacher) can send out multiple notifications, the system will display them in reverse order of notification date. If the content is similar, it is suggested that each class keep only the latest notice to avoid confusion.

Here, the teacher can issue and manage notices, market information, exporters, importers and factories. Among them, the published notice content is displayed in the "notice" column on the left side of the "gold rush" screen, and the market information is displayed in the market information section on the home page of "gold rush". For the problematic or illegal trading information content, the teacher can delete it in the "exporter's publishing information, importer's publishing information, and factory's publishing information".

6. Settings (System Parameters)

Set basic parameters and scoring standards.

In the basic parameters, you can increase the difficulty of the training by asking the exporter and importer to make a budget table and allowing the document check function.

View related topics: set training difficulty.

7. Mail (My Mail)

Click this button to enter the mail system, where you can contact each user by mail.

(1) Open mail system.

After logging in successfully, click the "mail (my mail)" button at the top of the screen to open the mail system.

Note: users should often read the new email information during the training so as to gain more business opportunities.

(2) Send a new message.

Operation steps:

A. Click "new" at the top left.

B. Fill in the addressee, subject, contract number and content. Among them, the addressee must write the email address of the trading partner (which can be found in the company database), and the contract number shall be filled in the relevant contract number of the email. If no contract is involved in sending the email, the column of contract number may not be filled in.

C. After writing, click the "send" button at the top left of the email screen to finish sending the new email. At this time, you can click "sent mail" to confirm whether the mail sending information is correct.

Note: the contact information of the sending company shall be written under the signature of the full text when sending the email, so as to facilitate the contact of the other party.

(3) Receive mail.

In the inbox, SimTrade manages the information of exporters, importers, factories, banks at the place of export, banks at the place of import, administrators, teachers and the system respectively. Users should check the new mail in time to avoid missing the good opportunity.

View related topics: use of mail system.

8. B2B (Gold Rush)

"Gold rush" is a simulated B to B e-commerce center in SimTrade, which provides a fully simulated international business environment. Users can find notices, today's exchange rates, and detailed information of factories, exporters and importers on various pages; keyword search function helps users quickly find the required supply and demand information, company and product information; and provides greater space for foreign trade training.

View related topics: taojin. com.

9. Help (Help)

If you have any questions, please click this button for online help.

10. Exit (Exit)

Click here to exit the teacher operation page.

Section 2 Training Account Management

1. Distribution principle of training account

To allocate training account, please follow the following principles:

(1) Assign the training role with the student number to avoid confusion of the same name.

(2) The system has five roles for students: exporter, importer, factory, bank of the place of export and bank of the place of import. Teachers can arrange students to act as required.

(3) Each teacher can only manage the students of the class. If a teacher needs to manage multiple classes, the teacher can assign the students of these classes to his own name, or log in to the training account assigned to each class.

2. Distribution method of training account

After the teacher logs in with his account number, click the second button at the top of the screen to enter the "users (student management)" screen. Here, teachers can assign one student to play various roles at a time, or assign multiple students to play various roles at a time.

(1) Assign one student to each role at a time.

Operation steps:

A. In the "users (student management)" screen, click the "add" button.

B. Enter the student number, name and password, and select user category (as shown in the Figure 2-1).

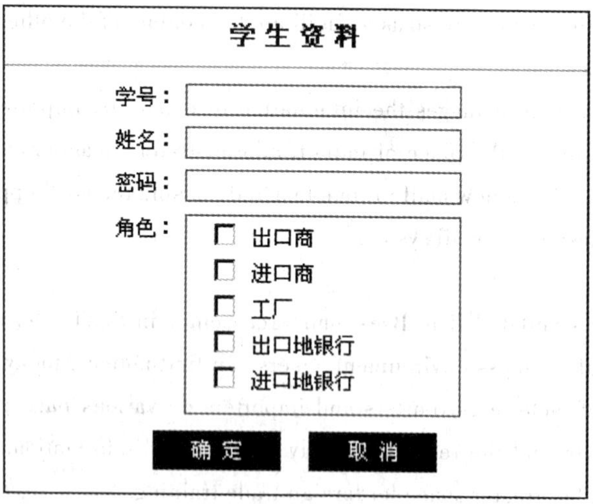

Figure 2-1 Adding student information

C. Click "OK" to complete the assignment of the student's training account.

(2) Assign multiple students to each role at a time.

Operation steps:

A. In the "users (student management)" screen, click the "batch add" button.

B. Enter the student number range and select the user category. For example, there are 50 students in class 91 of international trade, whose student number is 1629101-1629150. To assign the roles of "exporter, importer, factory, bank of the place of export, bank of the place of import" to each of these 50 students, the allocation method of batch increase is shown in the Figure 2-2.

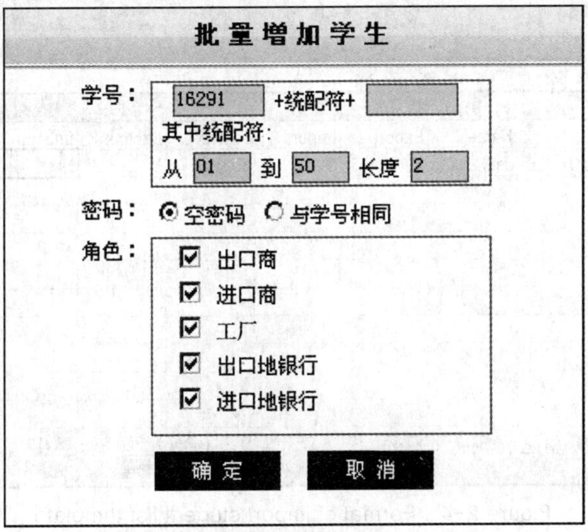

Figure 2-2 Adding student information in batch

C. Click the "OK" button to complete the account assignment of these students.

Note: in this way, the column of student's name is blank. If you want to display the student's name, you need to click the teacher to modify one by one.

In addition, when the teacher creates a student account, the system will automatically assign the country of each role of the student. The teacher can click the underlined letter of the corresponding role of the student to modify the country, currency and current assets of the student.

(3) Import student list.

If the teacher has made a list of students in excel, the student number and list can be directly imported into the system by importing the list of students, so as to reduce the trouble of teachers adding students.

Operation steps:

A. Download the template in the "import student list" interface. As shown in the Figure 2-3.

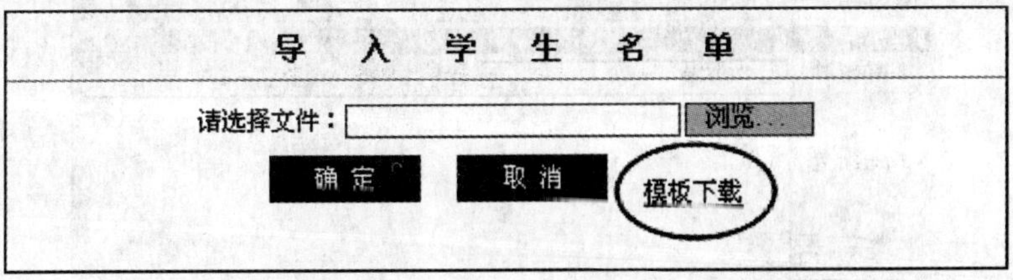

Figure 2-3 Downloading template of student list

B. Open the template and copy the student list (where ID column is student number, and name column is name). At the same time, enter "Y" or "N" in the position of the corresponding role ("Y" means to select this role, and "N" means vice versa). If the content in the excel file is set to other settings, the system will not recognize it. As shown in the Figure 2-4.

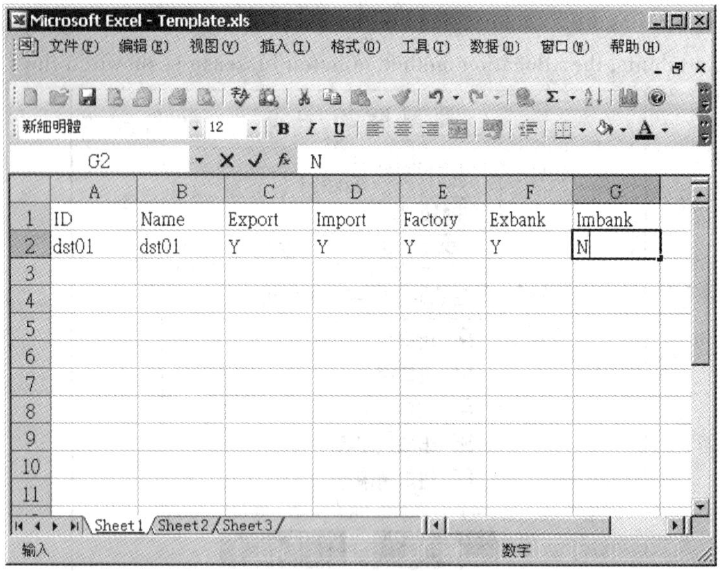

Figure 2-4　Format of import student list template

C. Save the edited excel document with the saving type of "*. csv". As shown in the Figure 2-5.

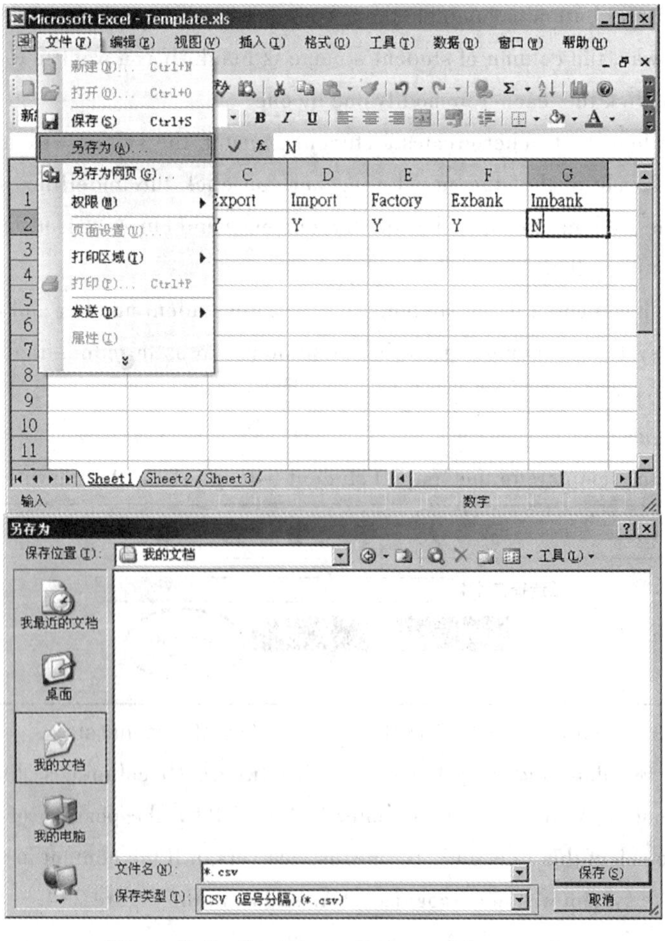

Figure 2-5　Saving student excel document

D. Click the "save" button, the system will pop up a warning dialog box, and click "OK" (see the Figure 2-6).

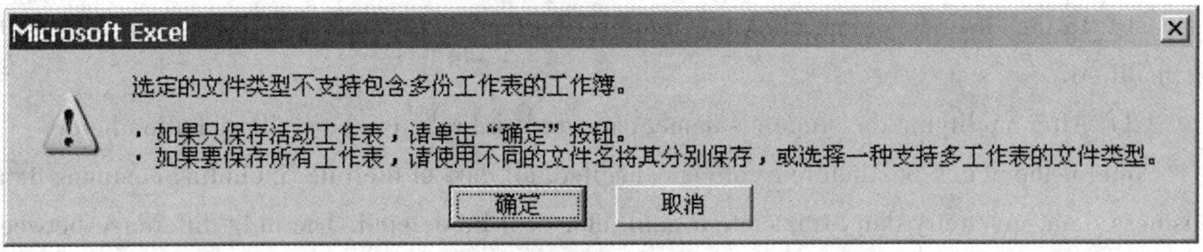

Figure 2-6 Click the warning dialog box

E. On the "users" page, click "import student list" to open the dialog box. Click browse and select the saved "*. csv" file. Click "confirm" to import the student list.

3. How to allocate account number according to training requirements

There are three ways to allocate account numbers according to the training requirements. Please adjust or supplement according to your own teaching requirements.

Method 1:

Each student is assigned five roles of account numbers. Students use these five accounts to make transactions with themselves or others, so that each student can gradually use them.

This method helps students to be familiar with the operating environment of different roles in a short period of time. In addition, without the cooperation of other trading partners, students can also use their own five accounts to complete foreign trade business, with a high degree of freedom. However, due to the role of students themselves, they may find friends to cooperate, which is easy to happen in order to pursue profits and complete the business process, while ignoring the communication, letter of credit application, verification, document production, and document verification.

Method 2:

Each student is assigned five role accounts, and each training is conducted in a group unit. Each group of five students plays different roles and cooperates with each other.

This method is suitable for group practice of designated personnel. After five successful training, each student has a deep understanding of the five roles. However, because the work of exporters is more and the work of banks is relatively simple, it is easy to happen that everyone is waiting for exporters to complete the corresponding work before proceeding to the next step. In addition, if you do T / T business, the bank's work is relatively less, so if you use this method for training, the teacher may need to specify the settlement method of this training as the case may be.

Method 3:

During each training, only one role is assigned to each student, and the trading partner can be freely selected within the scope designated by the teacher. All of them form a relatively complex environment to conduct simulation trade. Suggested proportion (take 20 students as an example): 10 exporters, 4 importers, 4 factories, 1 bank in the place of export and 1 bank in the place of import.

The trading partner's selectivity, competition and freedom of this method are between the two methods mentioned above, which are more popular with teachers and students.

4. Modify training account

Operation steps:

(1) In the "users" screen, click the "modify" button corresponding to the student account to be modified.

(2) After modifying the student's name, password and role, click the "OK" button below.

Note: if the check box before a role is cancelled, all data of the role (including company data, business data, inventory data, transaction mail, etc.)will be deleted. The only difference between the delete functions is that the specified role data can be deleted here, and the delete function is to delete all the data including the student number.

5. Modify a role information

Operation steps:

(1) In the "users" screen, click the underlined "Y" letter corresponding to the role to be modified.

(2) Modify the student's country and currency (only the importer's country and currency can be modified, and other roles are the system default). You can also increase or decrease the student's current assets. Click the "OK" button below after completion. In the bank's role information, there is an item "become automatic bank". If this item is checked, all businesses of the bank will be automatically completed by the system, and students are not required to operate by themselves.

6. Delete training account

Operation steps:

In the "users" screen, click the "delete" button corresponding to the student account to be modified, and all data including student number will be deleted.

Section 3 Adjustment of Basic Data

1. Adjust commodity information

On the teacher specific management screen, click the fifth "products" button at the top, and then click the first "commodity basic data", the commodity basic data list will appear, as shown in the Figure 2-7.

(1) Add commodity information.

Click the "add" button, input relevant data, and then click the "OK" button at the bottom of the screen.

(2) Delete commodity information.

Click the "delete" button corresponding to the commodity to be deleted to delete the commodity data.

Note: once any product is deleted, its related data cannot be recovered. Please use this function with caution.

(3) Modify commodity information.

Click the "modify" button corresponding to the goods to be modified in the above figure, enter

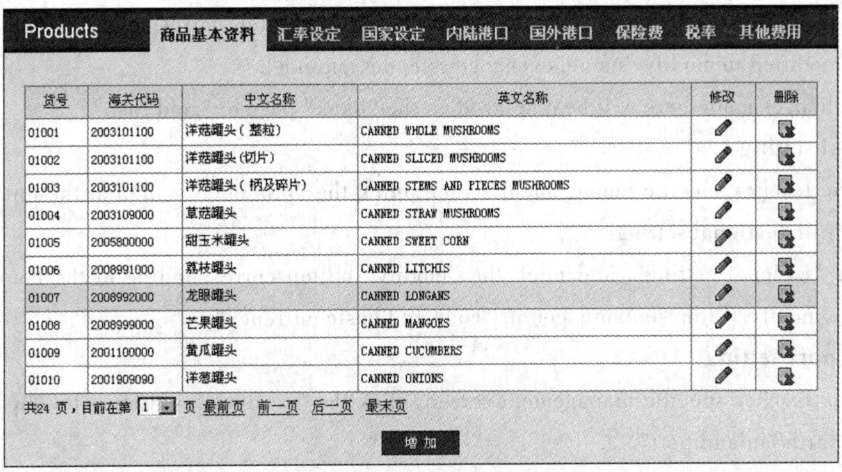

货号	海关代码	中文名称	英文名称	修改	删除
01001	2003101100	洋菇罐头(整粒)	CANNED WHOLE MUSHROOMS		
01002	2003101100	洋菇罐头(切片)	CANNED SLICED MUSHROOMS		
01003	2003101100	洋菇罐头(柄及碎片)	CANNED STEMS AND PIECES MUSHROOMS		
01004	2003109000	草菇罐头	CANNED STRAW MUSHROOMS		
01005	2005800000	甜玉米罐头	CANNED SWEET CORN		
01006	2008991000	荔枝罐头	CANNED LITCHIS		
01007	2008992000	龙眼罐头	CANNED LONGANS		
01008	2008999000	芒果罐头	CANNED MANGOES		
01009	2001100000	黄瓜罐头	CANNED CUCUMBERS		
01010	2001909090	洋葱罐头	CANNED ONIONS		

Figure 2-7 Basic information of commodities

the detailed information screen of the goods to be modified, and then click the "OK" button (as shown in the following Figure 2-8). If you click the "cancel" button, you can return to the picture above.

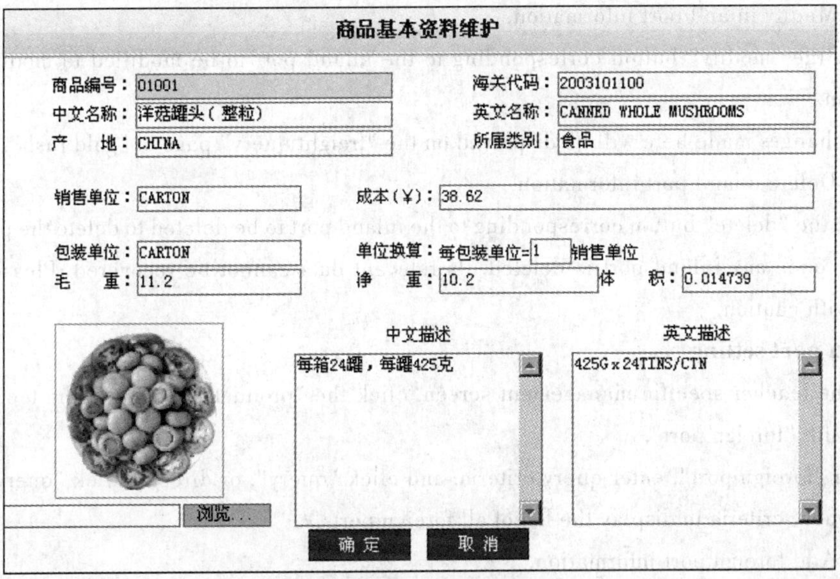

Figure 2-8 Modifying commodity information

Among them, gross weight, net weight and volume are all for a packaging unit; when setting unit conversion, please note that it is consistent with the description in Chinese and English, cost refers to the production cost of the factory, corresponding to each sales unit.

(4) Modify or add product picture.

In the picture above, select the directory of the picture through "browse" and insert the picture.

Note: it is better to use GIF or JPG format pictures, and the size is recommended to be about 120 * 120 (pixels).

2. Adjust exchange rate

On the teacher specific management screen, click the "products" button at the top, and then click the second "exchange rate setting".

Enter "exchange rate setting", and click the "modify" button corresponding to the exchange rate to be modified to modify "name, exchange rate, description".

The changes made here will be displayed on the "bank" page of "gold rush".

3. National setting

On the teacher specific management screen, click the "products" button at the top, and then click the third "national setting".

Enter "national setting", and click the "modify" button corresponding to the country to be modified to modify "Chinese name, country code and basic currency".

4. Inland port setting

On the teacher specific management screen, click the "products" button at the top, and then click the fourth "inland port".

（1） Add inland port information.

Click the "add" button, input relevant data, and then click the "OK" button at the bottom of the screen.

（2） Modify inland port information.

Click the "modify" button corresponding to the inland port to be modified to modify various information.

The changes made here will be displayed on the "freight query" page of "gold rush".

（3） Delete inland port information.

Click the "delete" button corresponding to the inland port to be deleted to delete the port data.

Note: once any inland port is deleted, its relevant data cannot be recovered. Please use this function with caution.

5. Foreign port setting

On the teacher specific management screen, click the "products" button at the top, and then click the fifth "foreign port".

Enter "foreign port", enter query criteria, and click "query", or directly click "query" without entering query criteria to display the list of all foreign ports.

（1） Add foreign port information.

Click the "add" button, input relevant data, and then click the "OK" button at the bottom of the screen.

（2） Modify foreign port information.

Click the "modify" button corresponding to the foreign port to be modified to modify various data.

The changes made here will be displayed on the "freight query" page of "gold rush".

（3） Delete foreign port information.

Click the "delete" button corresponding to the foreign port to be deleted to delete the port data.

Note: once any foreign port is deleted, its relevant data cannot be recovered. Please use this function with caution.

6. Adjust insurance premium

On the teacher specific management screen, click the "products" button at the top, and then click the sixth "insurance premium".

Enter the "insurance premium" screen, click the "modify" button corresponding to the insurance type to be modified to modify the name of the insurance type, the insurance rate and the additional insurance conditions.

The changes made here will be displayed on the "insurance premium" page of "B2B" in time.

7. Adjust other expenses of the system

On the teacher specific management screen, click the "products" button at the top, and then click the eighth "other expenses".

Enter the "other expenses" screen, click the "modification" button corresponding to the expenses to be modified, and you can modify the name, expense and description.

The changes made here will be displayed on the "other expenses" page of "B2B".

Section 4 Set the Training Difficulty

On the teacher specific management screen, click the seventh button on the top to enter the "Settings" screen (as shown in the Figure 2-9).

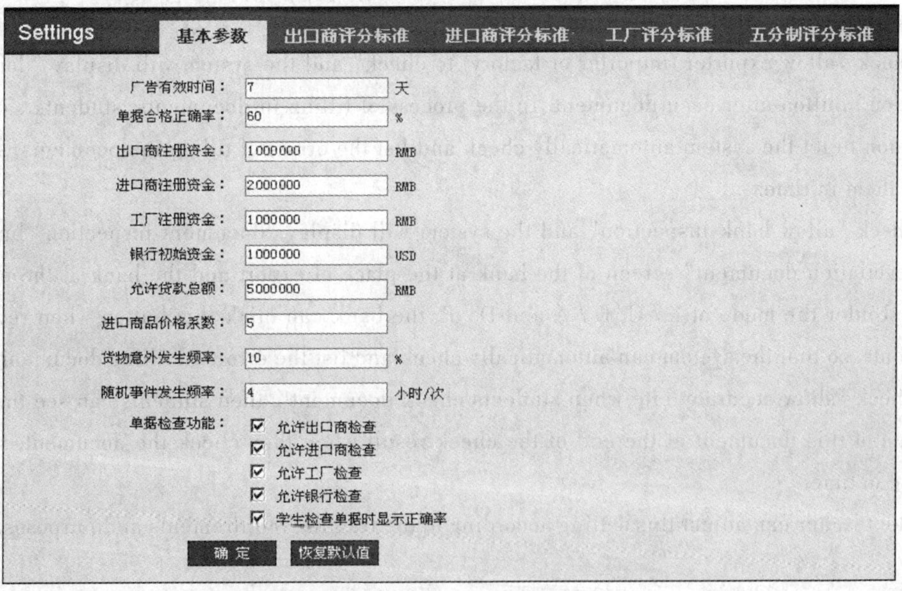

Figure 2-9 Setting system basic parameter

1. Set the qualified accuracy rate of documents

In SimTrade, the system will give score for the documents filled in by students. The teacher can set the qualified accuracy rate of the documents here, and require students' documents to reach this accuracy rate, so as to urge students to fill in the documents carefully. If the qualified accuracy rate of documents is set, students can only apply for inspection, customs declaration, insurance and other related operations when filling in the correct part of each document in the process of transaction.

2. Set the basic funds for users

Here, the teacher can set the basic funds of the company and the bank respectively, input the basic funds in the box of the corresponding role, and then add users, that is, use the amount set here as the registered funds of each role.

3. Adjust the price coefficient of imported goods

The price coefficient here is the ratio of the factory production cost to the importer's sales price. The teacher can adjust it and control the increase and decrease of the profit space when students trade by increasing and decreasing the price coefficient.

4. Set the frequency of cargo accidents and random events

In SimTrade, accidents may occur during the transportation of goods; at the same time, there are some random events in the system, including the fluctuation of commodity price, the adjustment of basic freight of each port and the fluctuation of exchange rate (among them, the fluctuation of commodity price is within ± 30%, the adjustment of basic freight of port is within ± 50%, and the fluctuation of exchange rate is around ± 1%). The teacher can set here how many hours these events will occur, for example, fill in "3", then every three hours, a random event will occur, and the type of event is randomly arranged by the system. After the event, relevant information will be displayed in the "market information" on the home page of "B2B (gold rush)".

5. Set whether to allow document inspection

Check "allow exporter (importer or factory) to check" and the system will display "document inspection" button after each document. In the process of filling in documents, students can click this button to let the system automatically check and list the errors of filling in documents, so as to correct them in time.

Check "allow bank inspection" and the system will display "document inspection" button in the "negotiation document" screen of the bank at the place of export and the bank at the place of import. Under the mode of L / C, D / A and D / P, the bank can click this button when reviewing documents, so that the system can automatically check and list the errors in filling documents.

Check "show accuracy rate when students check document", then students can see the accuracy rate of this document at the end of the check result when they check the document, so as to improve in time.

The teacher can adjust this setting according to the training requirements and purposes.

Section 5 Practical Training Score and Performance Analysis

1. Scoring standards setting

On the teacher specific management screen, click the "Settings" button at the top, and then click the scoring standards of exporters, importers and factories respectively to enter the scoring standards screen (as shown in the Figure 2-10).

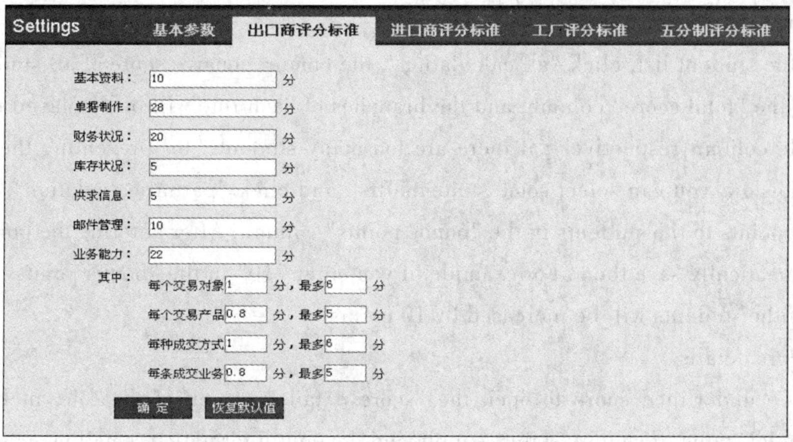

Figure 2-10 Setting of scoring criteria for each role

Here, the teacher can set the scoring standards for exporters, importers and factories. The scoring standards include seven items: basic information, document making, financial status, inventory status, supply and demand information, mail management, business capacity. The teacher can set the score, the total score of seven items is 100 points. Among them, basic information is designed to prevent students from no filling in the data seriously, business capacity includes four items: each trading partner, each trading product, each trading method and each trading business. Because the training focuses on the import and export business, and the bank involves little work, so the bank role does not participate in the scoring.

After the scoring standards setting is completed, go to the "score" screen, click "calculate total score" button, the system has a set of calculation formula, which will automatically calculate the comprehensive training score according to the scoring standards and the training data of students. After the calculation is completed, the ranking of each role company will be listed in the "on the list" of the "company library" of taojin. com.

2. Training score

During or after the training, the teacher clicks the third button at the top to enter the "score" screen, where you can comprehensively score all the roles played by the students in the class. As shown in the Figure 2-11.

Figure 2-11 Students training score

(1) Comprehensive score.

Under the student list, click "all calculation", the comprehensive score of all students will be displayed in the "total score" column, and the branches of each role will be displayed in the corresponding role column respectively; if there are too many students, for preventing the calculation process is too slow, you can select some students first, and click "partial calculation". The teacher can also add points to the students in the "bonus points" column. After entering the points, the system will automatically save them. For example, if you enter "10" in the "bonus points" column, the total score of the students will be increased by 10 points.

(2) Score details.

Click the underlined score to open the "score details" screen of the role, including seven scores: financial status, inventory status, supply and demand information, email management, business capacity, documents, and basic data. The teacher can view the details of each score, and click the corresponding information, email, contract and document name to view the relevant content.

(3) Print report card.

In the "score details" screen, the teacher can right-click to select "print", or directly press "Ctrl+P" on the keyboard to print the report card.

3. Analysis standards setting

On the teacher specific management screen, click the "Settings" button at the top, and then click the "five point scoring standard" to enter the scoring standard screen (as shown in the Figure 2-12).

Figure 2-12 Five point scoring standard

Here, teachers can set a five point scoring standard for performance analysis. The five point scoring standard includes five grades: excellent, good, medium, pass and poor (you can also freely increase the grades). The teacher can set the percentage of each grade here. For example, if the proportion of "excellent" is set as 20%, the system will rank the scores of the students in the whole class, and the top 20% of the students will be rated as "excellent"; at the same time, the relative scores of the students will be calculated according to the corresponding rating system (such as 90 points ~ 100 points), and displayed in the corresponding performance analysis chart.

After the five point scoring standard is set, go to the "analysis" screen, you can see some performance analysis charts automatically calculated by the system.

4. Performance analysis

During or after the training, the teacher can enter the "analysis" screen to conduct the comprehensive analysis of the students' training results. There are four types of charts:

(1) Class ability.

The average ability of the students in this class is described in two ways of bar chart and curve chart, including comprehensive ability, document filling proficiency, business process proficiency and budget ability. The teacher can select any one or more of them to view, and can also select the number of contracts to view (the default is to view the first 15 contracts). Note that the x-axis in the figure is progressive based on the amount of contracts completed by the students, and the unfinished contracts are not included in it.

(2) Students ability.

It is also displayed in two ways of bar chart and curve chart. The teacher can select student ID and check the individual ability of each student respectively, also including four items such as the proficiency of filling in documents, and the standard is each completed contract.

(3) Students centesimal score.

It is divided into bar chart, curve chart and pie chart, reflecting the number of students in each score segment. The score here is the actual score of the students, which is the same as the total score of the students on the "student evaluation" page.

(4) Students five point score.

It is divided into bar chart, curve chart and pie chart. According to the setting of the five point scoring standard on the "system parameters" page, click the "statistics" button to reflect the number of students in each grade segment. Click "score list" again, the system will convert the reference score of students according to the set grade system.

In addition, when there is a dispute that needs mediation or arbitration, the teacher will act as a mediator and arbitrator, and students can appeal to the teacher through SimTrade mail system. Teachers in their own management screen, through the mail system for mediation or arbitration.

For example, if there is a dispute between the exporter and the importer, the teacher will make an arbitration result: the importer will compensate the exporter. When the teacher arbitrates, the importer must remit money to the exporter through the bank in the business center.

Chapter 3

Five Key Points of SimTrade Role Operation

Completing an export trade in international trade may involve many roles. In order to facilitate the simulation of the operation process of international trade, SimTrade training platform simplifies many roles into five roles, namely, exporter, importer, factory, bank in the place of export and bank in the place of import. The operation points of these five roles are mainly introduced below.

Section 1 Key Operating Points of Factory

1. Objectives of factory practice

(1) Make good preparation for the transaction by using various resources provided by SimTrade.

(2) Learn to use network resources to promote enterprises and products.

(3) Use the mail system for business consultation and master the writing skills of correspondence.

(4) Master the differences of different trade terms in shipping and insurance. In the consultation process of inquiry, offer, counter offer and acceptance, we should flexibly use trade terms (CIF, CFR, FOB)and settlement methods (L / C, T / T, D / P, D / A), correctly calculate costs, expenses and profits, and strive for a better transaction price.

(5) According to the contents of negotiation, correctly use trade terms and settlement methods to sign export sales contracts.

(6) Master the import and export business process of four main trade terms (L / C, T / T, D / P, D / A).

(7) Prepare the goods according to the negotiation content and sign the domestic purchase and sale contract correctly.

(8) Correctly judge the market trend and do a good job in inventory management.

(9) Fill in all kinds of documents correctly (including inspection declaration, declaration and negotiation documents in export business, and L / C application in import business).

(10) Master the key points of issuing and reviewing documents.

(11) Learn how to use various ways to control costs to maximize profits.

(12) Understand the operation mode of logistics, capital flow and business flow in international trade, and understand the different status, specific work and interaction of different parties in international trade.

2. Brief introduction of factory operation screen

SimTrade has five main characters, namely, exporter, importer, factory, bank at the place of export and bank at the place of import. After successfully logging in with the factory's user name, SimTrade will enter the main operation screen of the factory. On the front page of the screen, the current level of the factory is listed (10 red stars in height, 10 points for each red star, and 5 points for each white star); the "system prompt" helps the factory analyze the current business situation, so as to improve the internship results in time; click "my portfolio" to enter the document management page; click the button above to enter the basic information and finance of the factory respectively service data and other operation screens.

(1) Profile (Profile).

Click the eighth button on the top of the main screen of the factory to open the operation screen of the basic data, which is used to record the detailed information of the company.

User number, account number, registered capital, e-mail: user number is the account used for login. These items are all assigned by teachers and cannot be modified by users.

Enterprise legal person: it can be used as the signature for filling in various documents in the future.

Company name: after the first successful login, the company name must be registered first, otherwise other business operations cannot be performed.

Telephone, fax, postal code, website: these are contact information of the company, please fill in one by one to facilitate the contact between trading partners.

Company address: company address is required in the contract.

Company introduction: filling in the introduction (such as the company's business purpose, production scale, product status, etc.)to attract the attention of some trading partners to the company and increase business opportunities.

Change password: click here to change the login password.

You can also freely add company pictures by browsing, and the above information will be displayed in the company library page of "gold rush".

(2) Finance (Finance).

Click the second button on the top of the main screen of the factory to open the operation screen of financial data. Here, it is equivalent to the financial department of the company. The income and expenditure of all business transactions are reflected in the "Journal", and all items related to loans are reflected in the "Loan details". The financial status of this screen is only used for query and cannot be modified. In this screen, neither the registered capital nor the currency can be modified; loan balance = the total amount of all outstanding loans; inventory assets = inventory × purchase cost.

A. Journal.

Click the "journal" button to enter the journal screen.

Time: record the specific time of income and expenditure, and arrange them in reverse order of "year month day hour minute".

Revenue and expenditure: record the amount of revenue and expenditure incurred.

Contract No. : the number of related contracts recording the revenue and expenditure.

Item description: record the description of income and expenditure.

B. Loan details.

Click the "loan details" button to enter the loan details screen.

Application time: it is arranged in reverse order of "year month day hour minute" according to the specific time of loan application.

Loan bank: displays the number of the loan bank, so that it can be entered in future repayment.

Loan amount: displays the amount of the loan. The currency is the currency entered when the factory applies for the loan. However, the loan amount will be automatically converted to the local currency when the company's capital flow is involved.

Loan status: "applying" means that the bank has not approved the loan, "loaned" means that the bank agrees to the loan and transfers the loan amount to the account of the applicant.

Loan description: it is filled in by the factory when applying for loan from the bank.

(3) Stock (Stock).

Click the third button above the main screen of the factory to open the operation screen of inventory status, which is equivalent to the warehouse of the company. As the business progresses, the system will automatically count the increase of inventory after production and the decrease of inventory after sale. This screen can only be queried and cannot be modified.

Commodity number and name: corresponding to the information in "product display" in "B2B (gold rush)". During production or shipment, the system automatically calculates the increase or decrease of inventory based on the commodity number.

Quantity: the system will automatically increase or decrease the inventory after production or shipment according to the sales quantity signed in the contract.

Inventory cost: displays the average of the total cost of a product produced by a factory. For example, if the cost of the first production of a commodity is 5 yuan and the cost of the second production is 5. 8 yuan, the production cost in the inventory is 5. 4 yuan.

(4) Business (Business center).

Click the fourth button above the main screen of the factory to open the operation screen of the business center.

On the map, each building represents the working mechanism related to the business. Move the mouse over the building and the screen displays the corresponding name. Click the building (e.g. exporter) and the work related to the exporter (e.g. drafting the contract) will be listed in the pop-up dialog box. Please refer to the domestic procurement process for specific operations in the business center.

(5) Logs (Business log).

Click the fifth button on the top of the main screen of the factory to open the operation screen of the business log. Here, the relevant processes in the domestic procurement business are marked to let the user know the business status in time. Note that the business status of the main contract is shown here. If you want to view the business logs of other contracts, please "click to switch the main contract". Only one contract can be viewed at a time.

Date: refers to the date of domestic sales contract. This screen displays the dates of domestic sales contracts in reverse order. Therefore, when signing domestic sales contracts, users are advised to enter a fixed date format (for example: yyyy-mm-dd).

Contract No. : the contract number of domestic sales contract.

Trading partner: displays the buyer's user number and company abbreviation of the domestic sales contract.

Current status: displays the current implementation status according to the signing and performance process of the contract.

Detailed business log of domestic purchase contract: lists the events occurred in the whole process from the beginning of contract drafting to the end of business under this contract, including wrong operation.

(6) Mail (My mail).

Click the sixth button on the top of the main screen of the factory to enter the email system, where you can contact users through email.

View related topics: use of mail system.

(7) B2B (Gold rush).

Click the seventh button on the top of the main screen of the factory to open the "gold rush" screen.

"Gold rush" is a simulated B to B e-commerce center in SimTrade providing a fully simulated international business environment, in which users can find notices, today's exchange rates, and detailed information of factories, exporters and importers on various pages; keyword search function helps users quickly find the required supply and demand information, company and product information, and provides greater space for foreign trade practice.

View related topics: taojin. com.

(8) Help (Help).

If you have any questions, you can click the ninth button on the top of the main screen of the factory for online help.

3. Understand the basic characteristics of the product

In the actual business, the importers and exporters select the target products by analyzing the sales trend and profit space of a certain product in the selected target market, and then use the data of the Internet, product suppliers and target market to understand the basic characteristics of the target products, so as to prepare for the subsequent transaction negotiation.

In SimTrade, a large number of products are available for trading. Users can learn about their quality, packaging and other basic characteristics through the details of "product display" in "B2B (gold rush)".

(1) Explanation of terms.

Commodity number: this number (product No.)must be quoted when adding or modifying commodity data in contracts and various documents.

Customs code: write down the customs code. You can go to the "tax rate" page of "B2B (gold rush)" to check the fixed tax rate of such goods, which plays an important role in the tax accounting of importers, exporters and factories.

Chinese name and Chinese description: the Chinese name and description of the product are mostly used in the purchase and sale contract signed between the exporter and the factory, the exit goods inspection form and other documents made by the exporter.

English name and English description: the English name and description of the product, mostly used in the export contract signed by the exporter and the importer, the commercial invoice made by the exporter, packing list and other documents.

Category: the category of goods, which is used in some documents.

Sales unit: in SimTrade, the transaction quantity of the contract is calculated by the sales unit, and the quantity item in the document is also filled in by the sales unit.

Packing unit: in SimTrade, both volume and weight are for one packing unit. "Package" or "number of packages" in the document shall be filled in the quantity and unit of package; for "gross weight" or "net weight", the quantity of package shall be calculated according to the transaction quantity first, and then the weight shall be calculated according to the quantity of package.

Gross weight and net weight: in SimTrade, gross weight and net weight refer to the gross weight and net weight of a packaging unit.

Volume: in SimTrade, volume refers to the volume of a packaging unit. When calculating the total volume, the user must first calculate the packaging quantity, and then multiply the packaging quantity by the volume of a single package to calculate the total volume.

(2) Relevant calculation examples.

【Example 3-1】 Commodity 02002 (men's T-shirt), sales unit PC (PCS), packaging unit carton (carton), unit converted into 20 pieces per carton.

(1) If the number of transactions is 5 000, try to calculate the number of boxes.

(2) If the number of transactions is 4 010, what is the number of boxes?

Solution:

(1) The number of boxes = 5 000 ÷ 20 = 250 cartons.

(2) The number of boxes = 4 010 ÷ 20 = 200. 5 cases, rounded up to 201 cases (note: if there is a decimal part in "number of packing cases", the whole box must be rounded up).

【Example 3-2】 The unit of commodity 04007 (wood decoration)is converted into 30 pieces per box, with gross weight of 10. 5 kgs, net weight of 8. 5 kgs and volume of 0. 2904 cbm per box.

(1) Ask the gross weight, net weight and volume of the contract volume of 9 000 pieces?

(2) What is the gross weight, net weight and volume of 9 020 pieces?

Solution:

(1) Number of packages = 9 000 ÷ 30 = 300 boxes

Gross weight = 10. 5 × 300 = 3 150 kgs

Net weight = 8. 5 × 300 = 2 550 kgs

Volume = 0. 2904 × 300 = 87. 12 cbm

(2) Number of packages = 9 020 ÷ 30 = 300. 67 boxes, so it should be rounded to 301 boxes.

Gross weight = 10. 5 × 301 = 3 160. 5 kgs

Net weight = 8. 5 × 301 = 2 558. 5 kgs

Volume = 0. 2904 × 301 = 87. 4104 cbm

【Example 3-3】 Commodity 08003 (children's scooter), sales unit (unit), packaging unit (carton), unit conversion is 6 vehicles per container, volume of each container is 0. 0576 cbm, gross weight is 21 kgs, try to calculate the maximum number of containers and the maximum number of sales when the commodity is transported in 20' and 40' containers respectively (usually 25 cbm by volume per 20' container, weight limit is 17. 5 tne, and usually 55 cbm by volume per 40' container, weight limit is 26 tne (1 tne = 1 000 kgs)).

Solution:

Every 20' container:

By volume, the packing quantity is 25 ÷ 0. 0576 = 434. 028.

According to the weight, the packing number is 17. 5 ÷ 21 × 1 000 = 833. 33.

Take the smaller of the two values, so the maximum number of containers can be taken as 434 boxes, totaling 2 604 vehicles.

Every 40' container:

The number of containers that can be packed by volume is 55 ÷ 0. 0576 = 954. 861.

By weight, the packing quantity is 26 ÷ 21 × 1 000 = 1 238. 095.

Take the smaller of the two values, so the maximum number of containers can be taken as 954 boxes, with a total of 5 724 vehicles.

4. Publishing information and advertising

In the international market, except for some traditional products and world famous brands, consumers from all over the world are still unfamiliar with most products. It is impossible for them to have a detailed understanding of the nature and characteristics of the products through various channels, as for domestic products. They are not even familiar with the name, strength, scale and operating performance of international enterprises. It is precisely because of the difficulties in communication between international enterprises and consumers that strengthening publicity has become an important meaning for enterprises to explore the international market. Especially when a product first enters a country's market, international enterprises need to help them open the market through advertising.

SimTrade simulates the enterprise publicity function of large-scale B to B e-commerce website. In "B2B (gold rush)", both exporters, importers and factories have the opportunities to publicize themselves and increase business opportunities by publishing supply and demand information and company and product advertisements.

(1) Release product advertisement.

Operation steps:

A. In the "business (business center)" screen, click the building marked as "advertising company".

B. In the pop-up business screen, click the "publish advertisement" item at the top.

C. Enter the title and keyword of the advertisement, select the type of publication as "product advertisement", select the corresponding product number, and then enter the contents of the advertisement.

D. Click the "OK" button to complete the product advertisement release.

Note: after the product advertisement is published successfully, it will be displayed in the "product display" page of "B2B (gold rush)".

(2) Release company advertisement.

Operation steps:

A. In the "business (business center)" screen, click the building marked as "advertising company".

B. In the pop-up business screen, click the "publish advertisement" item at the top.

C. Enter the title and keyword of the advertisement, select "company advertisement" as the publishing type, and then enter the advertisement contents.

D. Click the "OK" button to complete the company advertisement release.

Note: after the company advertisement is published successfully, it will be displayed in the company library page of B2B.

(3) Release information.

Operation steps:

A. In the "business (business center)" screen, click the building marked as "advertising company".

B. The "publish information" item at the top of the pop-up business screen.

C. Enter information title, keyword and content, and select publishing type.

D. Click the "OK" button to complete the information release.

Note: the trading information issued by exporters, importers and factories will be displayed on the home page of B2B.

5. Business expenses of the factory

In SimTrade, in the process of completing a business, the factory has to pay three fees: value added tax, consumption tax and company comprehensive fee. The three costs are calculated as follows:

(1) Value added tax.

Enter the "tax rate" page of "B2B (gold rush net)", enter the commodity customs code for query (for example, enter the customs code of commodity 01001, 2003101100, and find that the value added tax rate is 17%[①]). If a contract involves more than one commodity, it must be calculated separately and then accumulated.

Available: commodity value added tax = internal contract amount / (1+value added tax rate) ×

---

① Here giving an example of value added tax rate, the effective tax rate is subject to the actual regulations (the same below).

value added tax rate.

(2) Consumption tax.

Enter the "tax rate" page of "B2B (gold rush net)", enter the commodity customs code for query (for example, enter the customs code 3304100000 of commodity 10001, and find that the value added tax rate is 17%, and the consumption tax is calculated from the price, which is 30% of the price). If a contract involves more than one commodity, it must be calculated separately and then accumulated.

Available: ad valorem commodity consumption tax = internal contract amount / (1+ value added tax rate) × consumption tax rate.

Quantity-based commodity consumption tax = quantity of export sales × unit tax of consumption tax.

(3) Comprehensive expenses of the company.

In "other expenses" of "B2B (gold rush net)", it is found that the comprehensive expenses of the factory is 5% of the contract amount.

Available: comprehensive expenses of the company = contract amount × 5%.

6. Factory quotation

In SimTrade, the factory is the supplier of the exporter. After the exporter inquires, the factory needs to provide the quotation. The factory quotation can be divided into the following steps:

Step 1: query production cost (unit price).

Enter "business (business center)" to view the market, and you can view the production unit price of the product.

For example, if it is found that the cost per carton of 01001 mushroom can (whole grain) is CNY38. 62, then 38. 62 is the production cost of one sales unit.

Step 2: estimate the quotation.

Estimate a quotation (unit price) based on the production cost plus the appropriate amount.

For example, if the cost of each carton in the above example is CNY38. 62, we try to estimate the quotation is CNY50.

Step 3: calculate the internal contract amount.

First of all, it is necessary to negotiate with the exporter the transaction quantity, then the internal contract amount = estimated quotation × quantity.

For example, if the exporter in the above example needs 1 200 cartons, then the internal contract amount = 50 × 1 200 = CNY60 000.

Step 4: calculate the total cost of the factory.

Total factory cost = total production cost+factory business cost, including:

Total production cost = production unit price × quantity.

Factory business cost = value added tax+consumption tax+company comprehensive cost.

See "factory business cost" for details. For example:

(1) Calculation of total production cost: total production cost = 38. 62 × 1 200 = CNY46 344.

(2) In the product display of taojin. com, the customs code of 01001 canned mushroom

(whole grain) was found to be 2003101100, and in the "rate query", the value added tax rate was found to be 17%, without consumption tax.

(3) Calculation of VAT: VAT = internal contract amount / (1+VAT rate) × VAT rate = 60 000 / (1+17%) × 17% = CNY8 717. 95.

(4) Calculation of comprehensive expenses of the company: comprehensive expenses of the company = internal contract amount × 5% = 60 000 × 5% = CNY3 000.

(5) Calculate factory business cost: factory business cost = VAT+consumption tax+company comprehensive cost = 8 717. 95+0+3 000 = CNY11 717. 95.

(6) Calculate total factory cost: total factory cost = total production cost + factory business cost = 46 344+11 717. 95 = CNY58 061. 95.

Step 5: calculate profit.

Profit = internal contract amount−total factory cost.

For example, profit = 60 000−58 061. 95 = CNY1 938. 05.

Step 6: make a quotation according to the profit.

If the profit calculated in step 5 meets the expectation, the estimated unit price is reasonable. The price can be quoted to the exporter, otherwise it can be revalued.

7. L / C+CIF factory quick start

Note: this quick start is a complete set of SimTrade actual business operations. The transaction mode is L / C+CIF. Because the trade process is different under different transaction modes, the data (in blue) and table contents in this example are only for reference. Please complete the actual operation according to the specific situation.

Please select the following topics to view relevant contents:

◆ Transaction preparation stage

◆ Transaction negotiation stage

◆ Contract signing and performance stage

(1) Transaction preparation stage.

A. Students log in as a factory, enter the account number (such as XYZ), select the user type as "factory", and click the "log in system" button to enter the main page of factory business.

B. Create a company. Click "profile" to view the company's account number, email address and other information. Fill in other information one by one as follows:

Full name of the company: Guanchi Co. , Ltd

Company name: Guanchi

Enterprise legal person: Zhang Chi

Tel: 86−25−29072727

Fax: 86−25−29072626

Post code: 210016

Website: http://www. guch. com

Address: Floor 3, No. 651, Zhongzheng Road, Nanjing

Company introduction: our company is a reputable manufacturer. Our products are deeply loved by customers. Welcome to discuss business with our company. We will try our best to provide you with what you need!

Free to add pictures.

Note: it is better to use GIF or JPG format pictures, and the size is recommended to be about 120 * 120 (pixels).

Click "OK" after filling in.

C. Publish information. Click the building marked as "advertising company" in "business (business center)" and then click "publish information", fill in the following one by one:

Enter title: a large number of women's T-shirt for sale.

Key words: women's T-shirt.

Select publishing type as "supply information".

Input content: our company has a large number of women's T-shirt inventory, want to sell at a low price, welcome to contact us! Email address: xyz3@simtrade.

After filling in, click "OK" to publish the information successfully.

D. Product advertising. Click "publish advertisement" on the right side of "publish information", fill in the following one by one:

Input title: supply the latest women's T-shirt, high quality and low price.

Key words: women's T-shirt.

Select "product advertisement" as the publishing type, and select 02009 in the product number drop-down box.

Input content: our company now supplies the latest women's T-shirt, high quality and low price, welcome to visit and order! Email address: xyz3@simtrade.

After filling in, click "OK" to publish the product advertisement successfully.

Click "release company advertisement" and fill in the following one by one:

Input title: long term supply of all kinds of goods, high quality and low price.

Key words: all kinds of goods.

Select the publishing type as "company advertisement".

Input content: our company supplies all kinds of goods for many years, including clothing, watches, toys, etc. , high quality and low price, welcome to visit and order! Email address: xyz3@simtrade.

After filling in, click "OK" to successfully publish the company advertisement.

(After exporter releases information.)

E. Looking for business opportunities. Click "B2B (gold rush net)" to enter the query page. You can view the notice, various market information and supply and demand information on the home page. In the information released by the exporter, you can find the information of purchasing women's T-shirt issued by Hongchang International Co. , Ltd.

F. View trading partners. Click "company library" to see all companies, enter the keyword "Hongchang", select the category as "exporter", click "search", find the corresponding company, and then click "details" to view the company's specific information.

G. View traded items. Click "product display" to see all products, enter the keyword "women's T-shirt", click "search", find the corresponding products, and then click "details" to view the specific information of the products.

H. View the market. Return to the main page of factory business, click the building marked "market" in "B2B (gold rush net)", and then "check the market", you can see the production price of women's T-shirt.

(2) Transaction negotiation stage.

A. Establish business relationship with exporter. Click "mail (my mail)", enter the mail system, click "new", and fill in the mail as follows:

To: email address of the corresponding exporter (such as xyz1@simtrade)

Subject: building business relationships

Contract No. : (the contract is not established at this time, so it is not necessary to fill in the contract No.)

Content bar:

Mr. Liu Minghua:

Hello! We are Guanchi Co. , Ltd. Our company has a long history of operation and enjoys a good reputation at home and abroad. We found your company's information in www. simtrade. net and learned that you want to buy women's T-shirts. Our company happens to be a professional clothing manufacturer. We hope to establish a long-term cooperative relationship with your company and look forward to your inquiry!

Looking forward to it!

Relaxation

Guanchi Co. , Ltd

Click "send" after filling in.

(After the exporter replies to the contact email.)

B. Receiving inquiry mails from exporters.

C. Reply to the email. Click "reply" and fill in the content as follows:

To: auto fill in reply status

Subject: the reply status will be filled in automatically, which can be changed to "quotation of women's T-shirt"

Contract No. : (the contract is not established at this time, so it is not necessary to fill in the contract No.)

Content bar:

Mr. Liu Minghua:

Hello! We have received your letter. Thank you for your attention and trust in our products. The quotation is as follows:

Product name: women's T-shirt

Item No. : 02009

Customs code: 6109100022

Specification: 20 pieces per box; color: black; fabric composition: cotton

Sales unit: PC

Packing unit: carton

Place of delivery: ex works

Payment method: the demander shall make payment within seven working days after the factory delivery of the supplier with the VAT invoice provided by the supplier and the corresponding tax (special for export goods)payment certificate. If the supplier fails to prepare all the relevant tickets, the demander shall deduct 17% of the tax to pay to the supplier, and settle the balance after the relevant tickets are completed.

Minimum order quantity: 15 000 PCS

Unit price: CNY80 / PC

The above information is for your reference and confirmation, looking forward to your reply!

Relaxation

Guanchi Co. , Ltd

Click "send" after filling in.

(After the exporter replies to the email accepting the offer.)

D. Receiving the email of the exporter accepting the offer.

(3) Contract signing and performance stage.

(After the exporter drafts and sends the contract.)

A. Receiving the email from the exporter requesting confirmation of the contract.

B. Confirm the contract. In business (business center), click "exporter", and on the left side of the pop-up screen, first click switch to set the contract to be confirmed as the main contract; then click modify contract, sign at the bottom of the pop-up contract, fill in the details (account number can be found in the company's basic data), click "save", and then return to the user dialog box to confirm the contract.

C. Organize production. Click the building marked "market" in business (business center), click "view market", select the commodity "02009", click "organize production", enter the production quantity "15 000", and click "OK" to complete the production.

D. Delivery. Click the building marked "exporter" and then click "release" to deliver the goods to the exporter and collect the payment at the same time.

E. Pay taxes. Click the building marked "IRS" and then click "pay tax". At this point, the transaction is completed.

Section 2 Key Operating Points of Exporters

1. Exporter internship objectives

(1) Make good preparation for the transaction by using various resources provided by SimTrade.

(2) Learn to use network resources to promote enterprises and products.

(3) Use the mail system for business consultation and master the writing skills of correspondence.

(4) Master the differences of different trade terms in shipping and insurance. In the consultation process of inquiry, offer, counter offer and acceptance, we should flexibly use trade terms (CIF, CFR, FOB)and settlement methods (L / C, T / T, D / P, D / A), correctly calculate costs, expenses and profits, and strive for a better transaction price.

(5) According to the contents of negotiation, correctly use trade terms and settlement methods to sign export sales contracts.

(6) Master the import and export business process of four main trade terms (L / C, T / T, D / P, D / A).

(7) Prepare the goods according to the negotiation content and sign the domestic purchase and sale contract correctly.

(8) Correctly judge the market trend and do a good job in inventory management.

(9) Fill in all kinds of documents correctly (including inspection declaration, declaration and negotiation documents in export business, and L / C application in import business).

(10) Master the key points of issuing and reviewing documents.

(11) Learn how to use various ways to control costs to maximize profits.

(12) Understand the operation mode of logistics, capital flow and business flow in international trade, and understand the different status, specific work and interaction of different parties in international trade.

2. Brief introduction of exporter operation screen

SimTrade has five main characters, namely, exporter, importer, factory, bank at the place of export and bank at the place of import. After successfully logging in with the exporter's user name, SimTrade will enter the exporter's main screen of operation. On the front page of the screen, the current level of the exporter is listed (up to 10 red stars, each red star is equivalent to 10 points, and each white star is equivalent to 5 points); the "system prompt" helps the exporter to analyze the current business situation, so as to improve the internship results in time; click "my official folder", you can enter the document management page; click the button above, you can respectively enter the basic level of the exporter data, financial data and other operation screens.

(1) Profile (Profile).

Click the eighth button on the top of the exporter's main screen to open the operation screen of the basic data, which is used to record the details of the company.

User number, account number, registered capital, unit code, tax registration number, customs code, e-mail: user number is the account number used for login. These items are assigned by the teacher uniformly, and cannot be modified by the user. They will be used in the process of filling in the document.

Full name of the company (in Chinese and English): after the first successful login, the company name must be registered first, otherwise other business operations cannot be carried out. Note that both Chinese and English names of exporters should be registered.

Company short name (in Chinese and English): it will be displayed in the relevant transaction information, but the full name must be used when filling in each document.

Enterprise legal person (in Chinese and English): used as the legal person's signature to fill in all documents in the future. Please note that both Chinese and English names should be filled in. The Chinese name is used in business dealings with the factory, while the English name is used in business dealings with the importer.

Telephone, fax, postal code, website: these are contact information of the company, please fill in one by one to facilitate the contact between trading partners.

Company address (in Chinese and English): the company address shall be filled in the contract, letter of credit and other documents.

Company introduction: fill in the introduction (such as the company's business purpose, production scale, product status, etc.)to attract the attention of some trading partners to the company and increase business opportunities.

Change password: click here to change the login password.

You can also freely add company pictures by browsing. The above information will be displayed on the company library page of "B2B (gold rush)".

(2) Finance (Finance).

Click the second button on the top of the exporter's main screen to open the operation screen of financial data. Here, it is equivalent to the financial department of the company. The income and expenditure of all business transactions are reflected in the "Journal", and all items related to loans are reflected in the "Loan details". The financial status of this screen is only used for query and cannot be modified. In this screen, neither the registered capital nor the currency can be modified; loan balance = total amount of all outstanding loans; inventory assets = inventory quantity× purchase cost.

A. Journal.

Click the "journal" button to enter the journal screen.

Time: record the specific time of income and expenditure, and arrange them in reverse order of "year month day hour minute".

Revenue and expenditure: record the amount of revenue and expenditure incurred.

Contract No. : the number of related contracts recording the revenue and expenditure.

Item description: record the description of income and expenditure.

B. Loan details.

Click the "loan details" button to enter the loan details screen.

Application time: it is arranged in reverse order of "year month day hour minute" according to the specific time of loan application.

Loan bank: displays the number of the loan bank, so that it can be entered in future repayment.

Loan amount: displays the amount of the loan, in which the currency is the currency entered when the exporter applies for the loan, but when the company's capital flow is involved, the loan amount will be automatically converted to the local currency.

Loan status: "applying" indicates that the bank has not approved the loan, "loaned" indicates that the bank agrees to the loan and transfers the loan amount to the account of the applicant.

Loan description: it is filled in by the exporter when applying for loan from the bank.

(3) Stock (Stock).

Click the third button on the top of the exporter's main screen to open the operation screen of inventory status, which is equivalent to the company's warehouse. With the development of business, the system will automatically count the increase of inventory after purchase and the decrease of inventory after sale. This screen can only be queried and cannot be modified.

Commodity number and name: corresponding to the information in "product display" in "B2B (gold rush)". When purchasing or shipping, the system will automatically calculate the increase or decrease of inventory by commodity number.

Quantity: the system will automatically increase or decrease the inventory after shipment or purchase according to the sales quantity signed in the contract.

Purchase cost: displays the average purchase cost of the product in the contract signed by the exporter when purchasing from the factory. For example, if the exporter purchases a product from two factories respectively, the contract amount signed with factory A is 10 yuan / piece, and the contract amount signed with factory B is 12 yuan / piece, the purchase cost displayed after two purchases is 11 yuan / piece.

(4) Business (Business center).

Click the fourth button on the top of the exporter's main screen to open the operation screen of the business center.

On the map, each building represents the working mechanism related to the business. Move the mouse over the building and the screen displays the corresponding name. Click the building (e. g. importer) and the work related to the importer (e. g. drafting the contract) will be listed in the pop-up dialog box. For specific operations in the business center, please refer to the performance process and quick start.

(5) Logs (Business log).

Click the fifth button on the top of the exporter's main screen to open the operation screen of the business log. Here, the relevant processes in the export business are marked to let the user know the status of the business in time.

A. Export business.

You can view the completion status of export business. Note that the business status of the main contract is shown here. If you want to view the business logs of other contracts, please "click to switch the main contract". You can only view the business logs for one contract at a time.

Date: refers to the date of the export contract. This screen displays the dates of export contracts in reverse order. Therefore, when signing export contracts, users are advised to enter a fixed date format (for example: yyyy-mm-dd).

Contract No. : the contract number of the export contract.

Trading partner: displays the buyer's user number and company abbreviation of the export contract.

Current status: displays the current execution status according to the signing and performance process of the contract. For more details, see the business process ID below.

L / C, booking of shipping space, inspection application, insurance, delivery, customs declaration, bill of lading, shipping notice, certificate of origin, documentary, collection, delivery, settlement of foreign exchange, online declaration of balance of payments, tax refund: these are status marks of relevant export business processes. Under these items, the system indicates the completed status with "Y" and the incomplete status with "N". According to different terms of trade and settlement methods, some items can be "N". For example, if the insurance is covered by the importer under the CFR mode, the "N" can be used under the "insurance" item of the exporter, and the "Y" will be used under the "insurance" item only after the importer has made the insurance.

Detailed business log of export contract: lists the events occurred in the whole process from the beginning of contract drafting to the end of business under this contract, including wrong operations.

B. Domestic procurement.

You can view the completion status of domestic purchase business. The operation method is the same as "export business".

(6) Mail (My mail).

Click the sixth button on the top of the exporter's main screen to enter the mail system, where you can contact each user by mail.

View related topics: use of mail system.

(7) B2B (Gold rush).

Click the seventh button on the top of the exporter's main screen to open the "gold rush" screen.

"Gold rush" is a simulated B to B e-commerce center in SimTrade, which provides a fully simulated international business environment. Users can find notices, today's exchange rates, and detailed information of factories, exporters and importers on various pages; keyword search function helps users quickly find the required supply and demand information, company and product information, and provides more space for foreign trade practice.

View related topics: taojin. com.

(8) Help (Help).

If you have any questions, you can click the ninth button on the top of the exporter's main screen to check the online help.

3. Publishing information and advertising

In the international market, except for some traditional products and world famous brands, consumers from all over the world are still unfamiliar with most products. It is impossible for them to have a detailed understanding of the nature and characteristics of the products through various channels, as for domestic products. They are not even familiar with the name, strength, scale and operating performance of international enterprises. It is precisely because of the difficulties in communication between international enterprises and consumers that strengthening publicity has become an important means for enterprises to explore the international market. Especially when a product first enters a country's market, international enterprises need to help them open the market through advertising.

SimTrade simulates the enterprise publicity function of large-scale B to B e-commerce website. In "B2B (gold rush)", both exporters, importers and factories have the opportunity to publicize themselves and increase business opportunities by publishing supply and demand information and company and product advertisements.

(1) Release product advertisement.

Operation steps:

A. In the "business (business center)" screen, click the building marked as "advertising company".

B. In the pop-up business screen, click the "publish advertisement" item at the top.

C. Enter the title and keyword of the advertisement, select the type of publication as "product advertisement", select the corresponding product number, and then enter the contents of the advertisement.

D. Click the "OK" button to complete the product advertisement release.

Note: after the product advertisement is published successfully, it will be displayed in the "product display" page of "B2B (gold rush)".

(2) Release company advertisement.

Operation steps:

A. In the "business (business center)" screen, click the building marked as "advertising company".

B. In the pop-up business screen, click the "publish advertisement" item at the top.

C. Enter the title and keyword of the advertisement, select "company advertisement" as the publishing type, and then enter the contents of the advertisement.

D. Click the "OK" button to finish the advertisement release.

Note: after the company advertisement is published successfully, it will be displayed in the company library page of B2B.

(3) Release information.

Operation steps:

A. In the "business (business center)" screen, click the building marked as "advertising company".

B. The "publish information" item at the top of the pop-up business screen.

C. Input information title, keyword and content, and select publishing type.

D. Click the "OK" button to complete the information release.

Note: the trading information issued by exporters, importers and factories will be displayed on the home page of "B2B (gold rush)".

4. Completion of export budget form

In import and export trade, the price of goods is the focus of negotiation between the buyer and the seller, and sometimes the decisive factor of transaction. It is of great significance to correctly grasp the price structure of import and export commodities, reasonably adopt various pricing methods, select favorable pricing currencies and trade terms, and accurately calculate costs and profits. In SimTrade, when the exporter has drafted the contract and sent it to the other party, he must first fill in the export budget form to estimate the expenses; after the transaction is completed, the actual amount will be listed in the right column for students to check whether the calculation is correct or not. The following explains the calculation of various expenses in the export budget form for students to fill in.

Note that the figures filled in the export budget form are all in the base currency, with two decimal places reserved. For conversion, please refer to the "bank" page in "B2B (gold rush net)" for exchange rate. If there is no such expense, please fill in "0".

Please select the following topics to view relevant contents:

◆ Basic calculation

◆ Completion of export budget form

①Contract amount

②Purchase cost

③Total FOB price

④Inland freight

⑤Inspection fee

⑥Customs declaration fee

⑦Ocean freight

⑧Premium

⑨Bank charges

⑩Other expenses

⑪Tax refund income

⑫Profit

(1) Basic calculation.

A. Gross weight, net weight and volume calculation.

Firstly write down the weight and volume of each box in the "product display" of "B2B (gold rush net)", and then query whether the sales unit and packaging unit of the product are the same.

When calculating the weight, for the products with the same sales unit and packaging unit (such as food products), the trading quantity can be directly used × the gross (net) weight of each box; for the products with different sales unit and packaging unit (such as toys and clothing products), the gross (net) weight of a single piece must be calculated according to the unit conversion first, and then the gross (net) weight can be calculated according to the trading quantity.

When calculating the volume, for the products with the same sales unit and packaging unit (such as food products), the volume of each box can be directly used by the trading quantity; for the products with different sales unit and packaging unit (such as toys and clothing products), the number of boxes must be calculated according to the unit conversion first, and then the total volume shall be calculated. (Note: if there is a decimal point in the number of packing cases, the whole box must be carried in. If the whole box is not enough, the gross (net) weight and volume of the whole box shall be calculated.)

【Example 3-4】 For 08001 toy products, the sales unit is unit, and the packaging unit is carton. The unit conversion display is that each box contains 6 vehicles, gross weight of each box is 23 kgs, net weight of each box is 21 kgs, and volume of each box is 0. 08052 cbm. If the trading volume is 1 000 vehicles, try to calculate the gross, net weight and volume respectively.

Solution:

Calculation of volume:

Number of packing cases = 1 000 ÷ 6 = 166. 6 cases, round to 167 cases.

Total volume = 167 × 0. 08052 = 13. 447 cbm.

Calculation of gross weight:

Total gross weight = gross weight of single piece × number of packages = 23 × 167 = 3 841 kgs.

Calculation of net weight:

Total net weight = net weight of single piece × number of packages = 21 × 167 = 3 507 kgs.

【Example 3-5】 For 01001 food products, the sales unit is carton (box), and the packaging unit is carton (box). The gross weight of each box is 11. 2 kgs, the net weight of each box is 10. 2 kgs, and the volume of each box is 0. 014739 cbm. If the transaction quantity is 2 000 cartons, try to calculate the gross, net weight and volume respectively.

Solution:

Gross weight = 2 000 × 11. 2 = 22 400 kgs

Net weight = 2 000 × 10. 2 = 20 400 kgs

Volume = 2 000 × 0. 014739 = 29. 478 cbm

Note: because the sales unit of this type of product is the same as the packaging unit, the unit conversion content may not be considered in the calculation.

B. Quotation quantity accounting.

In the international cargo transportation, 20' container and 40' container are often used. The effective volume of 20' container is 25 cbm, the weight limit is 17. 5 tne, the effective volume of 40' container is 55 cbm, the weight limit is 26 tne, in which 1 tne = 1 000 kgs. When making quotation accounting, the exporter suggests to calculate the quotation quantity according to the maximum packing quantity that the container can hold, so as to save the shipping cost.

View the product details in the "product display" of "B2B (gold rush)", and calculate the quotation quantity according to the product volume, packaging unit, sales unit and unit conversion.

【Example 3-6】 Commodity 08003 (children scooter), sales unit (unit), packaging unit (carton), unit conversion is 6 vehicles per box, volume of each box is 0. 0576 cbm, gross weight is 21 kgs, try to calculate the maximum number of containers and corresponding quotation quantity when the commodity is transported in 20' and 40' containers respectively.

Solution:

Every 20' container:

By volume, the packing quantity is 25 ÷ 0. 0576 = 434. 028.

According to the weight, the packing number is 17. 5 ÷ 21 × 1 000 = 833. 33.

Take the smaller of the two values, so the maximum number of containers can be rounded to 434 boxes, and the corresponding sales quantity is 434 × 6 = 2 604 vehicles.

Every 40' container:

The number of containers that can be packed by volume is 55 ÷ 0. 0576 = 954. 861.

By weight, the packing quantity is 26 ÷ 21 × 1 000 = 1 238. 095.

Take the smaller of the two values, so the maximum number of packing cases is 954 boxes, and the corresponding sales quantity is 954 × 6 = 5 724 vehicles.

【Example 3-7】 For commodity 01005 (canned sweet corn), the sales unit and packaging unit are carton (box), each box has a volume of 0. 025736 cbm and a gross weight of 20. 196 kgs. Try to calculate the maximum number of containers and quotation quantity when the commodity is transported in 20' and 40' containers respectively.

Solution:

Every 20' container:

Packing number by volume = 25 ÷ 0. 025736 = 971. 402.

Packing number by weight = 17. 5 ÷ 20. 196 × 1 000 = 866. 51.

Take the smaller of the two values, so the maximum number of boxes can be taken as 866 boxes. As the sales unit is the same as the packing unit, the quoted quantity of the goods is 866 cases.

Every 40' container:

Packing number by volume = 55 ÷ 0. 025736 = 2 137. 084.

Packing number by weight = 26 ÷ 20. 196 × 1 000 = 1 287. 38.

Take the smaller of the two values, so the maximum number of containers can be rounded to 1 287 boxes. As the sales unit is the same as the packing unit, the quoted quantity of the goods is 1 287 cases.

(2) Completion of export budget form.

A. Contract amount.

That is, the contract amount agreed by both parties. Please note that the cost currency should be converted.

Note: the exporter should inquire the factory before quoting. The factory's quotation (unit price) is the exporter's purchase price. The exporter can estimate a quotation to the importer according to the purchase price (for example, the purchase price is CNY100 / PC, and the quotation can be set as CNY120 / PC), and then calculate the expenses and profits according to the quotation. For the specific calculation method, please refer to "export quotation". If the profit meets the expectation, the quotation is reasonable, otherwise, the quotation can be reset.

【Example 3-8】 For commodity 01005 (canned sweet corn), the contract amount is set as

USD16 000, and it is found that the exchange rate of current US dollar (USD) is 6. 8261, which is to be converted into local currency.

Solution:

Contract amount = 16 000 × 6. 8261 = CNY109 217. 6

B. Purchase cost.

The exporter contacts with the factory by email to inquire about purchasing price for cost accounting.

【Example 3-9】 For commodity 01005 (canned sweet corn), the factory quoted price is CNY80 per product, and what the cost of purchasing 971 products is required?

Solution:

Purchase cost = 80 × 971 = CNY77 680

C. Total FOB price.

That is to say, the total amount of FOB price of goods agreed by both parties at the time of signing the contract.

If the contract is concluded in FOB terms, the total FOB price = the contract amount; otherwise, conversion is required.

Conversion from CFR to FOB: FOB = CFR−ocean freight.

Conversion from CIF to FOB: FOB = CIF−ocean freight−insurance.

Please refer to the following instructions for the calculation of ocean freight and insurance.

Note: the amount must be converted into cost currency. The exchange rate can be found in the "bank" page of "B2B (gold rush)".

Assuming that the total FOB price of this contract is USD26 500, it is found in the "bank" page that the exchange rate of current USD is 6. 8261.

The amount to be filled in this column is:

26 500 × 6. 8261 = CNY180 891. 65

D. Inland freight.

In "other expenses" of "B2B (gold rush net)", it is found that the inland freight rate is CNY60 / m^3 (note: m^3 is cbm).

Available: inland freight = total volume of export goods × 60.

Please refer to "basic calculation" for total volume algorithm.

E. Inspection fee.

In "other expenses" of "B2B (gold rush net)", it is found that the inspection application rate is CNY200 / time.

Available: inspection fee = CNY200.

F. Customs declaration fee.

In "other expenses" of "B2B (gold rush net)", it is found that the customs declaration fee is CNY200 / time.

Available: customs declaration fee = CNY200.

G. Ocean freight.

In export transactions, when CFR and CIF trade terms are adopted, the exporter shall account for the ocean freight. In case of FOB mode, fill in "0" in this column.

In the export trade, the choice of container type and the packing method of goods play a great role in reducing the freight expenses of exporters. The size and weight of the container, the loading, discharging and stacking of the goods in the container all need to be explored in practice.

a. Basis of freight calculation.

Freight unit refers to the basic unit used by the shipping company to calculate freight. As there are many kinds of goods, different packing conditions, different shipping methods and different freight calculation standards.

i. FCL: the freight unit is container. There are two types of containers in SimTrade: 20' and 40'. The effective volume of 20' container is 25 cbm, the weight limit is 17. 5 tne, the effective volume of 40' container is 55 cbm, the weight limit is 26 tne, in which 1 tne = 1 000 kgs.

ii. LCL: the shipping party shall take the higher freight rate as the standard. M / W or R / T is often noted on the freight table, which means that the shipping company will choose the higher freight rate of the weight tons or volume tons of the goods.

The unit of freight calculation under the LCL is:

Weight ton: according to the total gross weight of the goods, one ton (1 tne = 1 000 kgm) is taken as one freight ton.

Measurement ton: according to the total volume of the goods, one cubic meter (1 mtq or 1 cbm or 1 cum for short, also called one volume ton) is regarded as one freight ton.

When calculating the ocean freight, the exporter should first calculate the volume of the products according to the quoted quantity, and then go to the "freight inquiry" page of "B2B (gold rush net)" to find the freight rate of the destination port of the goods to be batch. If the quoted quantity is just enough to pack the whole container (20' container or 40' container), the freight rate shall be taken as the basic freight; if it is not enough to pack the whole container, the total volume (or total weight, whichever is more) of the product shall be used to calculate the freight rate.

b. Freight classification calculation method.

i. FCL: the FCL freight is divided into three parts, the total freight = the sum of the three parts.

Part one: Basic freight.

Basic freight = unit basic freight × number of full containers.

Part two: Port surcharge.

Port surcharge = unit port surcharge × number of full containers.

Part three: Fuel surcharge.

Fuel surcharge = unit fuel surcharge × number of full containers.

ii. LCL: the LCL freight only has basic freight, which is calculated by volume and weight.

Part one: Calculated by volume, X1 = unit basic freight (mtq) × total volume.

Part two: Calculated by weight, X2 = unit basic freight (tne) × total gross weight.

Take the larger one of X1 and X2.

【Example 3-10】 Commodity 08003 (children scooter) is to be exported to Canada, and the destination port is Toronto port. Try to calculate the sea freight for 1 000 and 2 604 vehicles respectively.

Solution:

Step 1: Calculate product volume and weight.

In the "product display" of "B2B (gold rush net)", it is found that the volume of commodity 08003 is 0. 0576 cbm per box, the gross weight of each box is 21 kgs, and each box contains 6 vehicles. According to the product data, calculate the product volume first.

The quoted quantity is 1 000 vehicles:

Total packing cases = 1 000 ÷ 6 = 166. 7 cases, take 167 cases, total volume = 167 × 0.0576 = 9. 6 cbm.

Total gross weight = 1 000 ÷ 6 × 21 = 3 500 kgs = 3. 5 tne.

The quoted quantity is 2 604 vehicles:

Total number of packages = 2 604 ÷ 6 = 434 cases, total volume = 434 × 0. 0576 = 24. 998 cbm.

Total gross weight = 2 604 ÷ 6 × 21 = 9 114 kgs = 9. 114 tne.

Step 2: Check freight rate.

In the "freight inquiry" of "B2B (gold rush net)", we found that the basic freight to Toronto port in Canada is: USD3 290 per 20' container, USD4 410 per 40' container, USD151 per mtq and USD216 per tne.

Port surcharge: USD132 per 20' container and USD176 per 40' container.

Fuel surcharge: USD160 per 20' container and USD215 per 40' container.

In addition, on the "bank" page of "gold rush", it can be found that the exchange rate of US dollar is 6. 8261.

According to the results calculated in step 1, compared with the container specifications (it has been stated in the basis of freight calculation that the effective volume of 20'container is 25 cbm, the weight limit is 17. 5 tne, the effective volume of 40' container is 55 cbm, the weight limit is 26 tne, in which 1 tne = 1 000 kgs), the freight of 1 000 vehicles should be used of LCL, and the freight of 2 604 vehicles should be 20' containers.

If the quoted quantity is 1 000 units, basic freight calculated by volume = 9. 6 × 151 = USD1 449. 6. And basic freight calculated by weight = 3. 5 × 216 = USD756.

In comparison, if the volume freight is larger and the shipping company charges the larger, the basic freight is USD1 449. 6.

Total freight = 1 449. 6 × 6. 8261 = CNY9 895. 11.

If the quoted quantity is 2 604 units. Since the volume and weight are not more than the volume and weight limit of a 20' container, it is enough to load a 20' container.

Total freight = 1 × (3 290+132+160) × 6. 8261 = 3 582 × 6. 8261 = CNY24 451. 09.

H. Premium.

In the export transaction, in the case of CIF term, the exporter needs to go to the "premium" page of "B2B (gold rush net)" to query the premium rate for accounting. If it is CFR or FOB, fill in

"0" in this column. The calculation formula is as follows:

Premium = insurance amount × premium rate

Insurance amount = CIF price × (1+premium rate)

In the import and export trade, according to the relevant international trading practices, the premium rate is usually 10%. The exporter can also agree different premium rates with the insurance company according to the requirements of the importer.

As the calculation of insurance amount is based on CIF (or CIP) price, if CFR (or CPT) price needs to be changed into CIF (or CIP) price when quoting externally, or if the buyer requires the seller to insure on behalf of the seller under the CFR (or CPT) contract, it shall not be calculated on the basis of CFR price plus insurance premium directly, but the corresponding CFR (or CPT) price shall be converted into CIF (or CIP) price before the corresponding calculation of insurance amount and premium.

a. When imported on CIF basis: insurance amount = CIF price × 1. 1.

b. When importing according to CFR: insurance amount = CFR price × 1. 1 / (1−1. 1 × r), where "r" is the insurance rate, please search in the "insurance fee" page of "gold rush net" and add up the insurance rates of the insurances.

c. When importing by FOB: insurance amount = (FOB price+sea freight) × 1. 1 / (1−1. 1 × r), of which FOB price is the contract amount. Please find the sea freight in the shipping notice, which is filled in by the exporter according to the shipping notice. If the exporter fills in incorrectly, please check the shipping notice.

【Example 3−11】 The total CIF price of goods 03001 is USD8 937. 6. The importer requires that 110% of the transaction price be covered by the institute cargo insurance clause (a) (insurance rate 0. 8%) and war risk (insurance rate 0. 08%). Try to calculate the insurance expenses that the exporter should pay to the insurance company.

Solution:

Insurance amount = 8 937. 6 × 110% = USD9 831. 36

Premium = 9 831. 36 × (0. 8%+0. 08%)= USD86. 52

Check that the exchange rate of US dollar is 6. 8261, and the converted CNY is 86. 52 × 6. 8261 = CNY590. 59.

Note:

i. As all risks (or A-risks) have included the scope of liability of all general additional risks, the insurance company will not charge extra for all risks (or A-risks) of general additional risks. When calculating the insured amount, the premium rate of general additional insurance may not be included.

ii. Only one kind of insurance can be selected for basic insurance, and special additional insurance shall be added on the basis of basic insurance. If war insurance and strike insurance in special additional insurance are added at the same time, the rate is only calculated according to one of them and shall not be accumulated (that is, if war insurance and strike insurance are applied at the same time, the rate is still 0. 80 ‰ instead of 1. 60 ‰).

I. Bank charges.

Different settlement methods will result in different fees charged by bank (the bank in the export place of T / T mode will not charge fees), which is usually the total amount × bank rate. The relevant rate can be found in the "other fees" of "B2B (gold rush net)".

【Example 3-12】 When the total contract amount is USD28 846. 4, what the bank charges under L / C, D / P and D / A modes are calculated respectively? (Note: L / C is assumed to be modified once.)

Step 1: Query rate.

In the "other expenses" page of "gold rush net", it is found that the L / C notice fee of CNY200 / time, modification notice fee of CNY100 / time, negotiation rate of 0. 13% (minimum CNY200), D / A rate of 0. 1% (minimum CNY100, maximum CNY2 000), D / P rate of 0. 1% (minimum CNY100, maximum CNY2 000).

Step 2: Query exchange rate.

In the "bank" page, it is found that the exchange rate of US dollar was 6. 8261.

Step 3: Calculate bank charges.

L / C bank fee = 28 846. 4 × 0. 13% × 6. 8261 + 200 + 100 = CNY555. 98

D / P bank fee = 28 846. 4 × 0. 1% × 6. 8261 = CNY196. 91

D / A bank fee = 28 846. 4 × 0. 1% × 6. 8261 = CNY196. 91

J. Other expenses.

This column mainly includes the company's comprehensive fee, inspection certificate fee, postage and certificate of origin fee, among which the inspection certificate fee is the inspection certificate applied for by the exporter when filling in the exit inspection application form, such as health certificate, plant quarantine certificate, etc. , and the fee for each certificate is CNY200; the postage is charged by times when the exporter mails the documents to the importer in T / T mode, USD28 per time.

All the above expenses can be found in the "other expenses" page of "B2B (gold rush net)", and accumulated and filled in this column according to the actual situation of this contract.

【Example 3-13】 If the total contract amount under T/T mode is USD8 846. 4, please calculate the amount to be filled in this column (assuming that a health certificate and a certificate of origin are applied for in this contract, and a shipping document has been sent to the importer).

Step 1: Query rate.

In the "other expenses" page of "gold rush", it is found that the comprehensive rate of 5% of the exporter company, the certificate fee of CNY200 / copy, and the postage of USD28 / time.

Step 2: Query exchange rate.

In the "bank" page, it is found that the exchange rate of US dollar was 6. 8261.

Step 3: Calculate other expenses.

Other expenses = 8 846. 4 × 5% × 6. 8261 + 200 + 200 + 28 × 6. 8261

= 3 019. 32 + 400 + 191. 13

= CNY3 610. 45

K. Tax refund income.

In the "tax rate" page of "B2B (gold rush net)", enter the commodity customs code to query (for example, enter the customs code 3304100000 of commodity 10001, and it is found that the export tax rebate rate is 17%, and the ad valorem consumption tax rate is 30%). If a contract involves more than one commodity, it must be calculated separately and then accumulated.

Available: income from export tax rebate = VAT refundable+consumption tax refundable = purchase cost / (1+VAT rate) × export tax rebate rate + purchase cost / (1+VAT rate) × consumption tax rate.

L. Profit.

The above income and expenditure can be calculated.

The calculation formula is: profit=contract amount+tax refund income−purchase cost−inland freight−inspection fee−customs declaration fee−ocean freight−premium−bank charges−other expenses.

5. Export quotation

In import and export trade, the price of goods is the focus of negotiation between the buyer and the seller, and sometimes the decisive factor of transaction. It is of great significance to correctly grasp the price structure of import and export commodities, reasonably adopt various pricing methods, select favorable pricing currencies and trade terms, and accurately calculate costs and profits. In SimTrade, the exporter should first negotiate with the importer about the quantity of the goods, inform the factory, get the factory quotation, and then offer it to the importer. The exporter can first estimate a quotation according to the factory quotation (unit price), and then calculate the cost and profit. If the profit meets the expectation, the quotation is reasonable, otherwise it can be revalued. The export quotation can be divided into the following steps:

Step 1: Estimate the export quotation (unit price) according to the factory quotation.

After the exporter gets the factory quotation, he can increase the price to estimate an export quotation. Then:

Export contract amount = export quotation × quantity

Step 2: Calculate all expenses.

All expenses include: purchase cost, inland freight, inspection fee, customs declaration fee, ocean freight, insurance fee, bank fee and other expenses. For specific calculation method, please refer to "filling in export budget table".

Among them, the purchase cost = the quotation (unit price) of the factory × the quantity. If the contract amount is used for other expenses, the contract estimated in the first step shall be used.

Step 3: Calculate tax refund income (not all goods have tax refund income).

For the specific calculation method of tax refund income, please refer to "filling in export budget table".

Step 4: Calculate profit.

Export profit = contract amount+tax refund income−purchase cost−inland freight−inspection fee−customs declaration fee−ocean freight−insurance fee−bank fee−other expenses

Step 5: Make a quotation according to the profit.

If the profit calculated in step 4 meets the expectation, the estimated unit price is reasonable, and the price can be quoted to the importer, otherwise it can be revalued.

Take 01001 canned mushroom (whole grain) as an example to demonstrate the calculation process of export quotation:

（1）Background information.

Commodity No. : 01001

Product name: canned mushroom (whole grain)

Quantity: 1 000 cartons

Factory quotation: CNY50 / carton

The price term with the importer: CIF Mars

Payment method: T / T

Certificate required: GSP certificate of origin

The goods are packed in a 20' container

Insurance: all risks, war risk, strike risk

（2）Quotation process.

A. Estimate an export quotation based on the factory quotation, assuming it is CNY100 / carton.

Export contract amount = export quotation × quantity = 100 × 1 000 = CNY100 000.

B. Calculate all expenses according to the contract amount.

a. Purchase cost = 50 × 1 000 = CNY50 000.

b. Inland freight: CNY884. 34.

c. Inspection fee: CNY200.

d. Customs declaration fee: CNY200.

e. Ocean freight: USD2 014 (in the B2B "freight inquiry", find out the basic freight of Marseille USD1 850, port surcharge USD74, fuel surcharge USD90, add up to get ocean freight).

In the "bank" of "B2B (gold rush net)", it is found that the exchange rate of US dollar is 6. 2961, then the ocean freight = USD2 014 × 6. 2961 = CNY12 680. 3454.

f. Insurance fee = insurance amount × insurance rate = CIF price × (1+premium rate) × insurance rate = 100 000 × 1. 1 × 0. 88% = CNY968.

g. Bank fee: 0.

h. Other expenses: in the "other expenses" page of "B2B (gold rush net)", find out 5% of the comprehensive rate of the exporter company, CNY200 / copy of the certificate fee, and USD28 / time of the postage.

Other expenses = comprehensive expenses of the company+certificate fee+postage = 100 000 × 5% + 200 + 28 × 6. 2961 = CNY5 376. 2908.

（3）Calculation of tax refund income.

Tax refund income = refundable value added tax + refundable consumption tax = purchase cost / (1+value added tax rate) × export tax refund rate + purchase cost / (1+value added tax rate) × consumption tax rate

In the "tax rate" page of "B2B (gold rush)", it is found that the value added tax rate of the commodity is 17%, the tax refund rate is 15%, and there is no consumption tax, then:

Tax refund income = 50 000 ÷ (1+17%) × 15% = CNY6 410. 26

(4) Calculate export profit.

Profit =contract amount+tax refund income−purchase cost−inland freight−inspection fee−customs declaration fee−ocean freight−insurance fee−bank fee−other expenses

=100 000+6 410. 26−50 000−884. 34−200−200−12 680. 3454−968−0−5 376. 2908

=CNY36 101. 2838

(5) Quote according to profit.

Profit margin = profit ÷ contract amount = 36 101. 2838÷100 000 = 36%, which is in line with the expected value.

However, the quotation is generally in USD, JPY and other international currencies. Therefore, it is necessary to convert CNY100 / carton quotation into USD, for example, the quotation = 100÷6. 2961 = USD15. 88.

6. L / C + CIF exporter quick start

Note: this quick start is a complete set of SimTrade actual business operations. The transaction mode is L / C+CIF. Because the trade process is different under different transaction modes, the data and table contents in this example are for reference only. Please complete the actual operation according to the specific situation.

Please select the following topics to view relevant contents:

◆ Transaction preparation stage

◆ Transaction negotiation stage

◆ Signing of contract and acceptance of letter of credit

◆ Contract performance stage

(1) Transaction preparation stage.

A. Students log in as an exporter, enter the user name (such as XYZ), select the user type as "exporter", and click the "log in system" button to enter the exporter business homepage.

B. Create a company. Click "profile" to view the company registered capital, account number, company code, email address and other information, and fill in other information one by one as follows:

Full name of the company (Chinese): Hongchang International Co. , Ltd

Full name of the company (English): Grand Western Trading Corp.

Company name (Chinese): Hongchang

Company name (English): Grand

Enterprise legal person (Chinese): Liu Minghua

Enterprise legal person (English): Minghua Liu

Tel: 86−25−23501213

Fax: 86−25−23500638

Post code: 210005

Website: http://www. desunsoft. net

Company address (Chinese): Room 2501, Jiafa Building, Beijing West Road, Nanjing

Company address (English): Room 2501, Jiafa Mansion, Beijing West Road, Nanjing 210005, P. R. China

Company introduction: We are a foreign trade company which mainly deals in garment and food. We have been committed to improving the quality of our products for a long time. We have a good reputation. Welcome to contact us for business!

Free to add pictures.

Note: it is better to use GIF or JPG format pictures, and the size is recommended to be about 120 * 120 (pixels).

Click "OK" after filling in.

C. Publish company advertisements. Click "business (business center)" and then click the building marked "advertising company". Click "publish advertisement" on the pop-up page, and fill in the following one by one:

Input title: our company operates all kinds of men's and women's T-shirts.

Key words: T-shirt.

Select the publishing type as "company advertisement".

Input content: our company specializes in all kinds of men's and women's T-shirts, fashionable, price concessions, welcome to contact us! Email address: xyz1@simtrade.

After filling in, click "OK" to successfully publish the company advertisement.

(After the importer releases the purchase information.)

D. Looking for business opportunities. Click "B2B (gold rush net)" to enter the query page, and view the notice, various market information and supply and demand information on the home page. In the information released by the importer, you can find the information of women's T-shirt issued by the Carters Trading Company, LLC.

E. View counterparties. Click "company library" to see all companies, enter the keyword "Carters", select the category as "importer", click "search", find the corresponding company, and then click "details" to view the company's specific information.

F. View traded items. Click "product display" to see all products, enter the keyword "women's T-shirt", click "search", find the corresponding products, and then click "details" to view the specific information of the products.

(2) Transaction negotiation stage.

A. Establish business relationship with the importer (note that the mail for establishing business relationship can be sent by the exporter or the importer). Return to the main page of exporter business, click "mail (my mail)", enter the mail system, click "new", fill in the mail content as follows:

Attention: email address of corresponding importer (such as xyz2@simtrade)

Subject: introduction

Contract No.: (the contract is not established at this time, so it is not necessary to fill in the contract No.)

Content bar:

Dear Mr. Carter,

We known your name and address from the website of www. simtrade. net and note with pleasure the items of your demand just fall within the scope of our business line. First of all, we avail ourselves of this opportunity to introduce our company in order to be acquainted with you.

Our firm is a Chinese exporter of various fashion clothes. We highly hope to establish business relations with your esteemed company on the basis of mutual benefit in an earlier date. We are sending a catalogue and a pricelist under separate cover for your reference. We will submit our best price to you upon receipt of your concrete inquiry.

We are looking forward to receiving your earlier reply.

Yours faithfully,

Minghua Liu

Grand Western Trading Corp.

Click "send" after filling in.

(After the importer replies to the contact email.)

B. Receive inquiry mail from the importer. Enter the mail system, click the new email name or sender, check the email, and the content is the inquiry of the importer for the women's T-shirt.

C. Release domestic purchasing information. Click "advertising company" in "business (business center)" and then click "release information", fill in the following one by one:

Enter title: a large number of women's T-shirts.

Key words: women's T-shirt.

Select the publishing type as "requirement information".

Input content: due to the needs of our customers, we are eager to buy a large number of women's T-shirts. Please contact us if you are interested! Email address: xyz1@simtrade.

After filling in, click "OK" to publish the information successfully.

(After the factory sends the contact email or the exporter sends the contact email on his own initiative.)

D. Receive the email that the factory wants to establish business relationship (note that the email of establishing business relationship can be sent by the factory or by the exporter).

E. Reply to the email. Fill in the following:

To: auto fill in reply status

Subject: the reply status is filled in automatically and can be changed to "inquiry"

Contract No. : (the contract is not established at this time, so it is not necessary to fill in the contract No.)

Content bar:

Mr. Zhang Chi:

Hello! Thank you very much for your letter.

As mentioned in your letter, your company is a professional garment manufacturer. We are very interested in it and would like to establish long-term cooperation with you. Can you quote us the price (including tax) for women's T-shirts? Please indicate the place of delivery, the payment method required and the minimum order quantity in the quotation. As the quantity of export goods is generally large, please quote us your best price.

Liu Minghua

Hongchang International Co., Ltd

Click "send" after filling in.

(After the factory replies to the inquiry email.)

F. Email to receive factory quotation.

G. According to the factory quotation, estimate a reasonable price, calculate the cost and profit, and then send an offer to the importer (please refer to "export quotation" for the specific calculation method).

Note: the factory quotation (unit price) is the exporter purchase price. The exporter can estimate a quotation (unit price) to the importer according to the purchase price, and then calculate the expenses and profits according to the quotation. If the profit meets the expectation, the quotation is reasonable, otherwise, the quotation can be reset.

Open the inquiry email of the importer, click "reply", and fill in the email as follows:

To: auto fill in reply status

Subject: the reply status is filled in automatically and can be changed to "quotation"

Contract No.: (the contract is not established at this time, so it is not necessary to fill in the contract No.)

Content bar:

Dear Mr. Carter,

We have received your letter of April 2, 2016, asking us to offer the women's T-shirt for shipment to Toronto port and highly appreciate that you are interested in our products.

Comply with your kindly request, we are pleased to offer our best price as follows:

a. Women's T-shirt

b. Packing: Exporter Carton

c. Specification: 20 PCS per carton, color: black, fabric content: 100% cotton

d. Quantity: 15 000 PCS

e. Price: USD30 / PC CIF Toronto

f. Payment: L / C

g. Shipment: in May, 2016

h. Brand: At your option

Our offer remains effective until May 30, 2016.

Yours faithfully,

Minghua Liu

Grand Western Trading Corp.

Click "send" after filling in.

(After making a counter offer and the importer replies to the email accepting the offer.)

H. Receiving the email sent by the importer.

(3) Signing of contract and acceptance of letter of credit.

A. Draft export contract. Exit the email page, click the building marked "importer" in "business center", and click "draft contract" on the pop-up page. Enter the contract number (e. g. "contract 001"), the corresponding importer number (e. g. XYZ), the bank number of the place of export (e. g. XYZ) where the relevant business is handled, check the option "set as the main contract" and click "OK" to open the contract form. The contents are as follows:

Export contract (fill in the description and click the blue font of the header name to view it)

(Note: the contract can be drawn up by the exporter or the importer.)

After filling in, click "save", and then click "check contract" in the business screen to confirm that the contract is filled in correctly. Next, you should make an export budget table by clicking "add document", selecting the radio button before export budget table, and click "OK". Then click the corresponding document number of export budget table in view document list (this method will be used to add and fill in documents in the future), and a form will pop up and fill in as follows:

Export budget table (please refer to "fill in export budget table" in help for calculation method)

Click "save" after filling in. It should be noted that the export budget table should be filled in carefully. After the contract is sent to the importer, the export budget table cannot be modified.

Check the exporter fund status, click the "finance" button, the "current fund" is not enough to pay the "purchase cost" in the budget table and the upcoming expenses. It is estimated that the exporter needs to loan CNY500 000 to the bank. Please refer to FAQ 6 in the help for the loan operation method.

B. Send contract. Return to the business screen, click "send the contract to the importer".

(After the importer confirms the contract.)

C. Receiving the notification email of the importer confirming the contract.

(After the letter of credit is forwarded by the bank at the place of export.)

D. Receive the notice email of the opened L / C, then go back to "business (business center)", click "bank at the place of export", and then click "L / C business", enter the L / C list screen, check the contents of the L / C, and then click "accept".

(4) Contract performance stage.

A. Email reply to factory quote. Fill in the following:

To: auto fill in reply status

Subject: auto fill in reply status

Contract No. : (the contract is not established at this time, so it is not necessary to fill in the contract No.)

Content bar:

Mr. Zhang Chi:

Hello, thank you for your reply!

After consideration, we think your quotation is acceptable. We will order 15 000 PCS of women’s T-shirts, and the contract will be sent out as soon as possible.

Liu Minghua

Hongchang International Co. , Ltd

Click "send" after filling in.

B. Draft domestic sales contract. Click the building marked "factory" in "business center" and click "draft contract" on the pop-up page. Enter the contract number "order 01", enter the corresponding factory number (such as XYZ), check the option "set as main contract", click "OK", and fill in the form as follows.

Domestic sales contract

(Note: this contract can be drawn up by the exporter or the factory.)

Click "save" after filling in.

C. Return to the business screen, click "check the contract", confirm that the contract is filled correctly, and then click "send the contract to the factory".

(After the factory confirms the contract and releases the goods.)

D. After receiving the notification email of the factory delivery, click "stock" to see that the ordered goods have been in the inventory list, and the preparation is completed.

E. Chartering and booking. Add "letter of authorization for shipment of goods" as follows:

Letter of authorization for shipment of goods

After filling in, click "shipping company" in "business (business center)", first click "designated shipping company", select "Seger International Freight Forwarding Co. , Ltd", and then click "confirm"; after the completion of the designation, click "booking space", select the container as "40", fill in the shipping date "05 / 15 / 2016", and then click "confirm", and the booking is completed. The system will return "allocation notice". Click "view document list" in the building marked as "importer" to view the content of "allocation notice".

F. To apply for export inspection (note: in SimTrade, whether the traded goods need export inspection or not, it is necessary to enter the customs code of the goods on the "tax rate inquiry" page of "B2B (gold rush net)" for inquiry. The corresponding regulatory conditions can be found, click the code symbol, and the meaning of each code is listed in it. If it is necessary to apply for export inspection to obtain the customs clearance form for outbound goods, it shall be handled in accordance with the provisions). Add "inspection application form for outbound goods" as follows:

Inspection application form for outbound goods

Click "save" after filling in, and then add "commercial invoice" and "packing list" respectively, fill in as follows:

Commercial invoice

Packing list

G. Go back to "business (business center)", click "inspection organization", and then click "apply for inspection", select the document sales contract, letter of credit, commercial invoice, packing list and inspection application form for outbound goods, and then click "inspection application". After the inspection application is completed, the inspection institution shall issue the "customs clearance form for outbound goods" and the corresponding inspection certificate applied for and issued by the exporter.

H. Apply for certificate of origin. Add "GSP certificate of origin" as follows:

GSP certificate of origin

After filling in, click "save", return to "business center", click "inspection organization", then click "apply for certificate of origin", select the type of certificate of origin as "GSP certificate of origin", and click "OK" to complete the application of certificate of origin.

I. Insurance. Add "cargo transportation insurance policy", fill in as follows:

Cargo transportation insurance policy

(Note: it is recommended to choose all risks insurance, war insurance and strike insurance, so that all accidents in SimTrade can be claimed.)

After filling in, click "save", return to "business center", click "insurance company", then click "handle insurance", select the documents "commercial invoice" and "cargo transportation insurance policy", click "handle insurance", and then the insurance company issues "cargo transportation insurance policy".

J. Delivery. Click "customs" and then "delivery" to deliver the goods to the place designated by the customs.

K. Customs declaration. Add "export declaration" as follows:

Export declaration

After filling in, click "customs declaration" on the right side of "delivery", select the documents "commercial invoice", "packing list", "customs clearance of outbound goods" (goods not requiring export inspection can be exempted), "customs declaration of export goods", and click "customs declaration". After customs declaration, the goods will be loaded and shipped automatically at the same time.

L. Retrieve the bill of lading. Click "shipping company" and then "retrieve B / L" to retrieve B / L.

M. Send notice of shipment. Add "shipping advice" as follows:

Shipping advice

After filling in, click "shipping company" and then "send shipping notice" to send the shipping notice to the importer.

N. Documentary. Add "draft" as follows:

Draft

After filling in, click "save", return to "business (business center)", click "bank of the place of export", and then click "documentary", select the check boxes in front of the documents commercial invoice, packing list, GSP certificate of origin, cargo transportation insurance policy (CIF condition), sea bill of lading and bill of exchange, and click "documentary" to complete the documentary formalities.

O. Receiving the notice mail sent by the bank for settlement of foreign exchange.

P. Settlement of foreign exchange. In "business (business center)", click "export bank", and then click "settlement" to settle the payment.

Q. Apply for online declaration of balance of payments.

Go back to "business center", click "SAFE", then click "online declaration of balance of payments", fill in the declaration form, save it, and complete the online declaration of balance of payments.

R. Export tax refund. Click "IRS" and then "tax refund", select the check boxes before the documents "commercial invoice" and "export goods declaration form", and click "tax refund" to complete the tax refund formalities. At this point, the transaction is completed. The exporter can go to the bank to repay the loan at this time.

7. T / T + FOB exporter quick start

Note: this quick start is a complete set of practical business operations of SimTrade. The transaction mode is T/T+FOB. Due to the different trade processes under different transaction modes, the data (blue font part)and table contents in this example are only for reference. Please complete the actual operation according to the specific situation.

Please select the following topics to view relevant contents:

◆ Transaction preparation stage

◆ Transaction negotiation stage

◆ Signing the contract

◆ Contract performance stage

(1) Transaction preparation stage.

A. Students log in as an exporter, enter the user name (such as XYZ), select the user type as "exporter", and click the "log in system" button to enter the exporter business homepage.

B. Create a company.

a. Click "profile" to view the company registered capital, account number, company code, email address and other information, and fill in other information one by one as follows:

Full name of the company (Chinese): Shanghai Xinhua Trading Company

Full name of the company (English): Shanghai Xinhua Trading Corp.

Company name (Chinese): Xinhua Trading

Company name (English): Xinhua

Enterprise legal person (Chinese): Zhang Xinhua

Legal person: Zhang Xinhua

Tel: 021-65985632

Fax: 021-65985633

Postal Code: 200020

Website: http://www. desunsoft. cn

Company address (Chinese): Lane 98, Chongqing South Road, Huangpu District, Shanghai

Company address (English): No. 98 Chongqing South Road, Huangpu District, Shanghai

Shanghai Xinhua Trading Company is an import and export trading company with a history of 15 years, with a good reputation. We are looking forward to cooperating with you!

Free to add pictures.

Note: it is better to use GIF or JPG format pictures, and the size is recommended to be about 120 * 120 (pixels).

b. Click "OK" after filling in.

C. Release the company advertisement.

a. Click "business" to enter the operation screen.

b. Click on the building marked "advertising agency".

c. Click "publish advertisement" on the pop-up page and fill in the following one by one:

Input title: our company operates various international brands of cosmetics.

Key words: cosmetics.

Select the publishing type as "company advertisement".

Input: our company handles all kinds of international famous brand cosmetics, such as lipstick, perfume, eye shadow and so on. Welcome to contact us! Email address: xyz1@simtrade.

d. After filling in, click "OK" to publish the company advertisement successfully.

(After the importer issues the purchase information.)

D. Look for business opportunities.

Click "B2B", enter the query page, check the notice and all kinds of market information and supply and demand information on the front page, and find information about the lipstick and perfume released by Golden Time Import and Export Company in the importer release information.

E. View counterparties.

a. Click "company library" to enter, you can see all companies.

b. Enter the keyword "Golden" and select the category as "importer".

c. Click "search" to find the corresponding company, and then click "details" to view the company specific information.

F. View the traded goods.

a. Click "product display" to see all products.

b. Input the keywords "lipstick" and "perfume" respectively, and click "search".

c. Find the corresponding product, click "details" to view the specific information of the product.

(2) Transaction negotiation stage.

A. Receive inquiry mail from the importer (both import and export parties have reached a long-term cooperation agreement, and the importer has sent the inquiry mail directly).

a. On the main page of exporter business, click "mail (my mail)" to enter the mail system.

b. Point the new mail name or the sender, check the mail, the importer lipstick and perfume inquiry.

B. Release domestic procurement information.

a. In business, click advertising agency.

b. Click "release information" and fill in the following one by one:

Input title: urgent lipstick and perfume.

Input keywords: lipstick and perfume.

Select the publishing type as "requirement information".

Input: our company is in urgent need of a lot of lipstick and perfume because of the needs of customers. Email address: xyz1@simtrade.

c. After filling in, click "OK" to publish the information successfully.

(After the factory sends the contact email or the exporter sends the contact email on his own initiative.)

C. Receive the mail that the factory wants to establish business relationship (note that the mail that establishes business relationship can be sent by the factory or by the exporter).

D. Reply to the email.

a. Fill in the following:

To: auto fill in reply status

Subject: the reply status is filled in automatically and can be changed to "inquiry"

Contract No.: (the contract is not established at this time, so it is not necessary to fill in the contract No.)

Content bar:

Mr. Li Liang:

Hello! Thank you very much for your letter.

Your letter mentioned that your company is a manufacturer of many famous brands of cosmetics in China. We are very interested in this and would like to establish a long-term cooperative relationship with you. At present, we are in urgent need of a lot of lipstick and perfume. We hope your factory can give us an offer (including tax), and indicate the place of delivery, the payment method and the minimum quantity in the price list. As the quantity of export goods is generally large, please quote us your best price.

Xinhua Zhang

Shanghai Xinhua Trading Company

b. Click "send" after filling in.

(After the factory replies to the quotation email.)

E. Mail to receive factory quotation.

F. According to the factory quotation, calculate the cost and profit, and then make an offer to the importer.

a. Open the inquiry email of the importer, click "reply", and fill in the email as follows:

To: auto fill in reply status

Subject: the reply status is filled in automatically and can be changed to "quotation"

Contract No.: (the contract is not established at this time, so it is not necessary to fill in the contract No.)

Content bar:

Dear Mr. King,

We have received your letter of April 1, 2016, asking us to offer the lipstick and perfume for shipment to Los Angeles port and highly appreciate that you are interested in our products.

Comply with your kindly request, we are pleased to offer our best price as follows:

I. Lipstick

II. Packing: exporter carton

III. Specification: Lipstick, 1 PC / box, 300 PCS / carton

Perfume, 1 bottle / box, 250 bottles / carton

IV. Quantity: Lipstick, 1 195 PCS

Perfume, 742 bottles

V. Price: Lipstick, USD52 / PC

Perfume, USD81 / bottle

FOB Shanghai

VI. Payment: T / T

VII. Shipment: 2016/04/18

VIII. Brand: at your option

Yours faithfully,

Zhang Xinhua

Shanghai Xinhua Trade Corp.

b. After filling in, click "send".

(After the counter-offer and the importer replies to the email accepting the offer.)

G. Receiving the mail sent by the importer.

(3) Signing the contract.

A. Draft export contract.

a. Click the building marked "importer" in "business center".

b. Click "draft contract" on the pop - up page. Enter the contract number (e. g. "contract 002"), the corresponding importer number (e. g. XYZ) and the bank number of the place of export (e. g. XYZ), and check the option "set as main contract".

c. Click "OK" to open the contract form with the following contents:

Export contract (fill in the description and click the header name to view it).

(Note: the contract can be drawn up by the exporter or the importer.)

d. Click "save" after completion of filling and click "check contract" in the business screen to confirm that the contract is filled correctly.

e. Make export budget table. Click "add document", select the radio button before export budget table, click "OK", and then click the document No. corresponding to export budget table in view document list to open the form, fill in as follows:

Export budget table (please refer to "fill in export budget table" in online help for calculation method).

f. Click "save" after filling in. It should be noted that the export budget table should be filled in carefully. After the contract is sent to the importer, the export budget table cannot be modified.

B. Send contract. Return to the business screen, click "send the contract to the importer".

(After the importer confirms the contract.)

C. Receive the notice mail of the importer confirming the contract.

(4) Contract performance stage.

A. Reply to the email of factory quotation. Fill in the following:

To: auto fill in reply status

Subject: auto fill in reply status

Contract No. : (the contract is not established at this time, so it is not necessary to fill in the contract No.)

Content bar:

Mr. Li Liang:

Hello, thank you for your reply!

After considering, we think your offer is acceptable. We will order 1 195 PCS lipstick and 742 bottles perfume. The contract will be sent as soon as possible.

Xinhua Zhang

Shanghai Xinhua Trading Company

Click "send" after filling in.

B. Draft domestic sales contract.

a. Click on the building marked "factory" in "business center".

b. Click "draft contract" on the pop-up page. Enter the contract number "order 02", enter the corresponding factory number (such as XYZ), check the option "set as main contract", click "OK", and fill in the form as follows:

Domestic sales contract

(Note: this contract can be drawn up by the exporter or the factory.)

c. Click "save" after filling in.

C. Return to the business screen, click "check the contract", confirm that the contract is filled correctly, and then click "send the contract to the factory".

(After the factory confirms the contract and releases the goods.)

D. After receiving the notification email that the factory has released the goods, click "inventory" to see that the ordered goods have been in the inventory list and the goods are ready.

(Importer's designated shipping company.)

E. Chartering and booking.

a. Add "letter of authorization for goods shipment" as follows:

Letter of authorization for shipment of goods

b. In the "business" screen, click the "shipping company" building.

c. Click "booking space", select the container type as "LCL", and fill in the shipping date "2016 / 04 / 18 ".

d. Click "OK" to finish booking. The system will return "allocation notice". Click "view document list" in the building marked as "importer" to view the content of "allocation notice".

F. To apply for export inspection (note that in SimTrade, whether the traded goods need export inspection or not, it is necessary to input the customs code of the goods on the "tax rate inquiry" page of "B2B (gold rush net)" for inquiry. The corresponding output and input code can be found. Click the code symbol, and the meaning of each code is listed in it. If it is necessary to apply for export inspection according to applicable regulations, it shall be handled in accordance with the regulations).

a. Add "inspection application form for outbound goods" as follows:

Inspection application form for outbound goods

b. Click "save" after filling in.

c. Add "commercial invoice" and "packing list" respectively, fill in as follows:

Commercial invoice

Packing list

d. Go back to "business (business center)", click the "inspection organization" building, and then click "application for inspection". Select the documents "sales contract", "commercial invoice", "packing list", "inspection application form for outbound goods", and then click "inspection application".

e. After the inspection application is completed, the inspection institution shall issue the "customs clearance form for outbound goods" and the corresponding inspection certificate applied for and issued by the exporter.

G. Apply for certificate of origin.

a. Add "certificate of origin" as follows:

Certificate of origin

b. Click "save" after filling in.

c. Go back to "business center", click "inspection organization", then click "apply for certificate of origin", and select the type of certificate of origin as "certificate of origin".

d. Click "OK" to complete the application of certificate of origin.

H. Delivery. Click "customs" and then "delivery" to deliver the goods to the place designated by the customs.

I. Customs declaration.

a. Add "export declaration" as follows:

Export declaration

b. After filling in, click "customs declaration" on the right side of "delivery", select the documents "commercial invoice", "packing list", "customs clearance of outbound goods" (goods not requiring export inspection can be exempted), "customs declaration of export goods", and click "customs declaration".

c. After customs declaration, the goods will be shipped automatically at the same time.

J. Retrieve the bill of lading. Click "shipping company" and then "retrieve B / L" to retrieve B / L.

K. Send notice of shipment.

a. Add "shipping advice" as follows:

Shipping advice

b. After filling in, click "shipping company" and then "send shipping notice" to send the shipping notice to the importer.

L. Make a presentation.

In the list of documents, select the check boxes in front of the documents "commercial invoice", "packing list", "certificate of origin" and "ocean bill of lading", and click the "send documents to the importer" button to complete the delivery formalities.

M. Receive the notice mail from the bank that can settle the foreign exchange.

N. Settlement. In "business (business center)", click "export bank", and then click "settlement" to settle the payment.

O. Apply for online declaration of balance of payments.

Go back to "business center", click "SAFE", then click "online declaration of balance of payments", fill in the declaration form, save it, and complete the online declaration of balance of payments.

P. Export tax refund.

a. Click "IRS" and then "tax refund", and select the check boxes before the documents "commercial invoice" and "export goods declaration form".

b. Click "tax refund" to complete the tax refund formalities.

At this point, the transaction is completed.

Section 3 Key Operating Points of Importers

1. Importer internship objectives

(1) Make good preparation for the transaction by using various resources provided by SimTrade.

(2) Learn to use network resources to promote enterprises and products.

(3) Use the mail system for business consultation and master the writing skills of correspondence.

(4) Master the differences of different trade terms in shipping and insurance. In the consultation process of inquiry, offer, counter offer and acceptance, we should flexibly use trade terms (CIF, CFR, FOB)and settlement methods (L / C, T / T, D / P, D / A), correctly calculate costs, expenses and profits, and strive for a better transaction price.

(5) According to the contents of negotiation, correctly use trade terms and settlement methods to sign export sales contracts.

(6) Master the import and export business process of four main trade terms (L / C, T / T, D / P, D / A).

(7) Prepare the goods according to the negotiation content and sign the domestic purchase and sale contract correctly.

(8) Correctly judge the market trend and do a good job in inventory management.

(9) Fill in all kinds of documents correctly (including inspection declaration, declaration and negotiation documents in export business, and L / C application in import business).

(10) Master the key points of issuing and reviewing documents.

(11) Learn how to use various ways to control costs to maximize profits.

(12) Understand the operation mode of logistics, capital flow and business flow in international trade, and understand the different status, specific work and interaction of different parties in international trade.

2. Introduction to the importer operation screen

SimTrade has five main characters, namely, exporter, importer, factory, bank at the place of export and bank at the place of import. After logging in successfully with the importer's user name, SimTrade will enter the importer's operation main screen. On the front page of the screen, the current level of the importer is listed (up to 10 red stars, each red star is equivalent to 10 points, and each white star is equivalent to 5 points); the "system prompt" helps the importer analyze the current business situation, so as to improve the internship results in time; click "my official folder", you can enter the document management page; click the button above, you can respectively enter the basic level of the importer data, financial data and other operation screens.

(1) Profile (Profile).

Click the eighth button on the top of the importer's main screen to open the operation screen of the basic data, which is used to record the details of the company.

User number, company account number, registered capital, e-mail: user number is the account number used for login. These items are all assigned by teachers and cannot be modified by users.

Enterprise legal person: it can be used as the signature for filling in various documents in the future.

Company name: after the first successful login, the company name must be registered first, otherwise other business operations cannot be carried out. Note that the importer's name must be filled in English.

Nationality: when the teacher creates the student account, the system randomly assigns nationality to each importer, which cannot be modified.

Company telephone, company fax, postal code, company website: these are contact information of the company, please fill in one by one to facilitate the contact between trading partners.

Company address: the company address shall be filled in the contract, letter of credit and other documents. Please note that the importer's address must be filled in English.

Company introduction: fill in the introduction (such as the company's business purpose, production scale, product status, etc.) to attract the attention of some trading partners to the company and increase business opportunities.

Modify password: click here to modify the login password.

You can also freely add company pictures by browsing. The above information will be displayed on the company library page of "B2B (gold rush)".

（2） Finance (Finance).

Click the second button on the top of the importer's main screen to open the operation screen of financial data, which is equivalent to the financial department of the company. All the income and expenditure incurred in business transactions are reflected in the "Journal", and all the items related to the loan are reflected in the "Loan details". The financial status of this screen is only used for query and cannot be modified. In this screen, neither the registered capital nor the currency can be modified (note that the currency is randomly specified when the student account is created, and importers need to calculate expenses in this currency when making import budget); loan balance = total amount of all outstanding loans; inventory assets = inventory quantity × purchase cost.

A. Journal.

Click the "journal" button to enter the journal screen.

Time: record the specific time of income and expenditure, and arrange them in reverse order of "year month day hour minute".

Revenue and expenditure: record the amount of revenue and expenditure incurred.

Contract No. : the number of related contracts recording the revenue and expenditure.

Item description: record the description of income and expenditure.

B. Loan details.

Click the "loan details" button to enter the loan details screen.

Application time: it is arranged in reverse order of "year month day hour minute" according to the specific time of loan application.

（3） Stock (Stock).

Click the third button on the top of the importer's main screen to open the operation screen of inventory status, which is equivalent to the company's warehouse. With the development of business, the system will automatically count the increase of inventory after purchase and the decrease of inventory after sale. This screen can only be queried and cannot be modified.

Commodity number and name: corresponding to the information in "product display" in "B2B (gold rush)". When purchasing or shipping, the system will automatically calculate the increase or decrease of inventory by commodity number.

Quantity: the system will automatically increase or decrease the inventory after shipment or purchase according to the sales quantity signed in the contract.

Purchase cost: displays the average purchase cost of the product in the contract signed by the importer when purchasing from the exporter. For example, if the importer purchases a product from two exporters respectively, the contract amount signed with exporter A is USD10 / PC, and the contract amount signed with exporter B is USD12 / PC, the purchase cost displayed after two purchases is USD11 / PC.

（4） Business (Business center).

Click the fourth button above the importer's main screen to open the operation screen of the business center.

On the map, each building represents the working mechanism related to the business. Move the mouse over the building and the screen displays the corresponding name. Click the building (e. g. exporter)and the work related to the exporter (e. g. drafting the contract)will be listed in the pop-up dialog box. For specific operations in the business center, please refer to the performance process and quick start.

(5) Logs (Business logs).

Click the fifth button on the top of the importer's main screen to open the operation screen of the business log, where the relevant processes in the import business are marked to let the user know the status of the business in time. Note that the business status of the main contract is shown here. If you want to view the business logs of other contracts, please "click to switch the main contract". Only one contract can be viewed at a time.

Date: refers to the date of the export contract. This screen displays the dates of export contracts in reverse order. Therefore, when signing export contracts, users are advised to enter a fixed date format (for example: yyyy-mm-dd).

Contract No. : the contract number of the export contract.

Trading partner: displays the seller's user number and the company's English abbreviation of the export contract.

Current status: displays the current execution status according to the signing and performance process of the contract. For more details, see the business process ID below.

L / C, charter, insurance, payment, acceptance, redemption, bill of lading replacement, inspection declaration, customs declaration, tax payment, delivery, online declaration and claim of foreign exchange monitoring system: it is the status identification of relevant import business process. Under these items, the system indicates the completed status with "Y" and the incomplete status with "N". According to different terms of trade and settlement methods, some items can be "N". For example, if the exporter insures the insurance on CIF terms, the importer can choose "N" under the "insurance" item, and the exporter will change "Y" under the "insurance" item only after making the insurance.

Detailed business log of import contract: lists the events occurred in the whole process from the beginning of contract drafting to the end of business under this contract, including wrong operations.

(6) Mail (My mail).

Click the sixth button on the top of the importer's main screen to enter the mail system, where you can contact users by mail.

View related topics: use of mail system.

(7) B2B (Gold rush).

Click the eighth button on the top of the importer's main screen to open the "gold rush" screen.

"Gold rush" is a simulated B to B e-commerce center in SimTrade, which provides a fully simulated international business environment. Users can find notices, today's exchange rates, and detailed information of factories, exporters and importers on various pages; keyword search function helps users quickly find the required supply and demand information, company and product information, and provides greater space for foreign trade practice.

View related topics: taojin. com.

(8) Help (Help).

If you have any questions, please refer to the online help by clicking the ninth button at the top of the main screen of the importer.

3. Filling in the import budget form

In import and export trade, the price of goods is the focus of negotiation between the buyer and the seller, and sometimes the decisive factor of transaction. It is of great significance to correctly grasp the price structure of import and export commodities, reasonably adopt various pricing methods, select favorable pricing currencies and trade terms, and accurately calculate costs and profits. In SimTrade, when the contract is drafted by the exporter and signed by the importer, the importer confirms the contract; or when the importer contract is drafted and sent to the exporter, the importer must first fill in the import budget table to estimate various expenses; after the transaction is completed, the actual amount will be listed in the right column for students to check whether their calculation is correct or not. The following explains the calculation of various expenses in the import budget table, which is convenient for students to fill in.

Note that the figures filled in the import budget table are all in the base currency, with two decimal places reserved. For conversion, please refer to the "bank" page in "B2B (gold rush net)" for exchange rate. If there is no such expense, please fill in "0".

Please select the following topics to view relevant contents:

◆ Basic calculation.

◆ Import budget table item calculation.

①Contract amount

②Total CIF price

③Inland freight

④Inspection fee

⑤Customs declaration fee

⑥Tariff

⑦Value added tax

⑧Consumption tax

⑨Ocean freight

⑩Premium

⑪Bank charges

⑫Other expenses

(1) Basic calculation.

A. Calculation of gross weight, net weight and volume.

Firstly write down the weight and volume of each box in the "product display" of "B2B (gold rush net)", and then query whether the sales unit and packaging unit of the product are the same.

When calculating the weight, for the products with the same sales unit and packaging unit (such as food products), the trading quantity can be directly used × the gross (net) weight of each box; for the products with different sales unit and packaging unit (such as toys and clothing products), the gross (net) weight of a single piece must be calculated according to the unit conversion first, and then the gross (net) weight can be calculated according to the trading quantity.

When calculating the volume, for the products with the same sales unit and packaging unit (such as food products), the volume of each box can be directly used by the trading quantity; for the products with different sales unit and packaging unit (such as toys and clothing products), the number of boxes must be calculated according to the unit conversion first, and then the total volume shall be calculated. (Note: if there is a decimal point in the number of packing cases, the whole box must be carried in. If the whole box is not enough, the gross (net) weight and volume shall be calculated as the whole box.)

【Example 3-14】 For 08001 toy products, the sales unit is unit, and the packaging unit is carton. The unit conversion display is that each box contains 6 vehicles, gross weight of each box is 23 kgs, net weight of each box is 21 kgs, and volume of each box is 0. 08052 cbm. If the trading volume is 1 000 vehicles, try to calculate the gross, net weight and volume respectively.

Solution:

a. Calculation of volume:

Number of packing cases = 1 000 ÷ 6 = 166. 6 cases, round to 167 cases.

Total volume = 167 × 0. 08052 = 13. 447 cbm.

b. Calculation of gross weight:

Total gross weight = gross weight of single piece × number of packages = 23 × 167 = 3 841 kgs.

c. Calculation of net weight:

Total net weight = net weight of single piece × number of packages = 21 × 167 = 3 507 kgs.

【Example 3-15】 For 01001 food products, the sales unit is carton (box), and the packaging unit is carton (box). The gross weight of each box is 11. 2 kgs, the net weight of each box is 10. 2 kgs, and the volume of each box is 0. 014739 cbm. If the transaction quantity is 2 000 cartons, try to calculate the gross, net weight and volume respectively.

Solution:

a. Gross weight = 2 000 × 11. 2 = 22 400 kgs.

b. Net weight = 2 000 × 10. 2 = 20 400 kgs.

c. Volume = 2 000 × 0. 014739 = 29. 478 cbm.

Note: because the sales unit of this type of product is the same as the packaging unit, the unit conversion content may not be considered in the calculation.

B. Import quantity accounting.

In the international cargo transportation, 20' container and 40' container are often used. The effective volume of 20' container is 25 cbm, the weight limit is 17. 5 tne, the effective volume of 40' container is 55 cbm, the weight limit is 26 tne, in which 1 tne = 1 000 kgs. When doing import accounting, the importers are advised to calculate the import quantity according to the maximum packaging quantity that the container can hold, so as to save the shipping cost.

View the product details in the "product display" of "B2B (gold rush)", and calculate the import quantity according to the product volume, packaging unit, sales unit and unit conversion.

【Example 3-16】 Goods 08003 (children scooter), sales unit (unit), packing unit (carton), unit conversion is 6 vehicles per box, volume of each box is 0. 0576 cbm, gross weight is 21 kgs, try to calculate the maximum number of containers and import quantity when the goods are transported in 20' and 40' containers respectively.

Solution:

Every 20' container:

By volume, the packing quantity is 25 ÷ 0. 0576 = 434. 028.

According to the weight, the packing number is 17. 5 ÷ 21 × 1 000 = 833. 33.

Take the smaller of the two values, so the maximum number of containers can be rounded to 434 boxes, and the corresponding import quantity = 434 × 6 = 2 604 vehicles.

Every 40 'container:

The number of containers that can be packed by volume is 55 ÷ 0. 0576 = 954. 861.

By weight, the packing quantity is 26 ÷ 21 × 1 000 = 1 238. 095.

Take the smaller of the two values, so the maximum number of containers can be rounded to 954 boxes, and the corresponding import quantity = 954 × 6 = 5 724 vehicles.

【Example 3-17】 For commodity 01005 (canned sweet corn), the sales unit and packaging unit are carton (box), each box has a volume of 0. 025736 cbm and a gross weight of 20. 196 kgs. Try to calculate the maximum number of containers and import quantity when the commodity is transported in 20' and 40' containers respectively.

Solution:

Every 20' container:

Packing number by volume = 25 ÷ 0. 025736 = 971. 402.

Packing number by weight = 17. 5 ÷ 20. 196 × 1 000 = 866. 51.

Take the smaller of the two values, so the maximum number of boxes can be taken as 866 boxes. As the sales unit is the same as the packaging unit, the corresponding import quantity is 866 cases.

Every 40' container:

Packing number by volume = 55 ÷ 0. 025736 = 2 137. 084.

Packing number by weight = 26 ÷ 20. 196 × 1 000 = 1 287. 38.

Take the smaller of the two values, so the maximum number of containers can be rounded to 1 287 boxes. As the sales unit is the same as the packaging unit, the corresponding import quantity is 1 287 cases.

(2) Calculation of import budget form.

A. Contract amount.

That is, the contract amount agreed by both parties. Note that it needs to be converted into the importer local currency (you can view the registered capital currency in "finance").

Note: the importer calculates all expenses and profits according to the quotation of the exporter. For details, please refer to "import accounting". If the profit meets the expectation, we will accept the offer, otherwise we can make a counter-offer to the exporter.

B. Total CIF price.

That is, the total amount of goods ordered by both parties at the time of signing the contract. If the contract is concluded in CIF terms, the total CIF price = the contract amount. If it is not CIF price, it shall be converted.

Conversion from FOB to CIF: CIF = FOB+ocean freight+insurance.

Conversion from CFR to CIF: CIF = CFR+premium.

Please refer to the following instructions for the calculation of ocean freight and insurance.

Note: if the contract is not signed in the local currency, conversion is required.

Assuming that the contract is denominated in US dollar, the contract amount is USD36 900, while the importer local currency is JPY, the exchange rate of US dollar and JPY is 6. 8261 and 0.073049 respectively found in the "bank" of "B2B".

Then the amount to be filled in this column is 36 900 × 6. 8261 ÷ 0. 073049 = JPY3 448 138. 78.

C. Inland freight.

In "other expenses" of "B2B (gold rush net)", it is found that the inland freight is CNY60 / m^3 (cbm).

Assuming that the importer native currency is US dollar, it is found in the "bank" page that the current exchange rate of US dollar is 6. 8261.

Available: inland freight = total volume of export goods × 60 ÷ 6. 8261.

Please refer to "basic calculation" for total volume algorithm.

D. Inspection fee.

In "other expenses" of "B2B (gold rush)", it is found that the inspection application rate is CNY200 / time, and the current exchange rate of US dollar is 6. 8261.

Available: inspection fee = 200 ÷ 6. 8261 = USD29. 3.

E. Customs declaration fee.

In "other expenses" of "B2B (gold rush net)", it is found that the customs declaration fee is CNY200 / time, and the current exchange rate of US dollar is 6. 8261.

Available: customs declaration fee = 200 ÷ 6. 8261 = USD29. 3.

F. Tariff.

Enter the "tax rate" page of "B2B (gold rush net)", enter the commodity customs code for query (for example, enter the customs code of commodity 01001, 2003101100, and find that the preferential import tax rate is 25%). The countries in SimTrade are basically applicable to preferential tax rate, so preferential tax rate can be directly used for calculation. If not, fill in "0". If a contract involves more than one commodity, it must be calculated separately and then accumulated.

Available: commodity import tax = total CIF price of the commodity × preferential import tax rate (pay attention for using total CIF price instead of contract amount).

G. Value added tax.

Enter the "tax rate" page of "B2B (gold rush net)", enter the commodity customs code for query (for example, enter the customs code of commodity 01001, 2003101100, and find that the value added tax rate is 17%). If a contract involves more than one commodity, it must be calculated separately and then accumulated.

Available: value added tax = (total CIF price of the commodity + import tariff + consumption tax) × value added tax rate (note that the total CIF price should be used instead of the contract amount, and the calculation method of consumption tax is as follows).

H. Consumption tax.

Enter the "tax rate" page of "B2B (gold rush net)", input the commodity customs code for query (for example, input the customs code of commodity 10001, 3304100000, and find the ad valorem calculation of consumption tax, which is 30% of the price). If a contract involves more than one commodity, it must be calculated separately and then accumulated. If there is no consumption tax, enter "0".

Available: ad valorem commodity consumption tax = (total CIF price of the commodity + import tariff) × consumption tax rate / (1−consumption tax rate) (note that the total CIF price should be used instead of the contract amount).

Consumption tax of specific quantity of goods = quantity of goods subject to consumption tax × unit tax of consumption tax.

I. Ocean freight.

In import transactions, if FOB trade term is adopted, the importer shall account for the ocean freight; if CIF or CFR mode, fill in "0" in this column.

In import and export trade, the choice of container type and the packing method of goods play a very important role in reducing freight expenses for importers. The size and weight of the container, the loading, discharging and stacking of the goods in the container all need to be explored in practice.

a. Basis of freight calculation.

Freight unit refers to the basic unit used by the shipping company to calculate freight. As there are many kinds of goods, different packing conditions, different shipping methods and different freight calculation standards.

I. FCL: the freight unit is container. There are two types of containers in SimTrade: 20’ and 40’. The effective volume of 20’ container is 25 cbm, the weight limit is 17. 5 tne, the effective volume of 40’ container is 55 cbm, the weight limit is 26 tne, in which 1 tne = 1 000 kgs.

II. LCL: the shipping party shall take the higher freight rate as the standard. M / W or R / T is often noted on the freight table, which means that the shipping company will choose the higher freight rate of the weight tons or volume tons of the goods.

The unit of freight calculation under the LCL is:

i. Weight ton: according to the total gross weight of the goods, one ton (1 tne = 1 000 kgm) is taken as one freight ton.

ii. Measurement ton: according to the total volume of the goods, one cubic meter (1 mtq or 1 cbm or 1 cum for short, also called one volume ton) is used as one freight ton.

When calculating the ocean freight, the importer should first calculate the volume of the product according to the quoted quantity, and then go to the "freight inquiry" page of "B2B (gold rush net)" to find the freight rate of the destination port of the goods to be batch. If the quoted quantity is just enough to pack the whole container (20' container or 40' container), the freight rate shall be taken as the basic freight; if it is not enough to pack the whole container, the total volume (or total weight, whichever is more) of the product shall be used to calculate the freight rate.

b. Freight classification calculation method.

I. FCL: the FCL freight is divided into three parts, the total freight = the sum of the three parts.

i. Basic freight.

Basic freight = unit basic freight × number of full containers

ii. Port surcharge.

Port surcharge = unit port surcharge × number of full containers

iii. Fuel surcharge.

Fuel surcharge = unit fuel surcharge × number of full containers

II. LCL: the LCL freight only has basic freight, which is calculated by volume and weight.

i. Calculated by volume, X1 = unit basic freight (mtq) × total volume.

ii. Calculated by weight, X2 = unit basic freight (tne) × total gross weight.

Take the larger one of X1 and X2.

【Example 3-18】 Goods 08003 (children scooter) are imported to Canada, and the unloading port is Toronto port. Try to calculate the shipping charges for 1 000 and 2 604 vehicles respectively (assuming the importer local currency is USD).

Solution:

Step 1: Calculate product volume and weight.

In the "product display" of "B2B (gold rush net)", it is found that the volume of commodity 08003 is 0. 0576 cbm per box, the gross weight of each box is 21 kgs, and each box contains 6 vehicles. According to the product data, calculate the product volume first.

Quoted quantity is 1 000 vehicles:

Total packing cases = 1 000 ÷ 6 = 166. 7 cases, take 167 cases, total volume = 167 × 0. 0576 = 9. 6 cbm.

Total gross weight = 1 000 ÷ 6 × 21 = 3 500 kgs = 3. 5 tne.

Quoted quantity is 2 604 vehicles:

Total number of packages = 2 604 ÷ 6 = 434 cases, total volume = 434 × 0. 0576 = 24. 998 cbm.

Total gross weight = 2 604 ÷ 6 × 21 = 9 114 kgs = 9. 114 tne.

Step 2: Check freight rate.

In the "freight inquiry" of "B2B (gold rush net)", we found that the basic freight to Toronto port in Canada is: USD3 290 per 20' container, USD4 410 per 40' container, USD151 per mtq and

USD216 per tne.

Port surcharge: USD132 per 20’ container and USD176 per 40’ container.

Fuel surcharge: USD160 per 20’ container and USD215 per 40’ container.

In addition, on the "bank" page of "gold rush", it can be found that the exchange rate of US dollar is 6. 8261.

According to the results calculated in step 1, compared with the container specifications (it has been stated in the basis of freight calculation that the effective volume of 20’ container is 25 cbm, the weight limit is 17. 5 tne, the effective volume of 40’ container is 55 cbm, the weight limit is 26 tne, in which 1 tne = 1 000 kgs), the freight of 1 000 vehicles should be used of LCL, and the freight of 2 604 vehicles should be 20’ containers.

i. The quoted quantity is 1 000 units, basic freight calculated by volume = 9. 6 × 151 = USD1 449. 6. And basic freight calculated by weight = 3. 5 × 216 = USD756.

In comparison, if the volume freight is larger and the shipping company charges the larger, the basic freight is USD1 449. 6.

ii. The quoted quantity is 2 604 units. Since the volume and weight do not exceed the volume and weight limit of a 20’ container, one 20’ container is enough.

Total freight = 1 × (3 290+132+160) = USD3 582.

Note: if the importer functional currency is not US dollar, it is necessary to check the exchange rate of functional currency again to convert the calculation result into cost currency. Please refer to the exchange rate of total CIF price before for conversion method.

J. Premium.

In the import transaction, in the case of FOB and CFR terms, the importer needs to check the insurance rate on the "premium" page of "B2B (gold rush net)" to account for the premium. In case of CIF mode, fill in "0" in this column. The formula is as follows:

Premium = insurance amount × premium rate

Insurance amount = CIF price × (1+premium rate)

The specific calculation method of insurance amount is as follows:

In the import and export trade, according to the relevant international trading practices, the premium rate is usually 10%. Of course, the exporter can also agree different premium rates with the insurance company according to the requirements of the importer.

As the calculation of insurance amount is based on CIF (or CIP) price, if CFR (or CPT) price needs to be changed into CIF (or CIP) price when quoting externally, or if the buyer requires the seller to insure on behalf of the seller under the CFR (or CPT) contract, it shall not be calculated on the basis of CFR price plus insurance premium directly, but the corresponding CFR (or CPT) price shall be converted into CIF (or CIP) price before the corresponding calculation of insurance amount and premium.

a. When imported on CIF basis: insurance amount = CIF price × 1. 1.

b. When importing according to CFR: insurance amount = CFR price × 1. 1 / (1−1. 1 × r), where "r" is the insurance rate, please search in the "insurance fee" page of "gold rush net" and add up the insurance rates of the insurances.

c. When importing by FOB: insurance amount = (FOB price+sea freight) × 1. 1 / (1−1. 1 × r), of which FOB price is the contract amount. Please find the sea freight in the shipping notice. The exporter shall fill in according to the shipping notice. If the exporter fills in incorrectly, please check the shipping notice.

Note:

i. Since all risks (or A-risks) have included the liability scope of all general additional risks, the insurance company will not charge extra for all kinds of general additional risks when insuring all risks (or A-risks). When calculating the insured amount, the premium rate of general additional insurance may not be included.

ii. Only one kind of insurance can be selected for basic insurance, while special additional insurance shall be added on the basis of basic insurance. If war insurance and strike insurance in special additional insurance are added at the same time, the rate shall only be calculated according to one of them, and shall not be accumulated (that is, if war insurance and strike insurance are applied at the same time, the rate is still 0. 80 ‰ instead of 1. 60 ‰).

【Example 3−19】 The CFR price of commodity 03001 is USD8 846. 4, and the insurance expenses payable by the importer to the insurance company (assuming that the importer native currency is US dollar) should be calculated according to the institute cargo insurance clause (a) (insurance rate of 0. 8%) and war risk (insurance rate of 0. 08%) at 110% of the transaction price.

Solution:

Premium = insurance amount × insurance rate

= 8 846. 4 × 1. 1 × (0. 8%+0. 08%) ÷ [1−1. 1 × (0. 8%+0. 08%)]

= 85. 6332 ÷ 0. 99032

= USD86. 47

【Example 3−20】 The FOB price of commodity 03001 is USD7 296, and the ocean freight is USD1 550. The institute cargo insurance clause (a) (insurance rate of 0. 8%) and war insurance (insurance rate of 0. 08%) should be insured at 110% of the transaction price. Try to calculate the insurance expenses payable by the importer to the insurance company (assuming that the importer native currency is US dollar).

Solution:

Premium = insurance amount × insurance rate

= (7 296+1 550) × 1. 1 × (0. 8%+0. 08%) ÷ [1−1. 1 × (0. 8%+0. 08%)]

= 85. 6293 ÷ 0. 99032

= USD86. 47

Note: if the functional currency of the importer is not US dollar, you must check the exchange rate of functional currency again to convert the calculation result into cost currency. The conversion method refers to the exchange rate of the total CIF price in the front.

K. Bank charges.

Different ways of settlement, the bank charges different fees.

【Example 3-21】 When the total contract amount of importers and exporters is USD28 846. 4, the bank charges of importers under L / C, D / P, D / A and T / T modes are calculated respectively (assuming that L / C mode has been modified once).

Solution:

Step 1: Query rate.

In the "other expenses" page of "B2B (gold rush net)", it can be found that the commission rate of issuing L / C is 0. 15% (minimum CNY200), the commission rate of modifying is CNY200 / time, the commission rate of payment is 0. 13% (minimum CNY200), the rate of D / A is 0. 1% (minimum CNY100, maximum CNY2 000), the rate of D / P is 0. 1% (minimum CNY100, maximum CNY2 000), and the rate of T / T is 0. 08%.

Step 2: Calculate bank charges (assuming the importer native currency is US dollar).

Under L / C mode:

Issuing fee = 28 846. 4 × 0. 15% = USD43. 27

Modifying fee = 200 ÷ 6. 8261 = USD29. 3

Payment fee = 28 846. 4 × 0. 13% = USD37. 5

So:

L / C bank charges = issuing fee + modifying fee + payment fee = USD110. 07

D / A bank charges = 28 846. 4 × 0. 1% = USD28. 85

D / P bank charges = 28 846. 4 × 0. 1% = USD28. 85

T / T bank charges = 28 846. 4 × 0. 08% = USD23. 08

Note: if the functional currency of the importer is not US dollar, you must check the exchange rate of functional currency again to convert the calculation result into cost currency. The conversion method refers to the exchange rate of the total CIF price in the front.

L. Other expenses.

This column is the comprehensive expenses of the importer company. In "other expenses" of "B2B (gold rush net)", it is found that the comprehensive expenses of import are 5% of the contract amount.

Available: comprehensive import cost = contract amount × 5%.

4. Import accounting

In import and export trade, the price of goods is the focus of negotiation between the buyer and the seller, and sometimes the decisive factor of transaction. It is of great significance to correctly grasp the price structure of import and export commodities, reasonably adopt various pricing methods, select favorable pricing currencies and trade terms, and accurately calculate costs and profits. In SimTrade, when the exporter makes a quotation, the importer needs to conduct import accounting. If the profit is reasonable, the importer can accept the quotation; if the profit is small or even loss, the importer can make a counter-offer to the exporter.

Importer profit = market sales revenue-contract amount-various expenses, wherein, contract amount = exporter quotation (unit price) × quantity.

Take 01001 canned mushroom (whole grain) as an example to demonstrate the calculation process of import accounting:

Importing country: France (local currency EUR)

Commodity No. : 01001

Product name: canned mushroom (whole grain)

Quantity: 1 000 cartons

Exporter quotation: EUR15 / carton

The price term with the exporter: CIF Mars

Payment method: T / T

(1) Contract amount: 15 × 1 000 = EUR15 000.

(2) Calculation of various expenses.

All expenses are calculated according to the contract amount of EUR15 000.

A. Inland freight: EUR105. 05 (inland freight = total volume of goods × 60 ÷ exchange rate = 14. 739 × 60 ÷ 8. 4181).

B. Inspection fee: EUR23. 76 (CNY200 ÷ exchange rate).

C. Customs declaration fee: EUR23. 76 (CNY200 ÷ exchange rate).

D. Tariff: EUR3 750 (commodity import tax = total CIF price of the commodity × preferential import tax rate. Enter the "tax rate" page of "B2B (gold rush net)" and enter the commodity customs code to find that the preferential import tax rate is 25%).

E. Value added tax: EUR3 187. 5 (value added tax on goods = (total CIF price of the goods+ import tariff+consumption tax) × value added tax rate. Enter the "tax rate" page of "B2B (gold rush net)" and enter the commodity customs code to find that the value added tax rate is 17%).

F. Consumption tax: 0.

G. Ocean freight: 0.

H. Premium: 0.

I. Bank charges: EUR12 (bank charges = contract amount × 0. 08%).

J. Other expenses: EUR750 (import comprehensive expenses = contract amount × 5%).

The expenses of the importer are the sum of the above items: EUR7 852. 07.

(3) Calculate market sales revenue.

When the importer enters the "market" in the "business center", it can be found that the price of 01001 canned mushroom (whole grain) per carton is EUR22. 05, and the market sales revenue of 1 000 cartons is EUR22 050.

(4) Calculate profit.

Importer profit = market sales revenue−contract amount−various expenses

= 22 050 − 15 000 − 7 852. 07 = −EUR802. 07

It can be seen that if the importer accepts the offer at a loss, so the offer is unreasonable for the importer, the exporter should make a counter-offer.

5. Publishing information and advertising

In the international market, except for some traditional products and world famous brands, consumers from all over the world are still unfamiliar with most products. It is impossible for them to have a detailed understanding of the nature and characteristics of the products through various channels, as for domestic products. They are not even familiar with the name, strength, scale and operating performance of international enterprises. It is precisely because of the difficulties in communication between international enterprises and consumers that strengthening publicity has become an important means for enterprises to explore the international market. Especially when a product first enters a country's market, international enterprises need to help them open the market through advertising.

SimTrade simulates the enterprise publicity function of large-scale B to B e-commerce website. In "B2B (gold rush)", both exporters, importers and factories have the opportunity to publicize themselves and increase business opportunities by publishing supply and demand information and company and product advertisements.

(1) Publish product advertisement.

Operation steps:

A. In the "business (business center)" screen, click the building marked as "advertising company".

B. In the pop-up business screen, click the "publish advertisement" item at the top.

C. Enter the title and keyword of the advertisement, select the type of publication as "product advertisement", select the corresponding product number, and then enter the contents of the advertisement.

D. Click the "OK" button to complete the product advertisement release.

Note: after the product advertisement is published successfully, it will be displayed in the "product display" page of "B2B (gold rush)".

(2) Publish company advertisement.

Operation steps:

A. In the "business (business center)" screen, click the building marked as "advertising company".

B. In the pop-up business screen, click the "publish advertisement" item at the top.

C. Enter the title and keyword of the advertisement, select "company advertisement" as the publishing type, and then enter the advertisement contents.

D. Click the "OK" button to complete the advertisement release.

Note: after the company advertisement is published successfully, it will be displayed in the company library page of "B2B (gold rush)".

(3) Release information.

Operation steps:

A. In the "business (business center)" screen, click the building marked as "advertising company".

B. The "publish information" item at the top of the pop-up business screen.

C. Enter information title, keyword and content, and select publishing type.

D. Click the "OK" button to complete the information release.

Note: the trading information issued by exporters, importers and factories will be displayed on the home page of "B2B (gold rush)".

6. L / C + CIF importer quick start

Note: this quick start is a complete set of SimTrade actual business operations. The transaction mode is L / C+CIF. Because the trade process is different under different transaction modes, the data (in blue) and table contents in this example are only for reference. Please complete the actual operation according to the specific situation.

Please select the following topics to view relevant contents:

◆ Transaction preparation stage

◆ Transaction negotiation stage

◆ Contract signing and performance stage

(1) Transaction preparation stage.

A. Students log in as importers, enter the user name (such as XYZ), select the user type as "importers", and click the "log in system" button to enter the main page of importer business.

B. Create company. Click "profile" to view the company registered capital, account number, country, company code, email address and other information, and fill in other information one by one as follows:

Full name of the company: Carters Trading Company, LLC

Company name: Carters

Enterprise legal person: Carter

Tel: 0016137893503

Fax: 0016137895107

Website: http://www. carter. com

Company address (please fill in according to the country): P. O. Box8935, New Terminal, Lata. Vista, Ottawa, Canada

We are importers in all items enjoying good reporting!

Free to add pictures.

Note: it is better to use GIF or JPG format pictures, and the size is recommended to be about 120 * 120 (pixels).

Click "OK" after filling in.

C. Release the company advertisement. Click the building marked as "advertising company" in "business (business center)" and click "publish advertisement" on the pop-up page. Fill in the following one by one:

Input title: we are importers of clothes for boys and girls.

Enter keywords: clothes.

Select the publishing type as "company advertisement".

We are importers of fashions enjoying good reporting, please contact with us! Email address: xyz2@simtrade

After filling in, click "OK" to successfully publish the company advertisement

D. Release information. Click "publish information" on the left side of "publish advertisement" and fill in one by one as follows:

Enter title: we are looking to buy T-shirt for girls.

Enter keywords: T-shirt.

Select the publishing type as "requirement information".

We are looking to buy T-shirt for girls, please contact with us! Email address: xyz2@simtrade.

After filling in, click "OK" to publish the information successfully.

E. Look for business opportunities. Click "B2B (gold rush)" to enter the query page, where you can view the notice, various market information and supply and demand information on the home page; click "product display" to see all product information; click "company library" to see all company information.

(2) Transaction negotiation stage (after exporter sends contact email).

A. Receive the email that the exporter wants to establish business relationship (it can also be sent by the importer on his own initiative). Go back to the main page of the importer business, click "mail (my mail)", enter the mail system, click the new mail name, and view the mail content.

B. Reply to the email. Click "reply" and fill in the content as follows:

To: auto fill in reply status

Subject: the reply status is automatically filled in, which can be changed to "inquiry"

Contract No. : (the contract is not established at this time, so it is not necessary to fill in the contract No.)

Content bar:

Dear Mr. Minghua Liu,

Thanks for your E-mail.

With reference to your letter of April 2, 2016, we are glad to learn that you wish to enter into trade relations with us.

At present, we are in the market for women's T-shirt, and shall be glad to receive your best quotations for this item, with indications of packing, for date of shipment, CIF Toronto.

Your early replay will be appreciated.

Yours sincerely

Carter

Carters Trading Company, LLC

(Note: in SimTrade, the country and currency of the importer are randomly assigned. Therefore, students need to query the corresponding port of the country in the "freight query" of "B2B (gold rush net)", select one of them as their own trading port, and inform the exporter in the email.)

Click "send" after filling in.

(After the exporter replies to the inquiry email.)

C. Receive the email sent by the exporter (note: the importer shall calculate the fees and profits according to the quotation of the exporter. For the specific method, please refer to "import accounting". If the profit meets the expectation, we will accept the offer, otherwise we can make a counter-offer to the exporter).

D. Accept the offer from the exporter after many counter offers. Fill in the email as follows:

To: auto fill in reply status

Subject: auto fill in reply status

Contract No.: (the contract is not established at this time, so it is not necessary to fill in the contract No.)

Content bar:

Dear Mr. Minghua Liu,

We have received your E-mail of April 6, 2016.

After the consideration, we have pleasure in confirming the following offer and accepting it:

I. Commodity: women's T-shirt

II. Packing: exporter carton

III. Specification: 20 PCS per carton, color: black, fabric content: 100% cotton

IV. Quantity: 15 000 PCS

V. Price: USD30 / PC

VI. Payment: L / C

VII. Shipment: in May, 2016

Please send us a contract and thank you for your cooperation.

Yours sincerely,

Carter

Carters Trading Company, LLC

Click "send" after filling in.

(3) Contract signing and performance stage (after the exporter drafts and sends the contract).

A. Receiving the email from the exporter requesting confirmation of the contract.

B. Fill in the import budget table and confirm the contract. Exit the email system, click the building marked "exporter" in "business (business center)", first click "switch" on the left side of the pop-up screen to set the contract to be confirmed as the main contract; then click "modify contract" to open the contract page to view relevant terms; then click "add document", select the radio button before "import budget table", click "OK", and then click "view document list". Click the document number corresponding to the import budget table (this method will be used to add and fill in documents in the future). The form will pop up and fill in as follows:

Import budget table (please refer to "fill in import budget table" in help for calculation method)

Click "save" after filling in. It should be noted that the import budget table should be filled in carefully. After confirming the contract, the import budget table cannot be modified.

Check the importer fund status, click the "finance" button, and the "current fund" is not enough to pay the "contract amount" in the budget table and the upcoming expenses. It is estimated that the importer needs to loan CAD400 000 to the bank. Please refer to FAQ 6 in the help for the loan operation method.

Return to the business screen, click "modify contract", sign at the bottom left of the pop-up contract, fill in "Carters Trading Company, LLC" and "Carter" respectively in the blank columns of two lines, and click "save"; return to the business screen, click "confirm contract", enter the contract number (in this case, contract 001), then enter the local bank number (such as XYZ), and click "OK" to confirm the contract successfully.

C. Apply for L / C. Click the building marked as "bank of the place of import", select "letter of credit" business, and then click "add letter of credit application". After adding, click the application number to fill in:

Application for irrevocable letter of credit

D. Send the application for L / C. After filling in, still in the L / C management screen, select the radio button before the corresponding L / C application form, and click "send application form".

(After the L / C is opened by the bank in the place of import.)

E. Receive the notification email from the bank requesting confirmation of the letter of credit, and then go to the "business (business center)" point "bank in the place of import", and then click "letter of credit business" to check the corresponding letter of credit content; after the check is correct, select the radio button in front of the corresponding letter of credit, and then click "agree".

(After the exporter sends the shipping notice.)

F. Receive the notice mail sent by shipping notice. Go to the "business center" point "exporter" and then click "view document list" to view the content of "shipping advice". (Note: under the FOB and CFR transaction mode, the insurance shall be handled by the importer, and the importer shall fill in the insurance policy with the contents of the shipping notice to handle the insurance.)

(After negotiation of documents by the bank in the place of import.)

G. Receive the notice mail of receipt arrival. Go back to "business center", click "import bank", and then click "payment" to pay for goods.

H. Retrieve documents. Click "retrieve documents" next to "payment" to collect the relevant shipping documents.

I. Change the delivery note. Click "shipping company" in "business center", and then click "change delivery note".

J. Inspection application (note: in SimTrade, whether the traded goods need to be imported for inspection or not, it is necessary to enter the customs code of the goods on the "tax rate query" page of "B2B (gold rush net)" to query. The corresponding regulatory conditions can be found, click the code symbol, and the meaning of each code is listed in it. If it is necessary to apply for import inspection to obtain the customs declaration form for the imported goods, it shall be handled in accordance with the provisions). Add "Inspection application form for inbound goods", fill in as follows:

Inspection application form for inbound goods

After filling in, click "save", return to "business (business center)", click "inspection organization", and then click "apply for inspection", select the document sales contract, commercial invoice, packing list, bill of lading, inbound goods inspection requisition, and then click "submit for inspection". After the inspection application is completed, the inspection institution shall issue a "customs clearance form for inbound goods" to declare customs.

K. Customs declaration. Add "Declaration of imported goods", fill in as follows:

Declaration of imported goods

After filling in, click "customs" in "business (business center)" and then click "customs declaration". Select "sales contract", "commercial invoice", "packing list", "bill of lading", "customs clearance form for inbound goods" (goods not requiring import inspection can be exempted from attachment), "customs declaration form for imported goods" and then click "customs declaration". After the completion of customs declaration, the customs shall return the bill of lading and the import declaration form after affixing the release seal.

L. Click "pay tax" next to "declaration" to pay tax.

M. Click "take delivery" next to "pay tax" to collect the goods.

N. Handle online declaration of foreign exchange monitoring system.

Go back to "business center", click "SAFE", then click "online declaration of foreign exchange monitoring system", fill in the declaration form, save it, and complete the online declaration of foreign exchange monitoring system.

O. Sales. Click "market" in "business center", then click "sales", select the product with No. 02009, and click "OK" to sell the goods. At this point, the transaction is completed. The importer can go to the bank to repay the loan at this time.

7. T / T + FOB importer quick start

Note: this quick start is a complete set of SimTrade actual business operations. The transaction mode is T / T + FOB. Because the trade process is different under different transaction modes, the data (in blue) and table contents in this example are only for reference. Please complete the actual operation according to the specific situation.

Please select the following topics to view relevant contents:

◆ Transaction preparation stage

◆ Transaction negotiation stage

◆ Contract signing and performance stage

(1) Transaction preparation stage.

A. Students log in as importers, enter the user name (such as XYZ), select the user type as "importers", and click the "log in system" button to enter the main page of importer business.

B. Create company.

a. Click "profile" to view the company registered capital, account number, country, company code, email address and other information, and fill in other information one by one as follows:

Full name of the company: Golden Time Import and Export Company

Company name: Golden Time

Legal person: King

Tel: (310)6465252

Fax: (310)6465252

Website: http://www. desunsoft. com

Company address (please fill in according to the country): 2 World Way, Los Angeles

We have been deal with all items trading for over twenty years, and we are always enjoying great reputations. If you have any needs, please contact with us!

Free to add pictures.

Note: it is better to use GIF or JPG format pictures, and the size is recommended to be about 120 * 120 (pixels).

b. Click "OK" after filling in.

C. Release the company advertisement.

a. Click the building marked as "advertising company" in "business (business center)" and click "publish advertisement" on the pop-up page. Fill in the following one by one:

Input title: we are importers of all kinds of cosmetics.

Enter keywords: cosmetics.

Select the publishing type as "company advertisement".

We are importers of cosmetics, please contact with us! Email address: xyz2@simtrade.

b. After filling in, click "OK" to publish the company advertisement successfully.

D. Release purchase information. Click "publish information" on the left side of "publish advertisement" and fill in one by one as follows:

Input title: we are looking to buy lipstick and perfume.

Enter keywords: lipstick and perfume.

Select the publishing type as "requirement information".

we are looking to buy lipstick and perfume, please contact with us! Email address: xyz2@simtrade.

After filling in, click "OK" to publish the information successfully.

E. Look for business opportunities.

a. Click "B2B" to enter the query page, where you can view the notice, various market information and supply and demand information on the home page.

b. Click "product display" on the top row to see all product information.

c. Click "company library" to see all company information.

(2) Transaction negotiation stage.

A. After many times of cooperation, to understand the situation of the exporter, the importer will send the inquiry email.

a. Go back to the main page of the importer business, click "mail (my mail)", enter the mail system, and fill in the content as follows:

Attention: xyz1@simtrade

Subject: inquiry

Content bar:

Dear Mr. Zhang Xinhua,

At present, we are in the market for lipstick and perfume, and shall be glad to receive your best quotations for this item, with indications of packing, for date of shipment, FOB Shanghai.

Your early replay will be appreciated.

Yours sincerely

King

Golden Time Import and Export Company

b. Click "send" after filling in.

(After the exporter replies to the offer email.)

B. Receiving the mail sent by the exporter.

C. Accept the offer from the exporter after many counter offers. Fill in the email as follows:

To: auto fill in reply status

Subject: auto fill in reply status

Contract No. : (the contract is not established at this time, so it is not necessary to fill in the contract No.)

Content bar:

Dear Mr. Paolo,

We have received your E-mail of April 13, 2016.

After the consideration, we have pleasure in confirming the following offer and accepting it:

I. Lipstick

II. Packing: exporter carton

III. Specification: lipstick, 1 PC / box, 300 PCS / carton; perfume, 1 bottle / box, 250 bottles / carton

IV. Quantity: lipstick, 1 195 PCS; perfume, 742 bottles

V. Price: lipstick, USD52 / PC; perfume, USD81 / bottle; FOB Shanghai

VI. Payment: T / T

VII. Shipment: 2016/04/18

Please send us a contract and thank you for your cooperation.

Yours sincerely,

King

Golden Time Import and Export Company

Click "send" after filling in.

(3) Contract signing and performance stage (after the exporter drafts and sends the contract).

A. Receiving the email from the exporter requesting confirmation of the contract.

B. Fill in the import budget table and confirm the contract.

a. Exit the mail system and click the building marked "exporter" in "business center".

b. Click "switch" on the left of the pop-up screen to set the contract to be confirmed as the main contract.

c. Click "modify contract" again to open the contract page to view relevant terms.

d. Then click "add document", select the radio button before import budget table, and click "OK"

e. Then click the document number corresponding to the import budget table in the view doc ument list (this method will be used to add and fill in documents later), and the form will pop up as follows:

Import budget table (please refer to "fill in import budget table" in help for calculation method)

f. Click "save" after filling in. It should be noted that the import budget table should be filled in carefully. After confirming the contract, the import budget table cannot be modified.

g. Return to the business screen, click "modify contract", sign at the bottom left of the pop-up contract, fill in "Golden Time Import and Export Company" and "King" in the blank columns of two lines respectively, and click "save".

h. Return to the business screen, click "confirm contract", enter the contract number (contract 002 in this case), then enter the local bank number (such as XYZ), and click "OK" to confirm the contract successfully.

C. Designated shipping company.

In "business center", click "shipping company", click "designated shipping company", select "Shige International Freight Forwarding Co. , Ltd", and click "OK".

(After the exporter sends the shipping notice.)

D. Receive the notice mail sent by shipping notice. Go to "business center" and click "exporter" and then click "view document list" to view the content of "shipping advice".

E. Insurance.

a. Add "Cargo transportation insurance policy", fill in as follows:

Cargo transportation insurance policy

(Note: it is recommended to choose all risks insurance, war insurance and strike insurance, so that all accidents in SimTrade can be claimed.)

b. After filling in, click "save" to return to business center.

c. Click "insurance company" building, then click "handle insurance", select the document "cargo transportation insurance policy", and click "handle insurance".

d. After the completion of handling, the insurance company issues the "cargo transportation insurance policy".

(Exporter sends documents directly to importer.)

F. Payment for goods.

a. Receive the notice mail of receipt arrival.

b. Go back to "business center", click "import bank", and then click "payment" to pay for goods.

c. Change the delivery note. Click "shipping company" in "business center", and then click "change delivery note".

G. Inspection application.

a. Add "Inspection application form for inbound goods", fill in as follows:

Inspection application form for inbound goods

b. After filling in, click "save" to return to "business center".

c. Click the "inspection organization" building, then click "application for inspection", select the documents "sales contract", "commercial invoice", "packing list", "bill of lading", "inspection request for inbound goods", and click "inspection request".

d. After the completion of the inspection application, the inspection institution shall issue a "customs clearance form for inbound goods" for customs declaration.

H. Customs declaration.

a. Add "Declaration of imported goods", fill in as follows:

Declaration of imported goods

b. After filling in, click "customs" building in "business center".

c. Click "customs declaration", select the check boxes before "sales contract", "commercial invoice", "packing list", "bill of lading", "customs clearance of inbound goods" (goods not requiring import inspection can be exempted from attachment), "customs declaration of imported goods", and click "customs declaration".

d. After the completion of customs declaration, the customs shall return the bill of lading and the import declaration form after affixing the release seal.

I. Click "pay tax" next to "declaration" to pay tax.

J. Click "take delivery" next to "pay tax" to collect the goods.

K. Handle online declaration of foreign exchange monitoring system.

Go back to "business center", click "SAFE", then click "online declaration of foreign exchange monitoring system", fill in the declaration form, save it, and complete the online declaration of foreign exchange monitoring system.

L. Sales. Click "market" in "business center", then click "sales", select the products numbered 10001 and 10004, and click "OK" to sell the goods.

At this point, the transaction is completed.

Section 4 Key Operating Points of Banks in Export Places

1. Introduction to the operation screen of the bank at the place of export

SimTrade has five main characters, namely, exporter, importer, factory, bank at the place of export and bank at the place of import. After successfully logging in with the user name of the bank at the place of export, it will enter the operation main screen of the bank at the place of export. Click the button on the top to enter the basic data, financial data and other operation screens of the bank in the export place.

(1) Profile.

Click the eighth button on the top of the main screen of the bank in the export place to open the operation screen of the basic data, which is used to record the detailed information of the bank.

User number, registered capital, email: user number is the account number used for login. These items are all assigned by teachers and cannot be modified by users.

Full name, short name and address of bank (English / Chinese): after the first successful login, the bank name must be registered first, otherwise other business operations cannot be carried out. Pay attention to the Chinese and English names of the banks in the export places.

Bank telephone, fax, postal code, website: these are bank contact information. Please fill in one by one to facilitate the contact between trading partners.

Bank introduction: fill in the introduction to attract the attention of some users and increase business opportunities.

Change password: click here to change the login password.

The above information will be displayed on the "bank" page of "B2B".

(2) Finance.

Click the second button on the top of the main screen of the export bank to open the operation screen of financial data. The income and expenditure of all business transactions are reflected in the financial data. The financial status of this screen is only used for query and cannot be modified. In this screen, the registered capital and currency cannot be modified; loan = total amount of all loans.

Time: records the specific time of income and expenditure, in reverse order of "year month day hour minute".

Revenue and expenditure: record the amount of revenue and expenditure incurred.

Contract No. : the number of related contracts recording the revenue and expenditure.

Item description: records the description of income and expenditure.

(3) Loan.

Click the third button above the main screen of the export bank to open the operation screen of the loan business.

Application time: it is arranged in reverse order of "year month day hour minute" according to the specific time of loan application.

Lender: displays the lender's number for checking when repaying the loan in the future.

Loan amount: displays the amount of this loan.

Loan status: "applying" indicates that the bank has not approved the loan, "loaned" indicates that the bank agrees to the loan and transfers the loan amount to the account of the applicant.

Loan description: it is filled in by the exporter and factory when applying for loan from the bank.

Loan granting and loan rejecting: select the corresponding loan business and click loan granting to pay the loan amount to the applicant from the current balance of the bank; click loan rejecting to delete the loan business and the applicant will receive the email notice that the bank will not lend.

(4) L / C.

Click the fourth button on the top of the main screen of the export bank to open the operation screen of the L / C. This screen is mainly used to receive the letter of credit and letter of credit amendment from the bank in the import place and notify the exporter. If there is any problem with the letter of credit or amendment, the bank in the place of export can explain it to the exporter through the mail system.

Date of receipt: according to the specific time of receipt of the letter of credit, in reverse order of "year month day hour minute".

L / C name, No. and contract No. : click the underlined L / C No. to open the L / C for viewing.

Status, notice making, notice beneficiary: the status of "waiting for forwarding" and "notified exporter" indicate whether to notify the exporter. You can select query criteria to view by category. If it is "waiting for forwarding" status, you can select the letter of credit or amendment, click the "notice of making" item below, add the letter of credit or amendment and fill it in; after filling in, select the notice, click the "notice beneficiary" item, the system will automatically notify the exporter that the letter of credit or letter of credit amendment has arrived, and change the status under this item to "notified exporter".

(5) Bill (Settlement document).

Click the fifth button on the top of the main screen of the export bank to open the operation screen of the settlement document.

Select: only one item can be selected at a time. Select to approve all settlement documents under the contract.

Date: the arrival date of the document, arranged in reverse order of "year month day hour minute".

Contract No. : the contract number corresponding to the document.

Exporter and bank of import place: refer to the exporter and bank of import place involved in the contract, which are respectively displayed by "user number + company abbreviation".

Status: indicates the current status of the settlement document, so that users can track where the document has arrived.

Document No. , name: select the contract No. , and the corresponding documents submitted by the exporter will be displayed below. Click the underlined document number to open the document for viewing.

Check documents: this function is related to the function set by the teacher to allow the bank to check the documents. If the teacher allows the bank to check the documents, you can see the "check documents" item. The bank clicks "check documents" and the system will automatically check and list the document errors. If the teacher does not allow the bank to check the documents, the user in the bank role must audit the settlement documents by himself.

Send to the bank in the place of import: the bank in the place of export can verify the document correctly. Click this item, and the system will automatically send the settlement document to the bank in the place of import.

(6) Mail (My mail).

Click the sixth button on the top of the main screen of the export bank to enter the mail system, where you can contact each user by mail.

View related topics: use of mail system.

(7) D2B (Gold rush)

Click the seventh button on the top of the main screen of the export bank to open the "gold rush" screen.

"Gold rush" is a simulated B to B e-commerce center in SimTrade, which provides a fully simulated international business environment. Users can find notices, today's exchange rates, and detailed information of factories, exporters and importers on various pages; keyword search function helps users quickly find the required supply and demand information, company and product information, and provides greater space for foreign trade practice.

View related topics: taojin. com.

(8) Help.

If you have any questions, you can click the ninth button on the top of the main screen of the bank in the place of export to check the online help.

2. Bank charges at the place of export

In the process of import and export trade, the main business of the bank in the export place is to forward the letter of credit (under L / C settlement mode), review the documents and transfer the pledged remittance. The bank's main income comes from the following items, and the relevant rates can be found in "other expenses" of "B2B (gold rush)":

(1) Loan interest.

It is found that the bank loan interest rate is 0. 6%, then:

Loan interest = total loan amount × loan interest rate = total loan amount × 0. 6%

(2) Remittance fee.

It is found that the bank remittance service rate is 0. 1%, then:

Remittance service fee = total remittance amount × remittance service rate = total remittance amount × 0. 1%

(3) Settlement of exchange fee.

The bank charges different fees for different settlement methods (the bank in the export place of T / T mode does not charge fees).

For example, when the total contract amount of importers and exporters is USD28 846. 4, the settlement of exchange fee of exporters under L / C, D / P and D / A modes are calculated respectively (assuming that mode is modified once for L / C).

Step 1: Query rate.

In the "other expenses" page of "B2B (gold rush net)", it is found that L / C notice fee is CNY200 / time, modification notice fee is CNY100 / time, negotiation rate is 0. 13% (minimum CNY200), D / A rate is 0. 1% (minimum CNY100, maximum CNY2 000), D / P rate is 0. 1% (minimum CNY100, maximum CNY2 000); in the "bank" page, it is found that the exchange rate of CNY to USD is 6. 8261.

Step 2: Calculate bank charges (in USD).

L / C bank charges = 28 846. 4 × 0. 13% + (200 + 100) ÷ 6. 8261 = 37. 5 + 43. 95 = USD81. 45

D / P bank charges = 28 846. 4 × 0. 1% = USD28. 85

D / A bank charges = 28 846. 4 × 0. 1% = USD28. 85

Note: if the contract amount is not denominated in US dollars, the system will automatically convert the cost into US dollars.

3. L / C + CIF export bank quick start

Note: this quick start is a complete set of SimTrade actual business operations. The transaction mode is L / C+CIF. Because the trade process is different under different transaction modes, the data (in blue) and table contents in this example are only for reference. Please complete the actual operation according to the specific situation.

(1) Students log in as the bank of the place of export, enter the account number (such as XYZ), select the user type as "bank of the place of export", and click the "log in system" button to enter the main page of the bank business of the place of export.

(2) Create a bank. Click "profile" and fill in one by one as follows:

Full name of bank (Chinese): Nanjing Commercial Bank

Full name of bank (English): Nanjing Commercial Bank

Bank abbreviation (Chinese): Commercial Bank

Short name of bank: Commercial Bank

Tel: 86-25-27293344

Fax: 86-25-27203335

Post code: 210014

Website: http://www. firstbank. com

Bank address (Chinese): 19, Lane 32, Yixian Road, Nanjing

Bank address (English): No. 19 Lane 32 I Sen Rd, Nanjing 210014, P. R. China

Bank introduction: our president has good reputation and business ability in handling international and domestic capital lending and investment business in, welcome to our bank for business negotiation!

Click "OK" after filling in.

(3) Query information. Click "B2B (gold rush net)" to enter the query page, and click the buttons on the upper row respectively to view all kinds of information.

(After L / C is issued by the bank in the place of import.)

(4) Receiving the mail of notification that the bank in the place of import has issued the L / C.

(5) Notify the exporter. Return to the main page of bank business in the export place, click the "L / C" button to open the L / C with contract No. (contract 001) for viewing; then select the radio button in front of the L / C, click "make notice" to add the letter of credit notice; then click the document No. corresponding to the letter of credit notice, open the form to fill in according to the content of the letter of credit:

Letter of credit notice

Click "save" after filling in, return to the business screen, select the notice, and click "notify beneficiary".

(After documentary is accepted by exporter.)

(6) To receive the notice mail that the document has arrived, click "bill" (settlement document), select the radio button before contract 001, check the documents respectively, and then

click "send to the bank in the place of import" if no error is found.

Section 5 Key Operating Points of Banks in Import Places

1. Introduction to the operation screen of the bank in the place of import

SimTrade has five main characters, namely, exporter, importer, factory, bank at the place of export and bank at the place of import. After successfully logging in with the user name of the bank at the place of import, it will enter the operation main screen of the bank at the place of import. Click the button above to enter the basic data, financial data and other operation screens of the bank in the import place.

(1) Profile.

Click the eighth button on the top of the main screen of the bank in the import place to open the operation screen of the basic data, which is used to record the detailed information of the bank.

User number, registered capital, email: user number is the account number used for login. These items are all assigned by teachers and cannot be modified by users.

Full name, short name and address of bank: after the first successful login, the bank name must be registered first, otherwise other business operations cannot be carried out. Note that the name and address of the bank in the place of import must be in English.

Bank telephone, fax, postal code, website: these are bank contact information. Please fill in one by one to facilitate the contact between trading partners.

Bank introduction: fill in the introduction to attract the attention of some users and increase business opportunities.

Change password: click here to change the login password.

The above information will be displayed on the "bank" page of "B2B".

(2) Finance.

Click the second button on the top of the main screen of the import bank to open the operation screen of financial data. The income and expenditure of all business transactions are reflected here. The financial status of this screen is only used for query and cannot be modified. In this screen, the registered capital and currency cannot be modified; loan = total amount of all loans.

Time: records the specific time of income and expenditure, in reverse order of "year month day hour minute".

Revenue and expenditure: record the amount of revenue and expenditure incurred.

Contract No. : the number of related contracts recording the revenue and expenditure.

Item description: records the description of income and expenditure.

(3) Loan.

Click the third button on the top of the main screen of the import bank to open the operation screen of the loan business.

Application time: it is arranged in reverse order of "year month day hour minute" according to the specific time of loan application.

Lender: displays the lender's number for checking when repaying the loan in the future.

Loan amount: displays the amount of this loan.

Loan status: "applying" means that the bank has not approved the loan, "loaned" means that the bank agrees to the loan and transfers the loan amount to the account of the applicant.

Loan description: it is filled in by the importer when applying for loan from the bank.

Loan granting and loan rejecting: select the corresponding loan business and click loan granting to pay the loan amount to the applicant from the current balance of the bank; click loan rejecting to delete the loan business and the applicant will receive the email notice that the bank will not lend.

(4) L / C.

Click the fourth button above the main screen of the import bank to open the operation screen of the L / C. This screen is mainly used to review the application for L / C, open L / C and notify the bank in the place of export. If there is a problem with the application for L / C, the bank at the place of import can explain the problem to the importer through the mail system and ask the importer to resend the application for L / C.

Selection: only one item can be selected at a time. The operations of "issuing the L / C", "sending to the importer" and "sending to the bank at the place of export" done here are also for the selected item.

Date of receipt: according to the specific time of receipt of the letter of credit, in reverse order of "year month day hour minute".

Name, No. , contract No. : click the underlined application form or L / C No. to open the document for viewing.

Status: "opened" status means that the letter of credit or amendment under the contract has been issued; "waiting for confirmation" status means that the letter of credit or amendment under the contract has been sent to the importer for confirmation; "confirmed" status means that the letter of credit or amendment under the contract has been confirmed by the importer and waiting for sending to the bank at the place of export; "arrived at the bank at the place of export" means that the letter of credit has been issued to the bank in the place of export.

Check: after the bank fills in the letter of credit or letter of credit amendment, this function can be used to check whether it is filled in correctly. This function is related to the function of allowing bank to check documents set by the teacher.

Opening of L / C: select the radio button before the application for L / C opening or amendment, click the "opening of L / C" item, select the query condition as "opened L / C", click the underlined name of L / C or amendment, open the document screen to fill in, and then click the "save" button at the bottom of the screen to complete the opening of L / C or amendment.

Send to importer: select the letter of credit or amendment to be sent and click "send to importer". In SimTrade, the L / C must be sent to the importer for confirmation after it is opened by the bank in the place of import.

Send to export bank: select the letter of credit or amendment to be sent, click "send to export bank", and the system will automatically process the notice that the letter of credit has arrived at the export bank. At the same time, the status item will automatically change to "arrived at export bank".

(5) Bill (Settlement document).

Click the fifth button on the top of the main screen of the import bank to open the operation screen of the settlement document.

Select: only one item can be selected at a time. Select to approve all settlement documents under the contract.

Date: the arrival date of the document, arranged in reverse order of "year month day hour minute".

Contract No. : the contract number corresponding to the document.

Importer and bank of the place of export: refer to the importer and bank of the place of export involved in the contract, which are respectively displayed by "user number+company abbreviation".

Status: indicates the current status of the settlement document, so that users can track where the document has arrived.

Document No. and name: select the contract No. , and the corresponding documents sent by the bank of the export place will be displayed below. The bank can click the underlined document number to open the document for viewing.

Check documents: this function is related to the function set by the teacher to allow the bank to check the documents. If the teacher sets to allow the bank to check the documents, you can see the "check documents" button, click "check documents" one by one, and the system will automatically check and list the errors in the documents. If the teacher sets not to allow the bank to check the documents, the user in the bank role must audit the settlement documents by himself.

Notify the importer: the bank at the place of import is correct. Click this item and the system will automatically notify the importer to redeem the order.

(6) Mail (My mail).

Click the sixth button on the top of the main screen of the import bank to enter the mail system, where you can contact each user by mail.

View related topics: use of mail system.

(7) B2B (Gold rush).

Click the seventh button on the top of the main screen of the import bank to open the "gold rush" screen.

"Gold rush" is a simulated B to B e-commerce center in SimTrade, which provides a fully simulated international business environment. Users can find notices, today's exchange rates, and detailed information of factories, exporters and importers on various pages; keyword search function helps users quickly find the required supply and demand information, company and product information, and provides greater space for foreign trade practice.

View related topics: taojin. com.

(8) Help.

If you have any questions, you can click the ninth button at the top of the main screen of the import bank to check the online help.

2. Bank charges at the place of import

In the process of import and export trade, the main business of the bank in the import place is to develop the letter of credit (under L / C settlement mode), review the documents and allocate the payment for goods. The bank's main income comes from the following items, and the relevant rates can be found in "other expenses" of "B2B (gold rush)":

(1) Loan interest.

It is found that the bank loan interest rate is 0. 6%, then:

Loan interest = total loan amount × loan interest rate = total loan amount × 0. 6%

(2) Remittance fee.

It is found that the bank remittance service rate is 0. 1%, then:

Remittance service fee = total remittance amount × remittance service rate = total remittance amount × 0. 1%

(3) Settlement of exchange fee.

Different ways of settlement, the bank charges different fees.

For example, when the total contract amount of importers and exporters is USD28 846. 4, the bank charges of importers under L / C, D / P, D / A and T / T modes are calculated respectively (assuming that L / C mode has been modified once).

Step 1: Query rate.

In the "other expenses" page of "B2B (gold rush net)", it can be found that the commission rate of issuing L / C is 0. 15% (minimum CNY200), the commission rate of modifying is CNY200 / time, the commission rate of payment is 0. 13% (minimum CNY200), the rate of D / A is 0. 1% (minimum CNY100, maximum CNY2 000), the rate of D / P is 0. 1% (minimum CNY100, maximum CNY2 000), and the rate of T / T is 0. 08%.

Step 2: Calculate bank charges (in USD).

Under L / C mode:

Issuing fee = 28 846. 4 × 0. 15% = USD43. 27

Modifying fee = 200 ÷ 6. 8261 = USD29. 3

Payment fee = 28 846. 4 × 0. 13% = USD37. 5

So:

L / C bank charges = issuing fee + modifying fee + payment fee = USD110. 07

D / A bank charges = 28 846. 4 × 0. 1% = USD28. 85

D / P bank charges = 28 846. 4 × 0. 1% = USD28. 85

T / T bank charges = 28 846. 4 × 0. 08% = USD23. 08

Note: if the contract amount is not denominated in US dollars, the system will automatically convert the cost into US dollars.

3. L / C + CIF import bank quick start

Note: this quick start is a complete set of SimTrade actual business operations. The transaction mode is L / C+CIF. Because the trade process is different under different transaction modes, the data (in blue) and table contents in this example are only for reference. Please complete the actual operation according to the specific situation.

(1) Students log in as the bank of the import place, enter the account number (such as XYZ), select the user type as "bank of the import place", and click the "log in system" button to enter the main page of the bank business of the import place.

(2) Create a bank. Click "profile" and fill in one by one as follows:

Full name of bank: The Chatered Bank

Bank abbreviation: Chatered

Tel: 0096614659220

Fax: 0096614659123

Website: http://www. chartered. com

Bank address: P. O. Box99552, Riyadh 22766, KSA

We major in international loan and investment!

Click "OK" after filling in.

(3) Query information. Click "B2B (gold rush)" to enter the query page, and click the buttons on the upper row respectively to view all kinds of information.

(After the importer applies to the bank to open the L / C.)

(4) Receiving the mail of the importer applying for the L / C.

(5) To open a letter of credit. Go back to the main page of the bank business in the import place, click the "L / C" button, click the letter of credit application No. with contract No. (contract 001) to view its contents; select the application again, click "open the letter of credit", and then click the letter of credit No. to enter, fill in the contents as follows:

Letter of credit

After filling in, click save, select the radio button in front of the L / C with contract No. (contract 001) on the L / C page, and click send to importer.

(After the importer has agreed the L / C.)

(6) Receive the mail of the importer's consent to the letter of credit. In the L / C management interface, select the radio button in front of the L / C with contract No. (contract 001), and click send to the bank in the place of export.

(After negotiation of documents by the bank at the place of export.)

(7) Receive the notice mail of receipt arrival.

(8) Negotiation documents. Click "bill", select the radio button before the contract (contract 001), and click "check the document". If the document is checked correctly, click "send to importer".

Chapter 4

Practical Training for Students

Section 1 Introduction to Performance Process

1. Performance process under L / C mode

Every import and export business must go through the process from signing export sales contract to chartering and booking shipping space, inspection, certificate of origin, insurance, delivery, declaration, shipment and export, until documentary (or collection), presentation, settlement, verification and refund. SimTrade Foreign Trade Training Platform simulates the most commonly used settlement methods (L / C, T / T, D / P or D / A) and trade terms (FOB, CFR, CIF) in import and export business. Taking the L / C mode under CIF as an example, the following lists the performance process of import and export contracts of banks at the place of export, exporters, importers and banks at the place of import in the SimTrade environment, which is convenient for users to understand and practice. As shown in Figure 4-1.

(1) Promotion.

If importers and exporters want to enter the international market, they must first explore the market and find suitable trading partners. You can promote yourself by sending business promotion letters or publishing product advertisements in computer networks, foreign magazines and newspapers. You can also find trading partners and improve trading opportunities by participating in trade shows and visiting foreign countries on the spot.

(2) Enquiry.

Also known as inquiry. After receiving the business promotion letter or seeing the advertisement from the exporter, the importer shall, according to his own needs, make inquiry to the exporter who intends to further negotiate with him in order to conclude the transaction.

(3) Offer.

Also called quotation. According to the buyer's letter, the exporter first inquires the factory which supplies the goods, and then calculates the export quotation reply to the importer. During this period, letters and telegrams may be needed for many times to reach an agreement on the price terms.

(4) Sign the contract.

After a lot of bargaining, foreign buyers and exporters reach an agreement on various trading conditions and formally sign export contracts (or agreements).

In SimTrade, the export contract can be drafted by the exporter or the importer. Note that both parties need to fill in the budget table when drafting and confirming the contract.

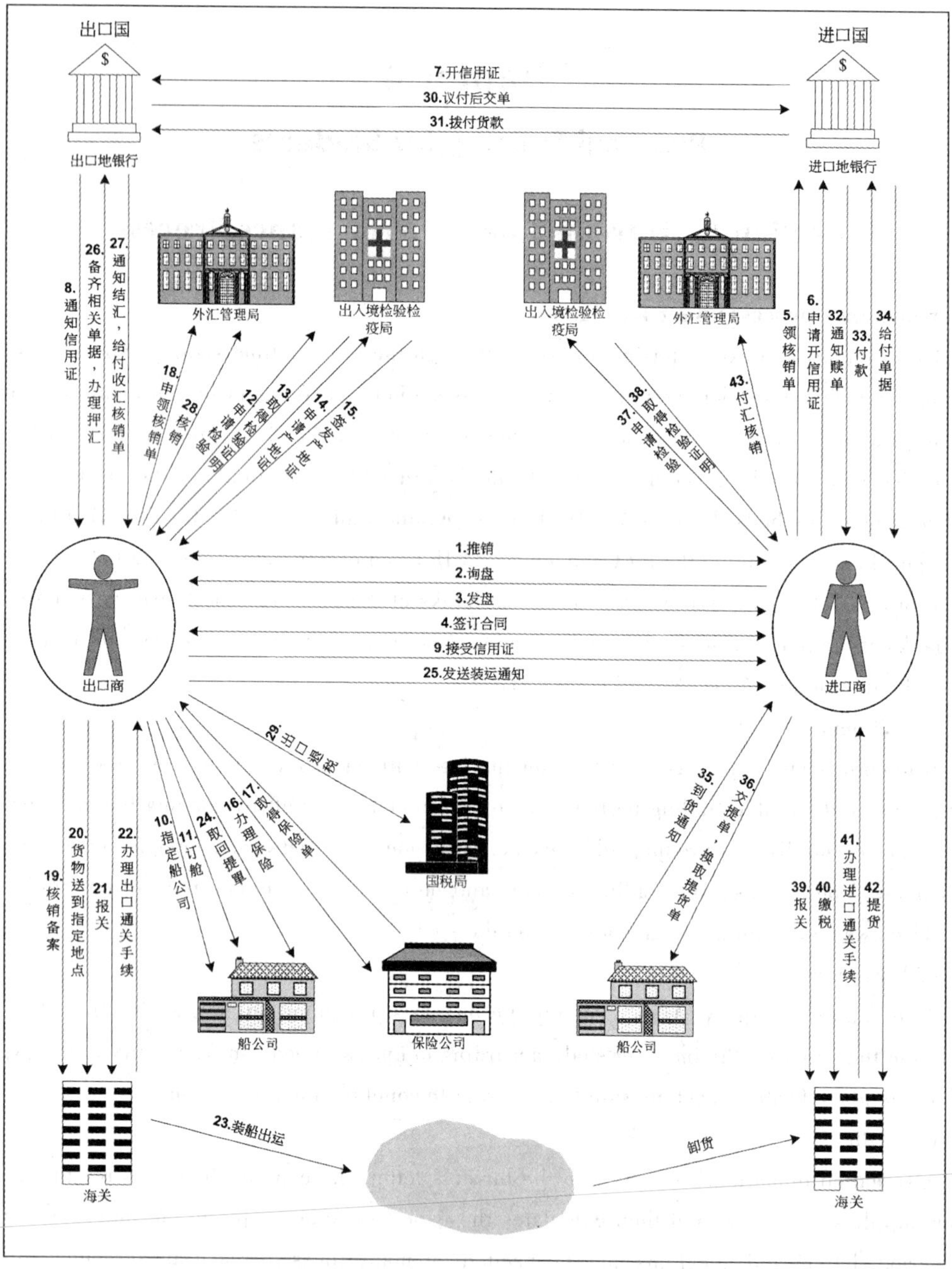

Figure 4-1　Performance process under L/C mode

(5) Collect the verification form.

In order to ensure that enterprises use foreign exchange in strict accordance with the foreign exchange needs of normal trade activities, and completely eradicate various forms of illegal and criminal acts such as arbitrage, evasion and fraud of foreign exchange. China stipulates that enterprises' foreign exchange payment shall pass the national examination and verification, and the verification and cancellation system of import foreign exchange payment shall be implemented. In the case of L/C settlement, the importer shall collect the Verification Form of Foreign Exchange Payment for Import (declaration form on behalf of others)from the designated foreign exchange bank before issuing the L / C, so as to handle the formalities of foreign exchange payment for import; in other settlement methods, the importer shall collect the form before payment.

(6) Apply for L / C.

After the importer completes the verification form of foreign exchange payment, he / she shall issue the Irrevocable Documentary Credit Application and apply to the foreign exchange bank with which he / she has business to open the L / C.

(7) Open L / C.

The issuing bank accepts the application and opens a letter of credit (L / C) according to the application. After the letter of credit is returned to the importer for confirmation, the issuing bank will send the letter of credit to the bank in the place of export (known as the notification bank in the country of export) for forwarding to the exporter.

(8) Notice letter of credit.

The bank at the place of export shall fill in the Notification of Documentary Credit and notify the exporter of the letter of credit.

(9) Accept letter of credit.

After receiving the letter of credit sent by the advising bank, the exporter can start to prepare the goods and ship the goods after checking and accepting the letter of credit. If the L / C is in error, the importer may be required to amend it.

(10) Designated shipping company.

Under CIF or CFR terms, the exporter should find a suitable shipping company while preparing the goods for shipment in advance; under FOB terms, this step should be completed by the importer.

(11) Booking.

After confirming the shipping company, the exporter shall book the shipping space according to the corresponding shipping time and cooperate with the shipping time. After being accepted by the shipping company, the exporter shall issue the shipping space allocation notice to fill in other documents and handle the export declaration and shipping procedures.

(12) Application for inspection.

The exporter shall fill in the Application for Certificate of Export Inspection in accordance with the provisions of the letter of credit, and prepare the commercial invoice, packing list and other relevant documents to apply for export inspection to the entry exit inspection and quarantine bureau.

(13) Obtain inspection certificate.

After the inspection of the goods is qualified, the inspection institution shall issue the Customs Clearance Form for Outbound Goods, and issue the corresponding commodity inspection certificates, such as quality certificate and health certificate, according to the requirements of the exporter.

(14) Apply for certificate of origin.

The exporter shall fill in the corresponding certificate of origin and apply to the relevant units for issuing, among which the Certificate of Origin and the Generalized System of Preferences Certificate of Origin "Form A" shall be applied to the entry exit inspection and quarantine bureau, while the certificate of origin of textiles exported to the EU shall be applied to the textile export certificate authorized by the Ministry of Commerce of issuing authority (not shown on the drawing Figure 4-1).

(15) Issue certificate of origin.

After verification, the relevant authorities shall issue the corresponding certificate of origin according to the application of the exporter.

(16) Insurance.

Under CIF terms, the insurance shall be handled by the exporter. The exporter shall fill in the Cargo Transportation Insurance Application in accordance with the provisions of the letter of credit and apply to the insurance company with a commercial invoice.

Note: if the transaction terms are CIF, the insurance shall be handled by the exporter; if FOB or CFR, the insurance shall be handled by the importer.

(17) Obtain insurance policy.

After underwriting, the insurance company shall issue the Cargo Transportation Insurance Policy to the exporter.

(18) Claim verification form.

According to the law, all domestic export units that export goods abroad shall go through the procedures of verification and cancellation of foreign exchange collection. Before customs declaration, the exporter shall apply to the administration of foreign exchange for the verification form of export proceeds.

(19) Verification file.

After completing the verification form, the exporter can apply to the customs for verification file.

(20) Delivery of goods to designated place.

After completing the above procedures, the exporter shall deliver the goods to the designated wharf or place for customs declaration and export.

(21) Customs declaration.

After delivering the goods, the exporter shall fill in the declaration form of export goods, prepare all relevant documents (verification form of export collection, commercial invoice, packing list, customs clearance form of outbound goods, etc.) and submit the declaration form to the customs.

(22) Handle export clearance procedures.

The customs shall go through the formalities of export customs clearance once the documents are verified to be correct, and issue the verification sheet and customs declaration form (export tax refund form) stamped with the seal of inspection to the exporter for verification and tax refund.

(23) Shipment.

After the completion of customs clearance, the goods will be loaded on board and set sail.

(24) Retrieve B / L.

The shipping company has to wait until the goods have been loaded on the ship (on board date is recorded on B / L) and set sail before issuing the bill of lading. Therefore, after the goods are shipped, the exporter can get the bill of lading (B / L) from the shipping company.

(25) Send shipping advice.

The exporter shall send the shipping advice to the buyer after the goods are shipped out. In particular, under the terms of FOB and CFR, when the buyer is responsible for the insurance, the exporter shall send the shipping notice as soon as possible so that the buyer can handle the insurance matters accordingly.

(26) Prepare relevant documents for documentary.

After the goods are shipped and exported, the exporter shall prepare the relevant documents (commercial invoice, packing list, bill of lading, cargo transportation insurance policy, commodity inspection certificate, certificate of origin, letter of credit, etc.) according to the L / C, and issue the bill of exchange with the importer as the payer to ask for negotiation from the bank at the place of export. Obtain financing from the bank with export documents as pledge.

(27) Notice of settlement of foreign exchange, payment of verification sheet of foreign exchange collection.

The documentary documents, upon examination by the documentary bank, are in conformity with the provisions of the letter of credit, i. e. remittance by pledge is appropriated, the exporter is informed that the exchange can be settled, and a certain amount of documentary fee is charged at the same time. In addition, the bank will issue the "special copy for verification of export proceeds" stamped with "special seal for verification of export proceeds" to the exporter.

(28) Write off.

The exporter shall handle the verification with the special copy for verification of export collection and other relevant documents (registration form for verification of export collection, declaration form, verification form of export collection, commercial invoice, etc.) to the SAFE. After the completion of the verification, the administration shall return the verification form of export collection (the third copy).

(29) Export tax refund.

After verification, the exporter shall go to the State Administration of Taxation for export tax refund with the verification form of export collection (the third copy), customs declaration form (export tax refund copy) and commercial invoice.

(30) Presentation after negotiation.

After negotiation by the documentary bank, the documentary document shall be sent to the overseas issuing bank for payment of the pledged remittance.

(31) Payment for goods.

After the issuing bank has checked the documents and the terms of L / C, it shall transfer the pledged remittance (i. e. acceptance) to the bank in the place of export.

(32) Notice of redemption.

The issuing bank demands payment from the importer. When the importer applied to the issuing bank to open the L / C at the beginning, most of the L / C amount had not been paid off, and the exporter had already negotiated at the place of export (mortgage financing), so the issuing bank informed the importer to pay off the balance and redeem the documentary document.

(33) Payment.

The importer shall pay up the payment to the issuing bank, and at the same time hand over the verification sheet of the trade import payment previously received to the bank for examination.

(34) Payment document.

After the payment by the importer, all documents (i. e. documents against which the exporter can negotiate) are retrieved from the issuing bank.

(35) Notice of arrival.

At this time, the goods have arrived at the destination port of the importing country, and the shipping company informs the importer to exchange the delivery order.

(36) Deliver bill of lading in exchange for delivery order.

The importer submits B / L to the shipping company in exchange for delivery order (D / O). Especially when the importer buys the goods under the FOB terms, the importer can only make a request to the customs for customs declaration after paying the freight and miscellaneous charges to the shipping company and exchanging B / L for D / O from the shipping company, indicating that the importer has obtained the consent of the shipping company to collect the goods.

(37) Application for inspection.

The importer shall fill in the Application for Certificate of Import Inspection and apply for import inspection to the entry exit inspection and quarantine bureau with documents such as bill of lading, commercial invoice and packing list.

(38) Obtain inspection certificate.

After the inspection of the goods, the inspection agency shall issue the customs clearance form for the imported goods to the importer.

(39) Customs declaration.

The importer shall prepare the import declaration form, bill of lading, commercial invoice, packing list, customs clearance form for inbound goods, contract and other documents, and deliver the documents to the customs for customs declaration.

(40) Tax payment.

The importer shall pay all taxes to the customs, including import tariff, value added tax and consumption tax.

(41) Handle import clearance procedures.

The customs passes the examination of the documents and goes through the import clearance formalities.

(42) Pick up.

After customs clearance, the importer can pick up the goods at the wharf or the place where the goods are stored.

(43) Verification of payment in foreign exchange.

Finally, the importer shall handle the verification of foreign exchange payment at the SAFE with the verification form of arrival of foreign exchange payment, the declaration form of import goods and the verification form of foreign exchange payment.

2. Performance process in other ways

L / C, D / P, D / A and T / T are the four settlement methods commonly used in international trade, and they are also the choice of settlement methods used in SimTrade. The performance process under L / C mode has been described in detail before. The differences between the other three settlement methods and L / C in terms of process will be explained below.

(1) Difference between D / P and L / C.

Under the D / P mode:

A. The importer does not need to apply to the bank for the development of the L / C, and the procedures related to the L / C can be omitted.

B. After the exporter completes the formalities such as customs declaration, he will no longer use the method of "documentary payment" to deliver documents to the bank, but use the method of "collection", and the bank in the place of export does not need to advance payment.

C. The bank at the place of import also does not need to advance payment, and can directly notify the importer to come to pay for the redemption order.

D. After the importer pays, the bank can inform the exporter to settle the foreign exchange.

(2) Difference between D / A and L / C.

Under the D / A mode:

A. The importer does not need to apply to the bank for the development of the L / C, and the procedures related to the L / C can be omitted.

B. After the exporter completes the formalities such as customs declaration, he will no longer use the method of "documentary payment" to deliver documents to the bank, but use the method of "collection", and the bank in the place of export does not need to advance payment.

C. The bank at the place of import also does not need to advance payment, and can directly notify the importer to redeem the bill; when the importer redeems the bill, it does not need to pay, but can accept first, and pay before the due date of the bill.

D. After the importer pays, the bank can inform the exporter to settle the foreign exchange.

(3) The difference between T / T and L / C.

Under the T / T mode:

A. The importer does not need to apply to the bank for the development of the L / C, and the procedures related to the L / C can be omitted.

B. After the exporter completes the formalities such as customs declaration, he will no longer deliver the documents to the bank by "documentary", but directly send the documents to the importer in the "document list" page.

C. The importer can go through the relevant formalities directly after receiving the documents, and then pay the importer after the sales proceeds.

D. After the importer pays, the bank can inform the exporter to settle the foreign exchange.

3. Domestic procurement process

After the exporter and the importer sign the contract, they should start to prepare the goods. Take the figure as an example to explain the specific process of procurement, so as to facilitate the user's understanding and practice. As shown in Figure 4-2.

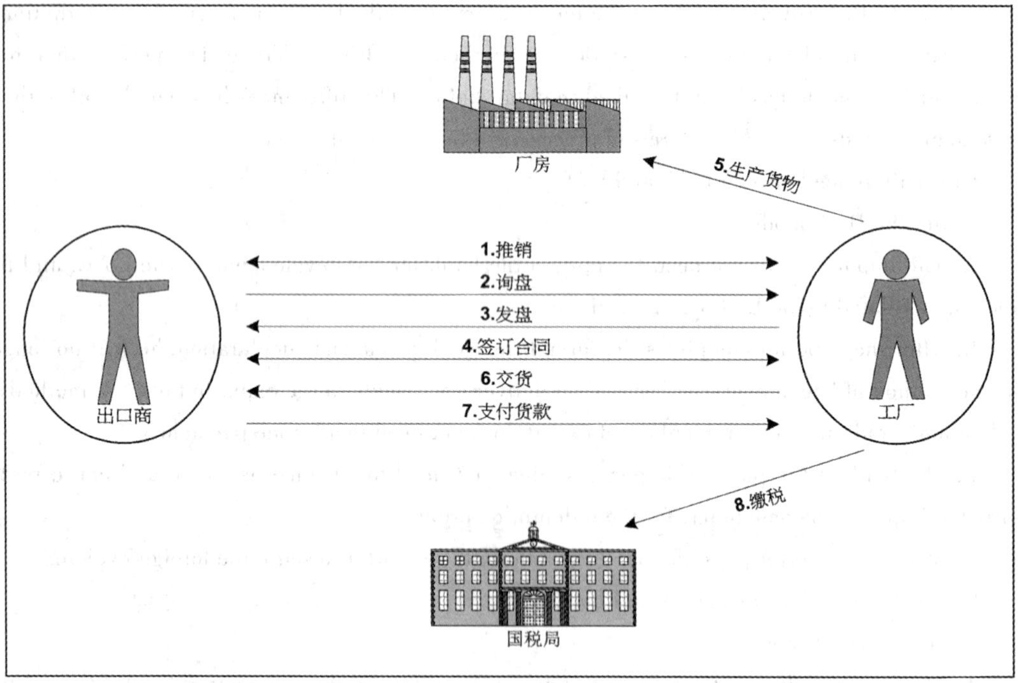

Figure 4-2 Domestic procurement process

(1) Promotion.

Both product manufacturers and export traders need to actively develop the market and look for trading partners. They can send sales letters or advertise their products in computer networks, magazines and newspapers to promote themselves. At the same time, they can find trading partners and enhance trade opportunities by participating in trade shows and other ways.

(2) Enquiry.

After receiving the factory's business promotion letter or seeing the advertisement, the exporter shall, according to his own needs, inquire about the factories that are interested in further negotiation with a view to concluding the transaction.

(3) Offer.

The factory calculates the quotation reply to the exporter according to the buyer's letter. During this period, letters and telegrams may be needed for many times to reach an agreement on the price terms.

(4) Signing contract.

After a series of bargaining methods, both sides of the transaction formally sign a domestic sales contract (or agreement). In SimTrade, the sales contract can be drawn up by the exporter or the factory.

(5) Production of goods.

After signing the contract, the factory started to produce the goods.

(6) Delivery.

After production, the factory will deliver the goods to the exporter according to the contract.

(7) Payment for goods.

When the factory releases the goods, the exporter pays for the goods and the transaction is completed.

(8) Pay taxes.

After the completion of the contract, the factory also needs to pay taxes to the IRS on the proceeds of the contract. The VAT rate and comprehensive fee rate can be found in "other fees" of "taojin. com". The tax can be obtained by multiplying the contract amount.

Section 2 Start of Training

After getting familiar with the performance process, students can start the training, and can refer to online help at any time during the training.

Note: this chapter is a complete set of SimTrade actual business operation examples (see the Appendix 3 for the document sample). The transaction mode is L / C+CIF. Because the trade processes are different under different transaction modes, the data and document contents in this example are only for reference. Please complete the actual operation according to the specific situation.

1. Transaction preparation

(1) Purpose of training.

Students are familiar with the basic picture of each role and master the methods of advertising and market research.

(2) Introduction to training content.

A. Understand the basic usage of SimTrade.

B. Log in and register the name of the company (bank) in each role, and enter the necessary information in "data".

C. Select target products and trading partners, and conduct market research.

D. Release advertising and supply and demand information.

(3) Training steps.

A. Importer.

a. Students log in as importers, input user name (such as XYZ) in the login screen, select "importers" in the "select user type" drop-down box, and click the "login system" button to enter the main page of importer business.

b. Create a company.

i. Click "information" to view the company's registered capital, account number, country, company code, email address and other information, and fill in the following one by one (you can also add pictures freely):

Full name of the company: Carters Trading Company, LLC Company name: Carters Enterprise legal person: Carter Tel: 0016137893503 Fax: 0016137895107 Website: http://www. carter. com Company address (please fill in according to the country): P. O. Box8935, New Terminal, Lata. Vista, Ottawa, Canada Company profile: We are importers in all items enjoying good reputation!

Note: it is better to use GIF or JPG format pictures, and the size is recommended to be about 120 * 120 (pixels).

ii. Click "OK" after filling in.

c. Release the company advertisement.

i. Click the building marked "advertising company" in "business center".

ii. Click "publish advertisement" on the pop-up page and fill in the following one by one:

Input title: we are importers of canned foodstuff.

Enter keyword: canned foodstuff.

Select the publishing type as "company advertisement".

Input content: we are importers of canned foodstuff enjoying good reputation, please contact with us! Email address: xyz2@simtrade.

iii. After filling in, click "OK" to publish the company advertisement successfully.

Note: your email address can be found on the company profile page.

d. Look for business opportunities.

i. Click "gold rush" to enter the query page, where you can view the notice, various market information and supply and demand information on the home page.

ii. Click "product display" in the row above to see all product information, and select one or more products to trade (in this case, select commodity 01005 sweet corn can).

iii. Click "company database" to see all company information, and select the appropriate company as the trading partner.

e. Release information.

i. After selecting the product, return to the business screen, click "publish information" on the left side of "publish advertisement", and fill in the following one by one:

Input title: we are looking to buy canned sweet corn.

Enter keyword: canned sweet corn.

Select the publishing type as "requirement information".

Input content: we are looking to buy canned sweet corn, please contact with us! Email address: xyz2@simtrade.

ii. After filling in, click "OK" to publish the information successfully.

f. Log out. Click the last button on the top of the screen to exit the login.

B. Exporter.

a. Next, students log in as exporter, enter their user name (such as XYZ), select "exporter" in the "select user type" drop-down box, and click the "log in system" button to enter the exporter business main page.

b. Create a company.

i. Click the "information" button on the top to view the company's registered capital, account number, company code, email address and other information, and fill in the following one by one (pictures can be added freely):

Full name of the company (Chinese): Hongchang International Co. , Ltd

Full name of the company (English): Grand Western Foods Corp.

Company name (Chinese): Hongchang

Company name (English): Grand

Enterprise legal person (Chinese): Liu Minghua

Enterprise legal person (English): Minghua Liu

Tel: 86-25-23501213

Fax: 86-25-23500638

Post code: 210005

Website: http://www. desunsoft. net

Copmany address (Chinese): Room 2501, Jiafa Building, Beijing West Road, Nanjing

Company address (English): Room 2501, Jiafa Mansion, Beijing West Road, Nanjing 210005, P. R. China

Company profile: We are a foreign trade company which mainly deals in garment and food. We have been committed to improving the quality of our products for a long time. We have a good reputation. Welcome to contact us for business!

Note: it is better to use GIF or JPG format pictures, and the size is recommended to be about 120 * 120 (pixels).

ii. Click "OK" after filling in.

c. Release the company advertisement.

i. Click the "business center" button, and then click the building marked as "advertising company". Click "publish advertisement" on the pop-up page, and fill in one by one as follows:

Input title: our company operates canned food.

Enter keyword: can.

Select the publishing type as "company advertisement".

Input content: our company has long-term management of canned food, the prestige is outstanding, welcome to contact us! Email address: xyz1@simtrade.

ii. After filling in, click "OK" to publish the company advertisement successfully.

Note: your email address can be found on the company profile page.

d. Look for business opportunities.

Click "panning. com" to enter the query page, and view the notice, various market information and supply and demand information on the home page. In the information released by the importer, you can find the information of canned sweet corn issued by the dealers trading company and LLC (the importer in the first part has published this information).

e. View trading partners.

i. Click "company database" to see all company information.

ii. Enter the keyword "Carters", select the category as "importer", and click "search" to find the corresponding company.

iii. Click "details" to view the specific information of Carters Trading Company, LLC.

f. View the traded goods.

i. Click "product display" to see all product information.

ii. Enter the keyword "sweet corn can", click "search" to find the corresponding product.

iii. Click "details" to view the specific information of the product.

g. Release domestic procurement information.

i. Exit "gold rush" and return to the business screen.

ii. Click "advertising company" in "business center".

iii. Click "release information" and fill in the following one by one:

Enter title: buy a lot of canned sweet corn.

Enter keyword: canned sweet corn.

Select the publishing type as "requirement information".

Input content: due to the needs of our customers, we are eager to buy a large number of canned sweet corn. Please contact us if you are interested! Email address: xyz1@simtrade.

iv. After filling in, click "OK" to publish the information successfully.

h. Log out. Click the last button on the top of the screen to exit the login.

C. Factory.

a. Next, log in as a factory role, enter the account number (such as XYZ), select "factory" in the "select user type" drop-down box, and click the "log in system" button to enter the factory business main page.

b. Create a company.

i. Click "information" to view company account number, email address and other information, and fill in the following one by one (pictures can be added freely):

Full name of the company: Guanchi Co. , Ltd
Company name: Guanchi
Enterprise legal person: Zhang Chi
Tel: 86-25-29072727
Fax: 86-25-29072626

Post code: 210016 Website: http://www. guch. com Address: Floor 3, No. 651, Zhongzheng Road, Nanjing Company profile: Our company is a reputable manufacturer. Our products are very popular with customers. Welcome to discuss business with our company. We will try our best to provide you with what you need!

Note: it is better to use GIF or JPG format pictures, and the size is recommended to be about 120 * 120 (pixels).

ii. Click "OK" after filling in.

c. Look for business opportunities.

Click "gold rush" to enter the query page. You can view the notice, various market information and supply and demand information on the home page. In the information released by the exporter, you can find the information of purchasing canned sweet corn issued by Hongchang International Co. , Ltd.

d. View trading partners.

i. Click "company library".

ii. Enter the keyword "Hongchang", select the category as "exporter", and click "search" to find the corresponding company.

iii. Click "details" to view the company's specific information.

e. View the traded goods.

i. Click "product display".

ii. Enter the key word "sweet corn can", click "search" to find the corresponding product.

iii. Click "details" to view the specific information of the product.

f. Check the production cost.

i. Exit "taojin. com" and return to the main page of factory business.

ii. Click the building marked "market" in "business center".

iii. Click "check the market" again to see the production price of 01005 sweet corn can.

g. Release information.

i. Click the building marked with "advertising company".

ii. Click "release information" and fill in the following one by one:

Enter title: large quantity of canned food for sale.

Enter keyword: can.

Select publishing type as "supply information".

Input content: our company has a large number of canned food inventory, want to sell at a low price, welcome to contact us! Email address: xyz3@simtrade.

iii. After filling in, click "OK" to publish the information successfully.

h. Release product advertisements and company advertisements.

i. Click "publish advertisement" on the right side of "publish information", fill in the following one by one:

Input title: supply sweet corn can, high quality and low price.

Enter keyword: canned sweet corn.

Select "product advertisement" as the publishing type, and select 01005 in the product number drop-down box.

Input content: our company now supplies canned sweet corn, high quality and low price, welcome to visit and order! Email address: xyz3@simtrade.

ii. After filling in, click "OK" to publish the product advertisement successfully.

iii. Next, we will release the company advertisement, and fill in the following items one by one:

Input title: long term supply of all kinds of goods, high quality and low price.

Enter keyword: all kinds of goods.

Select the publishing type as "company advertisement".

Input content: our company supplies all kinds of goods for many years, including canned food, clothing, watches, toys, etc. , with high quality and low price. Welcome to visit and order! Email address: xyz3@simtrade.

iv. After filling in, click "OK" to publish the company advertisement successfully.

v. Log out. Click the last button on the top of the screen to exit the login.

D. Export bank.

a. Next, log in as the export bank role, enter the account number (such as XYZ), select "export bank" in the "select user type" drop-down box, and click "log in system" to enter the main page of export bank business.

b. Create a bank.

i. Click "data" and fill in one by one as follows:

Full name of bank (Chinese): Nanjing Commercial Bank

Full name of Bank (English): Nanjing Commercial Bank

Bank abbreviation (Chinese): Commercial Bank

Short name of bank: Commercial Bank

Tel: 86-25-27293344

Fax: 86-25-27203335

Post code: 210014

Website: http://www. firstbank. com

Bank address (Chinese): 19, Lane 32, Yixian Road, Nanjing

Bank address (English): No. 19 Lane 32 I Sen Rd, Nanjing 210014, P. R. China

Bank introduction: Our president has good reputation and business ability in handling international and domestic capital lending and investment business in, welcome to our bank for business negotiation!

ii. Click "OK" after filling in.

iii. Query information. Click "gold rush" to enter the query page, and click the buttons on the upper row respectively to view all kinds of information.

iv. Log out. Exit "taojin. com", return to the business screen, click the last button on the top to exit the login.

E. Import bank.

a. Students log in as the bank of import place, enter the account number (such as XYZ), select "import bank" in the "select user type" drop-down box, and click "log in system" to enter the main page of bank business of import place.

b. Create a bank.

i. Click "data" and fill in one by one as follows:

Full name of bank: The Chattered Bank
Bank abbreviation: Chattered
Tel: 0096614659220
Fax: 0096614659123
Website: http://www. chartered. com
Bank address: P. O. Box99552, Riyadh 22766, KSA
Bank introduction: We major in international loan and investment!

ii. Click "OK" after filling in.

iii. Query information. Click "gold rush" to enter the query page, and click the buttons on the upper row respectively to view all kinds of information.

2. Transaction negotiation

(1) Purpose of training.

A. Participate in the negotiation of international trade contracts, and be familiar with the practical process of inquiry, offer, counter offer and acceptance.

B. Be familiar with the use of price terms and master the quotation accounting method.

(2) Introduction to training content.

Trade negotiation is conducted through SimTrade built-in mail system, which requires that business correspondence between exporters and importers must be in English (as shown in Figure 4-3).

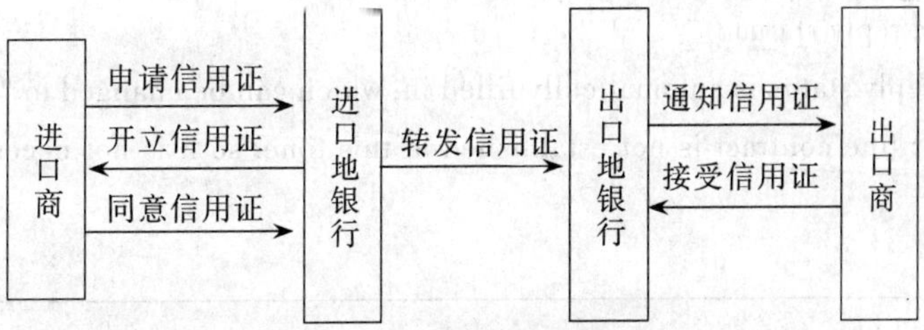

Figure 4-3 Mail exchange

(3) Training steps.

A. First log in as an exporter and enter the main page of the exporter business to establish a business relationship with the importer (note that the email to establish a business relationship can be sent by the exporter or the importer).

i. Click "mail" to enter the mail system.

ii. Click "new" and fill in the email as follows:

Attention: email address of corresponding importer (such as xyz2@simtrade)

Subject: introduction

Contract No. : (the contract is not established at this time, so it is not necessary to fill in the contract No.)

Content bar:

Dear Mr. Carter, We known your name and address from the website of www. simtrade. net and note with pleasure the items of your demand just fall within the scope of our business line. First of all, we avail ourselves of this opportunity to introduce our company in order to be acquainted with you. Our firm is an exporter of various canned foodstuffs. We highly hope to establish business relations with your esteemed company on the basis of mutual benefit in an earlier date. We are sending a catalogue and a pricelist under separate cover for your reference. We will submit our best price to you upon receipt of your concrete inquiry. We are looking forward to receiving your earlier reply. Yours faithfully, Minghua Liu Grand Western Trading Corp.

iii. Click "send" after filling in.

B. After the corresponding importer logs in, he will receive the email that the exporter wants to establish business relationship and inquire the other party.

i. Click "mail" to enter the mail system.

ii. Click the new message name to view the message content.

iii. Click "reply" and fill in the content as follows:

To: auto fill in reply status

Subject: the reply status is automatically filled in, which can be changed to "inquiry"

Contract No. : (the contract is not established at this time, so it is not necessary to fill in the contract No.)

Content bar:

Dear Mr. Minghua Liu, Thanks for your Email. With reference to your letter of July 28, 2016, we are glad to learn that you wish to enter into trade relations with us.

At present, we are in the market for canned sweet corn, and shall be glad to receive your best quotations for this item, with indications of packing, for date of shipment, CIF Toronto. Your early replay will be appreciated. Yours sincerely, Carter Carters Trading Company, LLC

Note: in SimTrade, the importer's country and currency are randomly assigned. Therefore, students need to first find their country in the company basic data, and then go to "freight query" of "gold rush" to query the corresponding port of the country, select one of them as their own trading port, and inform the exporter in the email.

iv. Click "send" after filling in.

C. After the exporter logs in, he will receive the email of the importer's inquiry.

i. Click "mail" to enter the mail system.

ii. Click the new email name or sender to check the email. The content of the email is the importer's inquiry for the canned sweet corn.

D. The exporter sends email to the factory for inquiry (please refer to Section 5 of Chapter 2 for details of the email).

E. The factory calculates the cost and offers the price to the exporter.

i. Check the production cost of goods (please refer to Section 1 of Chapter 2 for details).

ii. Open the "business expenses of the factory" in the online help, and calculate the expenses according to the instructions.

iii. Determine the quotation according to various expenses and profits.

iv. The factory offers to the exporter (please refer to Section 5 of Chapter 2 for details of the email).

F. The exporter shall account for the cost and make an offer to the importer.

i. Email to receive factory quotation.

ii. Open the "fill in export budget form" page in the online help.

iii. Enter "gold rush", click "insurance fee", "freight query" and "other expenses" respectively, and calculate each cost one by one according to the instructions in the online help.

iv. After calculating all costs and profits, determine the quotation.

v. Offer to the importer. Open the inquiry email of the importer, click "reply", and fill in the email as follows:

To: auto fill in reply status

Subject: the reply status is filled in automatically and can be changed to "quotation"

Contract No. : (the contract is not established at this time, so it is not necessary to fill in the contract No.)

Content bar:

Dear Mr. Carter,

We have received your letter of July 29, 2016, asking us to offer the canned sweet corn for shipment to Toronto port and highly appreciate that you are interested in our products.

Comply with your kindly request, we are pleased to offer our best price as follows:

1. Canned sweet corn
2. Packing: exporter carton
3. Specification: 3 060 g × 6 tins / ctn
4. Quantity: 800 cartons
5. Price: USD14 / carton CIF Toronto
6. Payment: L / C
7. Shipment: in August, 2016
8. Brand: at your option

Our offer remains effective until August 30, 2016.

Yours faithfully,

Minghua Liu

Grand Western Trading Corp.

vi. Click "send" after filling in.

G. After the importer logs in, he will receive the email sent by the exporter. After repeated counter offers, the importer finally accepted the offer. Fill in the email as follows:

To: auto fill in reply status

Subject: auto fill in reply status

Contract No. : (the contract is not established at this time, so it is not necessary to fill in the contract No.)

Content bar:

Dear Mr. Minghua Liu,

We have received your E-mail of July 29, 2016.

After the consideration, we have pleasure in confirming the following offer and accepting it:

1. Commodity: canned sweet corn
2. Packing: exporter carton
3. Specification: 3 060 g × 6 tins / ctn
4. Quantity: 800 cartons
5. Price: USD14 / carton
6. Payment: L / C
7. Shipment: in August, 2016

Please send us a contract and thank you for your cooperation.

Yours sincerely,

Carter

Carters Trading Company, LLC

Click "send" after filling in.

H. The exporter receives the mail that the importer accepts the offer.

3. Signing contract

(1) Purpose of training.

A. Master the specific provisions and expression of contract terms.

B. Master import and export price accounting.

(2) Introduction to training content.

Sign an export contract with the settlement method of L / C and the price term of CIF, fill in the budget form, and both parties sign for confirmation and start to perform the contract.

(3) Training steps.

A. Draft the export contract (note: the contract can be drawn up by the exporter or the importer).

i. Exit the email page and click the building marked "importer" in "business center".

ii. Click "draft contract" on the pop-up page.

iii. Enter the contract number (such as "contract 01"), the corresponding importer number (such as XYZ), and then enter the bank number (such as XYZ) of the export place where the relevant business is handled, check the option "set as the main contract", and click "OK" to open the contract form to fill in (fill in the instructions can be viewed in the blue font of the header name, please refer to Schedule 1 in Appendix 3 for the form sample).

iv. Click "save" after filling in.

v. Return to the business screen, click "check contract" to confirm that the contract is filled correctly.

B. Prepare export budget table.

i. Click "add document".

ii. Select the radio button before export budget table and click "OK".

iii. Then click the document number corresponding to the export budget table in the view document list (this method will be used to add and fill in documents later), and a form will pop up to fill in (for calculation method, please refer to "fill in export budget table" in the online help, and for form sample, please refer to Schedule 2 in Appendix 3).

C. Send contract. Return to the business screen, click "send the contract to the importer".

D. After the importer logs in, he receives the email from the exporter requesting confirmation of the contract.

E. Make import budget table.

i. Exit the mail system and click the building marked "business center" as "exporter".

ii. Click "switch" on the left of the pop-up screen to set the contract to be confirmed as the main contract.

iii. Click "modify contract" again to open the contract page to view relevant terms.

iv. Then click "add document", select the radio button before import budget table, and click "OK".

v. Click the document number corresponding to the import budget table in the "view document list" (this method will be used to add and fill in documents later), and a form will pop up to fill in (for calculation method, please refer to "fill in the import budget table" in the online help, and for form sample, please refer to Schedule 3 in Appendix 3).

vi. Click "save" after filling in.

F. Confirm the contract.

i. Return to the business screen, click "modify contract".

ii. Sign at the bottom left of the pop-up contract, fill in "Carters Trading Company, LLC" and "Carter" in the blank columns of two lines respectively, and click "save".

iii. Return to the business screen, click "confirm contract".

iv. Enter the contract number (in this case, contract 01), and then enter the bank number of the place of import (for example, XYZ, here it is better to find a bank that you are familiar with, so as to avoid delaying the business process when you need to handle related business such as letter of credit, because you cannot find a bank), click "OK" to confirm the contract successfully.

4. L / C business

(1) Purpose of training.

Be familiar with the application, opening and examination of L / C.

(2) Introduction to training content.

Business process of letter of credit as shown in Figure 4-4.

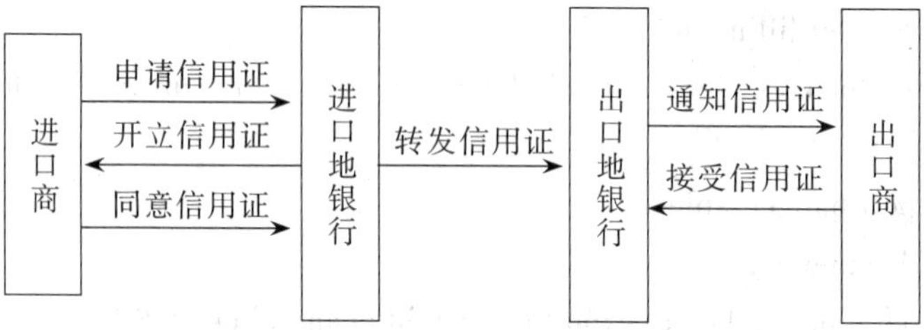

Figure 4-4 Business process of letter of credit

A. Importer: apply for L / C.

B. Bank in the place of import: review the application for L / C, open the L / C and submit it to the importer for confirmation.

C. Importer: confirm the L / C.

D. Bank at the place of import: notify the bank at the place of export.

E. Bank at the place of export: check the L / C against the contract, fill in the notice and inform the exporter that the L / C has arrived.

F. Exporter: review and accept L / C. If there is any problem with the L / C, you can send an email to the importer for amendment.

(3) Training steps.

A. The importer applies for the verification document (in L / C mode, the document shall be collected before issuing the letter of credit; in other modes, the document shall be collected before payment).

i. Go back to "business center" and click "bank of import place".

ii. Then click "apply for verification form" to get "verification form of foreign exchange payment for import".

iii. Then click the "exporter" building to enter the "list of documents" for filling in (for filling in instructions, you can click the blue font of the header name to view, please refer to Schedule 4 in Appendix 3 for the form sample).

iv. Click "check" after completion of filling and confirm to be qualified.

Key notes for filling in documents: in the verification form of foreign exchange payment for import, the currency of foreign exchange payment shall be filled in the importer's functional currency, and the amount shall be converted accordingly. In SimTrade, the currency is automatically assigned by the system. The importer can query the functional currency in his / her own financial page.

B. Apply for opening L / C.

i. For buildings marked with "bank of the place of import", select "letter of credit" business.

ii. Then click "add letter of credit application". After adding, click the application number to fill in (please refer to Schedule 5 in Appendix 3 for the form sample).

iii. Click "check" after completion of filling and confirm to be passed.

iv. Still in the L / C management screen, select the radio button in front of the corresponding L / C application form and click "send application form".

C. The bank in the place of import shall open a letter of credit.

i. Receiving the mail of the importer applying for opening the L / C.

ii. Go back to the main page of the bank business of the import place and click the "L / C" button.

iii. Click the L / C application No. with contract No. (contract 01) to view its contents.

iv. Select the application again and click "open letter of credit".

v. After completion, click the L / C No. to enter and fill in according to the application for L / C (for filling in instructions, click the blue font of the header name to view, please refer to Schedule 6 in Appendix 3 for the form sample).

vi. Click "check" after completion of filling and confirm to be passed.

vii. On the L / C page, select the radio button in front of the L / C with contract No. (contract 01) and click "send to importer".

D. The importer agrees to the letter of credit.

i. Receive the notice mail from the bank requesting confirmation of the letter of credit.

ii. Then go to the "business center" and click "import bank".

iii. Click "L / C business" to check the corresponding L / C content.

iv. After checking, select the radio button in front of the corresponding L / C and click "agree".

E. The bank in the place of import shall forward the L / C.

i. Receiving the mail of the importer's consent to the letter of credit.

ii. Enter the L / C management interface, select the radio button in front of the L / C with contract No. (contract 01), and click send to bank at the place of export.

F. The bank at the place of export shall notify the exporter of the letter of credit.

i. To receive the mail of notification that the bank in the place of import has issued the L / C.

ii. Go back to the main page of bank business in the export place and click the "L / C" button.

iii. Open the L / C with contract No. (contract 01) to view.

iv. Select the radio button in front of the letter of credit, click "make notice" to add the letter of credit notice.

v. Then click the document number corresponding to the letter of credit notice, open the form and fill in according to the content of the letter of credit (for filling in instructions, click the blue font of the header name to view, and for the sample of the form, please refer to Schedule 7 in Appendix 3).

vi. Click "check" after completion of filling and confirm to be passed.

vii. Return to the business screen, select the notice and click "notify beneficiary".

G. The exporter accepts the letter of credit.

i. Receive the notice mail of the L / C opened.

ii. Go back to "business center" and click "export bank".

iii. Click "accept L / C" again to enter the L / C list screen.

iv. After checking the contents of the letter of credit, click "accept".

5. Stock up

(1) Purpose of training.

A. Be familiar with the transaction negotiation with domestic factories.

B. Understand and master the signing and performance of domestic purchases and sales contracts.

(2) Brief introduction of training content (please refer to Section 3 of Chapter 1 for specific flow chart).

A. Exporter: negotiate with the factory by email and sign domestic purchase and sale contract at the price accepted by the factory.

B. Factory: confirm the domestic purchase and sale contract, organize production and delivery.

(3) Training steps.

A. The factory establishes business relationship with the exporter (or the exporter can take the initiative).

i. Click "mail" to enter the mail system.

ii. Click "new" and fill in the email as follows:

To: email address of the corresponding exporter (such as xyz1@simtrade)

Subject: building business relationships

Contract No. : (the contract is not established at this time, so it is not necessary to fill in the contract No.)

Content bar:

Mr. Liu Minghua: Hello! We are Guanchi Co. , Ltd. Our company has a long history of operation and enjoys a good reputation at home and abroad. We found your company's information in www. simtrade. net and learned that you want to buy canned sweet corn. Our company is just a professional can manufacturer. We hope to establish a long-term cooperative relationship with your company, and we are looking forward to your inquiry! Looking forward to it! Zhang Chi Guanchi Co. , Ltd

iii. Click "send" after filling in.

B. The exporter shall receive and reply to the email and inquire from the factory.

i. Receive email and read content.

ii. Click "reply" and fill in the email as follows:

To: auto fill in reply status

Subject: the reply status is filled in automatically and can be changed to "inquiry"

Contract No. : (the contract is not established at this time, so it is not necessary to fill in the contract No.)

Content bar:

Mr. Zhang Chi: Hello! Thank you very much for your letter. As mentioned in your letter, you are a professional manufacturer of canned food. We are very interested in this and would like to establish a long-term cooperative relationship with you. Can you quote us the price (tax included) of canned sweet corn? Please indicate the place of delivery, the required payment method and the minimum order quantity in the quotation. As the quantity of export goods is generally large, please quote us your best price. Liu Minghua Hongchang International Co. , Ltd

iii. Click "send" after filling in.

C. The factory receives and responds to the email.

i. Receive email and read content.

ii. Click "reply" and fill in the content as follows:

To: auto fill in reply status

Subject: the reply status is filled in automatically and can be changed to "quotation of sweet corn can"

Contract No. : (the contract is not established at this time, so it is not necessary to fill in the contract No.)

Content bar:

Mr. Liu Minghua: Hello! We have received your letter. Thank you for your attention and trust in our products. The quotation is as follows: Product name: canned sweet corn Item No. : 01005 Customs code: 200580002 Specification: 6 cans per case, 3 060 grams per can Sales unit: carton Packing unit: carton Place of delivery: ex works Payment method: The demander shall make payment within seven working days after the factory delivery of the supplier with the VAT invoice provided by the supplier and the corresponding tax (special for export goods) payment certificate. If the supplier fails to prepare all the relevant tickets, the demander shall deduct 17% of the tax to pay to the supplier, and settle the balance after the relevant tickets are complete. Minimum order quantity: 800 cartons Unit price: CNY65 / carton The above information is for your reference and confirmation, looking forward to your reply! Zhang Chi Guanchi Co. , Ltd

iii. Click "send" after filling in.

D. The exporter shall receive and reply to the factory quotation by email (during which the counter-offer can be made through multiple email exchanges).

i. Receive email and read content.

ii. Click "reply" and fill in the content as follows:

To: auto fill in reply status

Subject: auto fill in reply status

Contract No. : (the contract is not established at this time, so it is not necessary to fill in the contract No.)

Content bar:

Mr. Zhang Chi: Hello, thank you for your reply! After consideration, we think your quotation is acceptable. We will order 800 cartons canned sweet corn and send the contract as soon as possible. Liu Minghua Hongchang International Co. , Ltd

iii. Click "send" after filling in.

E. The exporter drafts the domestic sales contract (note: this contract can be drafted by the exporter or the factory).

i. Click the building marked as "factory" in the "business center".

ii. Click "draft contract" on the pop-up page.

iii. Enter the contract number (such as order 01), enter the corresponding factory number (such as XYZ), check the option "set as the main contract", click "OK", and fill in the form content (fill in the description can be viewed by clicking the blue font of the header name, please refer to Schedule 8 in Appendix 3 for the form sample).

iv. Click "save" after filling in.

F. Return to the business screen, click "check the contract", confirm that the contract is filled correctly, and then click "send the contract to the factory".

G. Factory confirms the contract.

i. Receiving the email from the exporter requesting confirmation of the contract.

ii. Click "exporter" in "business center".

iii. Click "switch" on the left of the pop-up screen to set the contract to be confirmed as the main contract.

iv. Click "modify contract", sign at the bottom of the pop-up contract, fill in all details (account number can be found in the company basic data), and click "save".

v. Then go back to "confirm contract" in the user dialog box.

H. Organize production.

i. Click the building marked "market" in "business center", and then click "view market".

ii. Select commodity "01005" and click "organize production".

iii. Input the production quantity "800" and click "OK" to complete the production.

I. Release cargo.

i. Click the buildings marked "exporter".

ii. Click "release" again to send the goods to the exporter, and the system will automatically collect the payment.

J. Pay taxes. Click the building marked "IRS" and then click "pay taxes". At this point, the transaction is completed.

K. After the exporter receives the notification email that the factory has released the goods, click "inventory" to see that the ordered goods have been in the inventory list and the goods are ready.

6. Chartering and booking

(1) Purpose of training.

A. Understand the process of chartering and booking.

B. Learn how to make consignment letter.

(2) Introduction to training content.

Prepare relevant documents to go through the procedures of chartering and booking space with the shipping company.

(3) Training steps.

A. Prepare relevant documents.

i. Add "letter of authorization for goods shipment" to fill in (fill in the instructions can be viewed by clicking on the blue font of the header name, please refer to Schedule 9 in Appendix 3 for the form sample).

ii. Click "check" after completion of filling and confirm to be passed.

B. Chartering and booking.

i. After filling in, click "shipping company" in "business center".

ii. Click "designated shipping company", select "Seger International Freight Forwarding Co., Ltd" and click "OK".

iii. Then click "book shipping space".

iv. Select "20" as the container, fill in the shipping date "09 / 10 / 2016", click "OK", the booking is completed, and the system will return "notice of allocation".

v. Click "view document list" in the building marked "importer" to view the content of "allocation notice".

7. Export inspection application

(1) Purpose of training.

A. Understand the process of export inspection.

B. Learn to make inspection application form, commercial invoice and packing list for outbound goods.

(2) Introduction to training content.

Prepare relevant documents and go through the inspection procedures with the inspection agency.

(3) Training steps.

In SimTrade, you can enter the customs code of the commodity on the "tax rate query" page of "taojin. com" to query whether the traded commodity needs export inspection. After finding the corresponding regulatory conditions, click the code symbol, and the meaning of each code is listed in it. If it is necessary to obtain a customs clearance form for outbound goods according to applicable regulations, export inspection shall be carried out in accordance with the regulations.

A. Prepare relevant documents.

i. Add "inspection application form for outbound goods" to fill in (please refer to Schedule 10 in Appendix 3 for the form sample).

ii. Then add "commercial invoice" and "packing list" respectively to fill in (please refer to Schedule 11 and Schedule 12 in Appendix 3 for the form sample).

iii. After filling in, click "check" respectively to confirm it is passed.

Key notes for filling in the documents: for the "inspection application unit registration number" in the inspection application form for outbound goods, please look it up in the company basic data; "name and number of means of transport", that is, the ship name, please look it up in the "notice of allocation of shipping space" given after booking the shipping space; for the calculation of each weight and volume in the packing list, please refer to "understand the basic characteristics of the product" in the online help.

B. Application for export inspection.

i. Go back to business center and click "inspection organization".

ii. Then click "apply for inspection", select the document "sales contract", "letter of credit", "commercial invoice", "packing list" and "inspection application form for outbound goods", and click "inspection application".

iii. After the inspection application is completed, the inspection institution shall issue the "customs clearance form for outbound goods" and the corresponding inspection certificate applied for and issued by the exporter.

8. Handling insurance

(1) Purpose of training.

A. Understand the insurance process.

B. Learn to make insurance policies for cargo transportation.

C. Understand how to reduce risks in the transportation of goods in international trade, and be familiar with and master the details and application skills of price terms CIF, CFR and FOB.

(2) Introduction to training content.

Prepare relevant documents to go through insurance procedures with the insurance company.

(3) Training steps.

A. Prepare relevant documents.

i. Add "cargo transportation insurance policy" to fill in (please refer to Schedule 13 in Appendix 3 for the form sample).

ii. Click "check" after completion of filling and confirm to be passed.

Key notes for filling in the documents: please find the ship name, voyage number, sailing date and other information in the "notice of allocation of shipping space". If the insurance is for the importer, please find it in the "shipping advice" sent by the exporter.

B. Insurance.

i. Go back to "business center" and click "insurance company".

ii. Then click "handle insurance", select the documents "commercial invoice" and "cargo transportation insurance policy", and click "handle insurance".

iii. After the completion of handling, the insurance company will issue the "cargo transportation insurance policy" automatically.

Note: Under CIF terms, the exporter shall insure with the insurance company, and under CFR or FOB terms, the importer shall be responsible.

9. Export declaration

(1) Purpose of training.

A. Understand the process of customs declaration.

B. Learn how to make verification and cancellation form of export collection and declaration form of export goods.

(2) Introduction to training content.

Prepare relevant documents to go through the formalities of verification and filing, export declaration, etc. with the customs.

（3）Training steps.

A. Apply for the verification form.

i. Click "SAFE" in the "business center".

ii. Select "claim verification form" to obtain "verification form of export collection".

iii. Next, fill in the list of documents (please refer to Schedule 14 in Appendix 3 for the form sample).

iv. Click "check" after completion of filling and confirm to be qualified.

B. Filing. Click "customs" and then "filing", and handle the record with the completed verification form of export collection.

C. Delivery. Click "delivery" on the right side of "filing" to send the goods to the place designated by the customs.

D. Customs declaration.

i. Add "export declaration" to fill in (please refer to Schedule 15 in Appendix 3 for the form sample).

ii. Click "check" after completion of filling and confirm to be passed.

iii. Then go to the customs, click "declaration" on the right side of "delivery".

iv. Select the documents "commercial invoice", "packing list", "customs clearance form of outbound goods" (goods that do not need export inspection can be exempted), "verification form of export collection" and "customs declaration form of export goods", and click "customs declaration".

v. When the customs declaration is completed, the goods will be loaded and shipped automatically.

10. Shipment

（1）Purpose of training.

Learn to make shipping advice.

（2）Introduction to training content.

In SimTrade, the process of shipment is automatically processed by the system after customs declaration. Therefore, after customs declaration (shipment) is completed, the exporter should go to the shipping company to pick up the bill of lading and send the shipping advice to the importer.

（3）Training steps.

A. Retrieve the bill of lading. In the "business center", click "shipping company" and then click "retrieve B / L".

B. Send shipping advice.

i. Add "shipping advice" to fill in (please refer to Schedule 16 in Appendix 3 for the form sample).

ii. Click "check" after completion of filling and confirm to be passed.

iii. Go back to the "business center" and click "shipping company".

iv. Then click "send shipping advice" to notice the importer.

Key notes for filling in the documents: it is better to fill in the vessel name and voyage number at the same time in the column of "vessel", in addition, please refer to the "allocation notice" for filling in the column of "container".

C. The importer receives the shipping advice.

i. Receive the notice mail sent by the shipping advice.

ii. Go to the "business center" and click "exporter" and then click "view document list" to view the content of "shipping advice" (note: under the FOB and CFR transaction modes, the insurance is handled by the importer, and the importer must fill in the insurance policy with the contents of the shipping advice to handle the insurance).

11. Settlement

(1) Purpose of training.

Understand the settlement method of payment in international trade, be familiar with and master the settlement procedures and application skills of various methods (in this case, L / C).

(2) Introduction to training content.

Both import and export parties go to the bank to handle the settlement of foreign exchange, and the specific process is shown in Figure 4-5.

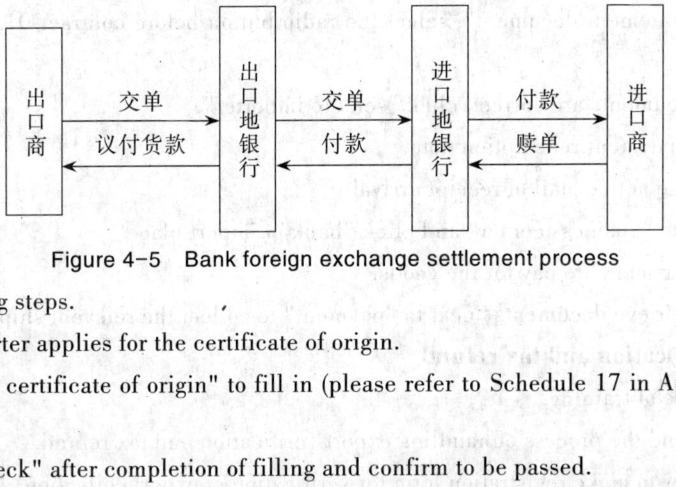

Figure 4-5 Bank foreign exchange settlement process

(3) Training steps.

A. The exporter applies for the certificate of origin.

i. Add "GSP certificate of origin" to fill in (please refer to Schedule 17 in Appendix 3 for the form sample).

ii. Click "check" after completion of filling and confirm to be passed.

iii. Go back to "business center" and click "inspection organization".

iv. Then click "apply for certificate of origin", select the type of certificate of origin as "GSP certificate of origin", and click "OK" to complete the application of certificate of origin.

B. Export documentary.

i. Add "bill of exchange" to fill in (please refer to Schedule 18 in Appendix 3 for the form sample).

ii. Click "check" after completion of filling and confirm to be passed.

iii. Return to "business center", click "bank in the place of export" and select "documentary" business.

iv. Select the check boxes in front of the documents "commercial invoice", "packing list", "GSP certificate of origin", "cargo transportation insurance policy" (CIF condition), "bill of lading" and "bill of exchange", and click "bill of exchange" to complete the formalities of bill of exchange.

C. Negotiation with the bank at the place of export.

i. Receive the notice mail that the document has arrived.

ii. Click "settlement document", and select the radio button before contract 01 to check the documents respectively.

iii. If there is no error in the inspection, click "send to the bank at the place of import", and the system will automatically negotiate the payment.

D. The exporter shall settle the payment.

i. Receiving the notice mail sent by the bank at the place of export for settlement of foreign exchange.

ii. Click "export bank" in "business center".

iii. Then click "settlement" to settle the payment for goods, and the bank issues "special form for verification of export collection" for verification of export.

E. The bank at the place of import processes the documents.

i. Receive the notice mail that the document has arrived.

ii. Click "settlement document", select the radio button before contract 01, and click "check document".

iii. If the documents are correct, click "send to importer".

F. Importer payment redemption note.

i. Receive the notice mail of receipt arrival.

ii. Go back to "business center" and click "bank of import place".

iii. Click "payment" to pay for the goods.

iv. Click "retrieve documents" next to "payment" to collect the relevant shipping documents.

12. Export verification and tax refund

(1) Purpose of training.

A. Understand the process of handling export verification and tax refund.

B. Learn how to make registration form for verification of export collection.

(2) Introduction to training content.

Prepare relevant documents to go through the formalities of tax refund after verification with the state administration of taxation.

(3) Training steps.

A. Export verification.

i. Add "registration form for approval of verification form of export collection" to fill in (please refer to Schedule 19 in Appendix 3 for the form sample).

ii. Click "check" after completion of filling and confirm to be passed.

iii. Return to the "business center", click "SAFE", and select "write off".

iv. Select the check boxes in front of the documents "commercial invoice", "export goods declaration form", "verification form of export collection", "special form for verification of export collection" and "registration form for approval of verification form of export collection", and click "write off" to complete the write off procedures.

v. At the same time, the "SAFE" shall return the third copy of the verification form of export proceeds after sealing it for export tax refund.

B. Export tax refund.

i. Click "state administration of taxation" and select "tax refund" business.

ii. Select the check boxes in front of the documents "commercial invoice", "export goods declaration form" and "verification form of export collection (the third copy)", and click "tax refund" to complete the tax refund formalities.

So far, the exporter's work has been completed.

13. Import inspection

(1) Purpose of training.

A. Understand the process of handling import inspection.

B. Learn to make inspection application form for inbound goods.

(2) Introduction to training content.

Prepare relevant documents to go through import inspection formalities with inspection agency.

(3) Training steps.

In SimTrade, whether the traded goods need import inspection or not must be queried by entering the customs code of the goods on the "tax rate query" page of the "gold rush net". After finding the corresponding regulatory conditions, click the code symbol, and the meaning of each code is listed in it. If it is necessary to obtain a customs clearance form for inbound goods according to applicable regulations, import inspection shall be carried out in accordance with the regulations.

A. Change the delivery note. Click "shipping company" in "business center", and then click "change delivery note".

B. Prepare corresponding documents.

i. Add "inspection application form for inbound goods" to fill in (please refer to Schedule 20 in Appendix 3 for the form sample).

ii. Click "check" after completion of filling and confirm to be passed.

Key notes for filling in the documents: for the "registration number of inspection application unit" in the documents, please look it up in the company basic data; for the "name and number of means of transport", please look it up in the "shipping advice" sent by the exporter, for the bill of lading number, please look it up in the bill of lading.

C. Reporting for inspection.

i. Return to the "business center", click "inspection organization", and select the business of applying for inspection.

ii. Select the document "sales contract", "commercial invoice", "packing list", "bill of lading" and "inspection application form for inbound goods", and click "inspection requisition".

iii. After the completion of the inspection application, the inspection agency shall issue a "customs clearance form for inbound goods" for customs declaration.

14. Import declaration and delivery

(1) Purpose of training.

A. Understand the process of handling import declaration and delivery.

B. Learn to make import declaration.

(2) Introduction to training content.

Prepare relevant documents to go through import declaration and delivery formalities with the customs.

(3) Training steps.

A. Pprepare corresponding documents.

i. Add "import declaration form" to fill in (please refer to Schedule 21 in Appendix 3 for the form sample).

ii. Click "check" after completion of filling and confirm to be passed.

B. Customs declaration.

i. Click "customs" in "business center" and select "customs declaration" business.

ii. Select the check boxes in front of "sales contract", "commercial invoice", "packing list", "bill of lading", "customs clearance of inbound goods" (goods not requiring import inspection can be exempted from attachment), "customs declaration of imported goods", and click "customs declaration".

iii. After the completion of customs declaration, the customs shall return the bill of lading and the import declaration form after affixing the release seal.

C. Click "pay tax" next to "declaration" to pay tax.

D. Click "take delivery" next to "pay tax" to get the goods.

15. Verification of import payment in foreign exchange

(1) Purpose of training.

A. Understand the process of foreign exchange payment verification.

B. Learn how to make the verification form for arrival of import payment in foreign exchange.

(2) Introduction to training content.

Prepare relevant documents to go through the verification procedures of foreign exchange payment to the SAFE.

(3) Training steps.

A. Prepare corresponding documents.

i. Add "verification form for arrival of import payment in foreign exchange" to fill in (please refer to Schedule 22 in Appendix 3 for the form sample).

ii. Click "check" after completion of filling and confirm to be passed.

B. Verification of payment in foreign exchange.

i. Go back to "business center", click "SAFE", and select foreign exchange payment verification.

ii. Select the check boxes in front of the documents "import payment verification form", "import goods declaration form" and "verification form for arrival of import payment in foreign exchange", and click "payment verification".

16. Sales

(1) Purpose of training.

Understand the price changes in the market and grasp the sales opportunity.

(2) Introduction to training content.

The importer sold the goods on the market and recovered the money.

(3) Training steps.

A. Click "market" in "business center".

B. Click "sales", select the product with No. 01005, and click "OK" to sell the goods.

So far, the work of the importer has been completed.

17. Balance of payments online declaration

Application of balance of payments online declaration in SimTrade as follows:

Step 1: pop up the website of "Application Service Platform of State Administration of Foreign Exchange" in the "business center" point of "SAFE", and click "login" in the column of "user login" (the "organization code", "user code", "user password" and "verification code" in this column are automatically generated by the system and do not need to be filled in by the user). As shown in Figure 4-6.

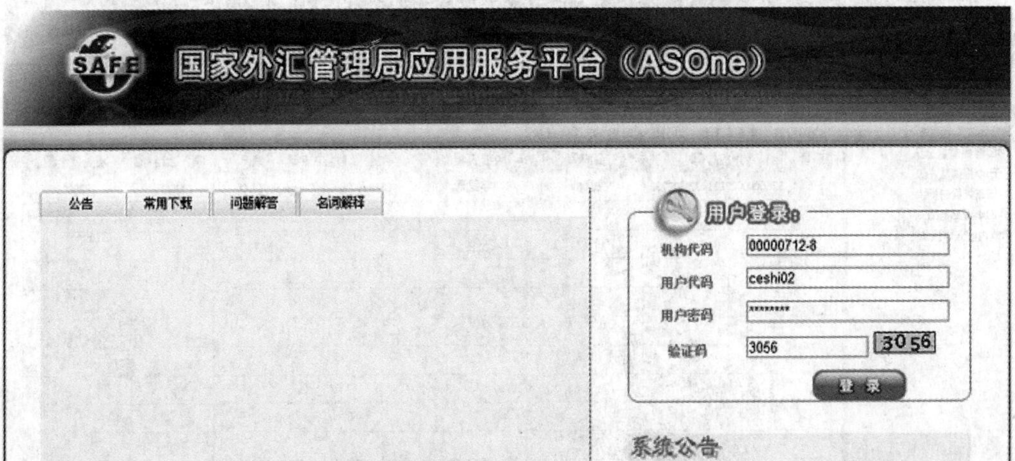

Figure 4-6 Login

Step 2: click "balance of payments online declaration system (enterprise version)" in the pop up page to open the declaration information entry list. As shown in Figure 4-7.

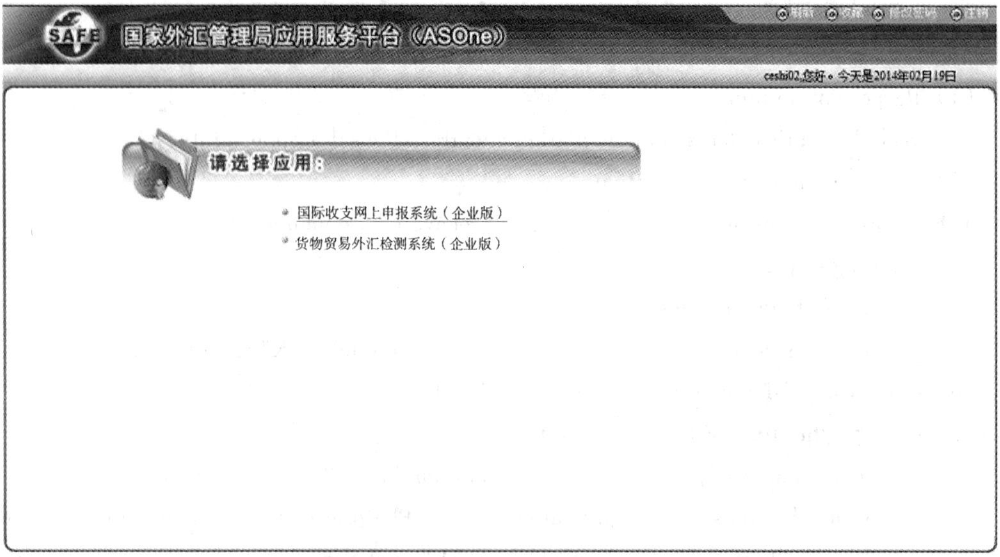

Figure 4-7　Click online declaration system

Step 3: click the declaration number of the business item to be declared to enter the declaration information entry list of the business. As shown in Figure 4-8.

Figure 4-8　Declaration information entry list

Step 4: in the declaration information entry page, in addition to the content automatically generated by the system, you need to fill in the following fields:

(1) Code and name of payer's resident country (region): fill in the English name of the importer's country, and copy the country in the importer's basic information.

(2) Whether the payment is income under bonded goods: select "no" uniformly.

(3) Transaction code: unified selection of "general trade income".

(4) Corresponding currency and amount: currency is automatically generated according to the contract currency. Only the corresponding contract amount needs to be filled in after the currency.

(5) Transaction postscript: fill in "general trade income" uniformly.

As shown in Figure 4-9.

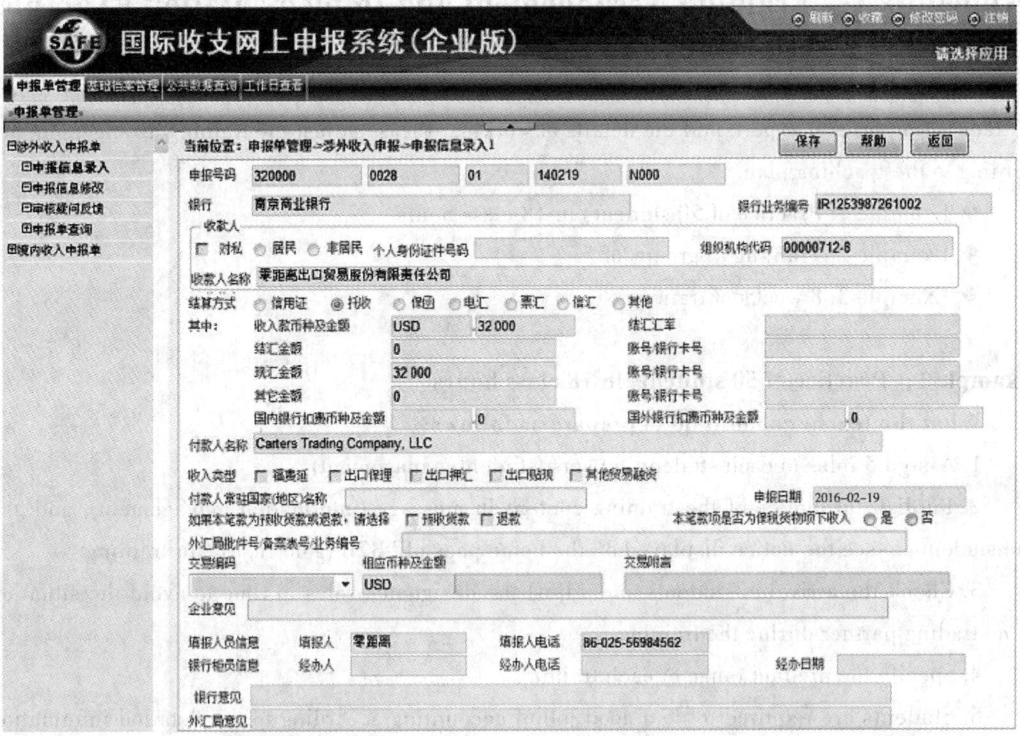

Figure 4-9 Declaration information entry page

Click the "save" button in the upper right corner. If the information is filled in correctly, the system will prompt "successful processing of balance of payments online declaration". At this time, the business item successfully submitted for declaration will disappear from the declaration information entry list.

Appendix

Appendix 1 Training Arrangement and Implementation Example

Through practical training, each student deeply understand the practical application of general trade in import and export, and the details of working. Please adjust the training arrangement according to the teaching plan.

◆ Example 1: Practice of 50 students in 18 class hours.

◆ Example 2: Training in groups of 5.

◆ Example 3: 8 weeks of training.

Example 1: Practice of 50 students in 18 class hours

What the teacher should do to prepare as follows:

1. Assign 5 roles to each student in users (student management).

2. Publish the notice of the training content in message (information management), and ask the students to see the notice displayed on the home page of "B2B (gold rush)" for training.

3. Check the arrival of students and adjust the designated roles in time to avoid the situation of no trading partner during the training.

4. Specify the product range of each training.

5. Students are required to do a good job of accounting according to the detailed information of "product display" in the gold rush website. If you are not clear about the product information, you can refer to the "understand the basic features of the product" section of help.

6. For calculation methods, students can refer to the "fill in budget form" section of online help; for process problems, please refer to the "reference of performance process" in online help.

Class hour 1 and 2:

There are 22 exporters (student No. 01-22), 11 importers (student No. 23-33), 11 factories (student No. 34-44), 3 banks in the place of export (student No. 45-47), and 3 banks in the place of import (student No. 48-50).

Training content:

1. Understand the basic usage of SimTrade.

2. Log in and register the company name with each role, and enter the necessary data in "profile".

3. Enter the screen of each role, and be familiar with the operation environment and specific work of each role according to the help description.

4. For exporters and importers to understand and master various accounting, please refer to the section of "filling in budget form" in the online help.

5. Look for business partners, use "mail (my mail)" system to establish preliminary business contacts, and require that business correspondence between exporters and importers must be in English.

Matters needing attention:

1. When entering the company name, be careful not to use symbols such as\ / < > ' @ ! % ^ & * [ ].

2. In company profile, company legal person can be modified, and company address must be filled in, otherwise company address data will be missing in future documents.

3. Use SimTrade built-in mail system to send email, and the recipient fills in the email address of the trading partner, which can be searched and queried in the company library.

Class hour 3, 4, 5 and 6:

The roles assigned by the teacher are the same as class hour 1 and 2, and one L / C + CIF business is required.

Training content:

1. Conduct transaction negotiation according to the roles specified in the first and second class hours

(1) Enquiries, offers, counter offers and correspondence received between exporters and importers are required to be in English.

(2) Enquiries, offers, counter offers and correspondence between exporters and factories.

2. Exporter and importer: sign an export contract with the settlement method of L / C and the trade term of CIF, fill in the budget form, and both parties sign for confirmation and start to perform the contract.

3. Importer: apply for L / C.

4. Bank at the place of import: review the letter of application, open the letter of credit, and notify the bank at the place of export.

5. Bank at the place of export: check the L / C against the contract and inform the exporter that the L / C has arrived.

6. Exporter: review the L / C. If there is any problem with the L / C, it can be returned to the importer for re-opening.

7. Exporter: prepare the goods and sign the sales contract at the price accepted by the factory.

8. Factory: confirm sales contract, organize production and delivery.

9. Exporter: prepare documents, handle chartering, booking, inspection, insurance, customs declaration, shipment and bill of exchange.

10. Bank at the place of export: review documents and send negotiation documents to the bank at the place of import.

11. Bank the place of import: review the documents and notify the importer to redeem the documents.

12. Importer: pay for the ransom bill, handle import inspection, customs declaration, delivery and sales.

13. Exporter: handle foreign exchange settlement, online declaration of balance of payments and tax refund.

Class hour 7, 8, 9 and 10:

There are 22 exporters (student No. 29–50), 11 importers (student No. 01–11), 11 factories (student No. 18–28), 3 exporting banks (student No. 12–14), and 3 importing banks (student No. 15–17). One L / C + CFR business is required.

Training content:

1. Conduct transaction negotiation according to the designated role.

(1) Enquiries, offers, counter offers and correspondence received between exporters and importers are required to be in English.

(2) Enquiries, offers, counter offers and correspondence between exporters and factories.

2. Exporter and importer: sign an export contract with the settlement method of L / C and the trade term of CFR, fill in the budget form, and both parties sign for confirmation and start to perform the contract.

3. Importer: apply for L / C.

4. Bank at the place of import: review the letter of application, develop the letter of credit, and notify the bank at the place of export.

5. Bank at the place of export: check the L / C against the contract and inform the exporter that the L / C has arrived.

6. Exporter: review the L / C. If there is any problem with the L / C, it can be returned to ask the importer to change the L / C.

7. Exporter: prepare the goods and sign the sales contract at the price accepted by the factory.

8. Factory: organize production and delivery.

9. Exporter: prepare documents, handle the matters of chartering and booking space, issuing shipping notice, inspection application, customs declaration, shipment and bill of exchange.

10. Importer: to insure according to the exporter's shipping advice.

11. Bank at the place of export: review documents and send negotiation documents to the bank at the place of import.

12. Bank at the place of import: review the documents and notify the importer to redeem the documents.

13. Importer: pay for the ransom document, handle import inspection, customs declaration, delivery and sales.

14. Exporter: handle foreign exchange settlement, online declaration of balance of payments and tax refund.

Class hour 11 and 12:

The teacher designated 24 exporters (student No. 23–46), 12 importers (student No. 13–20), 12 factories (student No. 01–12), 1 bank in the place of export (student No. 21), 1 bank in the place of import (student No. 22), and required to do one D / P + FOB business.

Training content:

1. Conduct transaction negotiation according to the designated role.

(1) Enquiries, offers, counter offers and correspondence received between exporters and importers are required to be in English.

(2) Enquiries, offers, counter offers and correspondence between exporters and factories.

2. Exporter and importer: sign an export contract with the settlement method of D / P and the trade term of FOB, fill in the budget form, and both parties sign for confirmation and start to perform the contract.

3. Exporter: prepare the goods and sign the sales contract at the price accepted by the factory.

4. Factory: organize production and delivery.

5. Importer: handle the chartering.

6. Exporter: prepare documents, handle shipping notice, inspection application, customs declaration, shipment and document delivery.

7. Importer: to insure according to the exporter's shipping advice.

8. Bank at the place of export: review documents and send negotiation documents to the bank at the place of import.

9. Bank at the place of import: review the documents and notify the importer to redeem the documents.

10. Importer: pay for the ransom document, handle import inspection, customs declaration, delivery and sales.

11. Exporter: handle foreign exchange settlement, online declaration of balance of payments and tax refund.

Class hour 13 and 14:

The teacher designated 24 exporters (student No. 1–9, 17–20, 23–33), 12 importers (student No. 10–12, 21–22, 34–40), 12 factories (student No. 13–16, 43–50), 1 bank in the place of export (student No. 41), 1 bank in the place of import (student No. 42), and required to do one T / T + CIF business. In this training, the bank's role is mainly to deal with loans when the funds of exporters, factories and importers are insufficient.

Training content:

1. Conduct transaction negotiation according to the designated role.

(1) Enquiries, offers, counter offers and correspondence received between exporters and importers are required to be in English.

(2) Enquiries, offers, counter offers and correspondence between exporters and factories.

2. Exporter and importer: sign an export contract with the settlement method of T / T and the trade term of CIF, fill in the budget form, and both parties sign for confirmation and start to perform the contract.

3. Exporter: prepare the goods and sign the sales contract at the price accepted by the factory.

4. Factory: organize production and delivery.

5. Exporter: prepare documents, handle chartering, booking, inspection, insurance, customs declaration, shipment and document delivery.

6. Importer: payment, handling import inspection, customs declaration, delivery and sales.

7. Exporter: handle foreign exchange settlement, online declaration of balance of payments and tax refund.

Class hour 15 and 16:

The teacher designated 24 exporters (student No. 3-14, 21-27, 34-38), 12 importers (student No. 39-50), 12 factories (student No. 15-20, 28-33), 1 bank in the place of export (student No. 1), 1 bank in the place of import (student No. 2), and required to do one T / T + CFR business. In this training, the bank's role is mainly to deal with loans when the funds of exporters, factories and importers are insufficient.

Training content:

1. Conduct transaction negotiation according to the designated role.

(1) Enquiries, offers, counter offers and correspondence received between exporters and importers are required to be in English.

(2) Enquiries, offers, counter offers and correspondence between exporters and factories.

2. Exporter and importer: sign an export contract with the settlement method of T / T and the trade term of CFR, fill in the budget form, and both parties sign for confirmation and start to perform the contract.

3. Exporter: prepare the goods and sign the sales contract at the price accepted by the factory.

4. Factory: organize production and delivery.

5. Exporter: prepare documents, handle chartering, booking, shipping notice, inspection, customs declaration, shipment and document delivery.

6. Importer: to insure according to the exporter's shipping advice.

7. Importer: payment, handling import inspection, customs declaration, delivery and sales.

8. Exporter: handle foreign exchange settlement, online declaration of balance of payments and tax refund.

Class hour 17 and 18:

The teacher does not specify the role, and students can choose between themselves or trade with themselves. They are required to do a business with a settlement method of D / A + FOB.

Training content:

1. Conduct transaction negotiation according to freely chosen role.

(1) Enquiries, offers, counter offers and correspondence received between exporters and importers are required to be in English.

(2) Enquiries, offers, counter offers and correspondence between exporters and factories.

2. Exporter and importer: sign an export contract with the settlement method of D / A and the trade term of FOB, fill in the budget form, and both parties sign for confirmation and start to perform the contract.

3. Exporter: prepare the goods and sign the sales contract at the price accepted by the factory.

4. Factory: organize production and delivery.

5. Importer: handle the chartering.

6. Exporter: prepare documents, handle shipping notice, inspection application, customs declaration, shipment and document delivery.

7. Importer: to insure according to the exporter's shipping advice.

8. Bank at the place of export: review documents and send negotiation documents to the bank at the place of import.

9. Bank at the place of import: review the documents and notify the importer to redeem the documents.

10. Importer: redeem the bill, handle import inspection, customs declaration, delivery and sales.

11. Exporter: handle foreign exchange settlement, online declaration of balance of payments and tax refund.

12. Importer: handle payment when the bill is due.

Example 2: Training in groups of 5

What the teacher should do to prepare as follows:

1. Assign 5 roles to each student in users (student management).

2. Release the notice of the training content in message (information management), requiring students to carry out the training according to the "notice" content on the gold rush online. The notice is generally composed of group members, the settlement methods of this training and the use of trade terms.

3. Each student is required to use four main settlement methods (L / C, D / P, D / A, T / T) and three trade terms (CIF, CFR, FOB) to do more than four export businesses when he is an exporter.

4. Check the arrival status of students and adjust the designated roles in time to avoid the situation that they can not cooperate to complete the business during the training.

Example 3: 8 weeks of training

This training plan is applicable to school where some students have training units and some students have no training units.

What the teacher should do to prepare as follows:

1. Describe how to use SimTrade.

2. Assign 5 roles to each student in users (student management).

3. Arrange the students without training unit to go online for training in the first to seventh weeks. During the training, the trading partner can choose freely. When there is no trading partner, students can use their own 5 accounts to trade by themselves. Each student is required to complete the following training tasks:

(1) Exporter: complete at least 4 export businesses (1 for L / C, 1 for D / P, 1 for D / A and 1 for T / T).

(2) Importer: complete at least 4 import businesses (1 for L / C, 1 for D / P, 1 for D / A and 1 for T / T).

(3) Factory: complete at least 3 sales contracts.

(4) Bank at the place of import: at least 2 applications for L / C opening, L / C opening and document review shall be completed.

(5) Bank at the place of export: at least 2 cases of verification and document review shall be

completed.

4. Arrange all the students in the eighth week to have a centralized computer training in the school. Please refer to the training arrangement in the way of Example 1 or Example 2. In addition, through the calculation function of user business assessment, we can find a few good students who have done online training for the first to seventh weeks to guide the students who have never done online training.

5. It is required to do as much business as possible during the training, and master the main business and operation skills related to import and export business.

Note: the teacher should arrange the contact information of each student in advance, so as to solve the questions of students during the first to seventh weeks training.

Appendix 2 FAQ (Frequently Asked Questions)

(1) How to fill in documents?

(2) How to calculate gross weight, net weight and volume?

(3) How to fill in "bank number" when "drafting contract" and "confirming contract"?

(4) How to deal with the goods accident?

(5) What should I do if there is "insufficient amount" in trade?

(6) How to apply for loan from the bank?

(7) How to remit money to other companies?

(8) Under D / A and D / P mode, what documents need to be submitted when presenting documents to the bank for collection?

(9) Exchange rate conversion method.

(10) Do all goods need import and export inspection?

(11) How to view the loan status?

(12) How to modify the commodity data in the document?

(13) How to delete commodity data in documents?

(14) Why is there no CIP, CPT, FCA and other trade terms?

(15) How to know your score?

(16) How can I improve my score?

(17) Why does the score drop?

(18) Where to apply for certificate of origin?

Answers:

(1) How to fill in documents?

After opening the document, click the blue font of the document name to see the completed document filling instructions, and then fill in with the document sample in "document filling sample reference" in help. After filling in, click "check" next to the document in "view document list" and modify according to the prompt.

(2) How to calculate gross weight, net weight and volume?

Firstly, write down the weight and volume of each box in the "product display" of "B2B (gold rush)"; secondly, check whether the sales unit and packaging unit of the product are the same.

When calculating the weight, for the products with the same sales unit and packaging unit (such as food products), the trading quantity can be directly used × the gross (net) weight of each box; for the products with different sales unit and packaging unit (such as toys and clothing products), the gross (net) weight of a single piece must be calculated according to the unit conversion first, and then the gross (net) weight can be calculated according to the trading quantity.

When calculating the volume, for food products, you can directly use the trading quantity × the volume of each box; for toys and clothing products, you must first calculate the number of boxes according to the unit conversion, and then calculate the total volume. (Note: if there is a decimal point in the number of packing cases, the whole box must be carried in. If the whole box is not enough, the gross (net) weight and volume shall be calculated as the whole box.)

【Appendix Example 1】 For 08001 toy products, the sales unit is unit, and the packaging unit is carton. The unit conversion display is that each box contains 6 vehicles, gross weight of each box is 23 kgs, net weight of each box is 21 kgs, and volume of each box is 0. 08052 cbm. If the trading volume is 1 000 vehicles, try to calculate gross, net weight and volume respectively.

Solution:

Calculation of volume: number of packing cases = 1 000 ÷ 6 = 166. 6, rounded up 167 cases, total volume = 167 × 0. 08052 = 13. 447 cbm.

Calculation of gross weight: total gross weight = gross weight of single piece × number of packing cases = 23 × 167 = 3 841 kgs.

Calculation of net weight: total net weight = net weight of single piece × number of package cases = 21 × 167 = 3 507 kgs.

【Appendix Example 2】 For 01001 food products, the sales unit is carton (box), and the packaging unit is carton (box). The gross weight of each box is 11. 2 kgs, the net weight of each box is 10. 2 kgs, and the volume of each box is 0. 014739 cbm. If the trading volume is 2 000 cases, try to calculate gross, net weight and volume respectively.

Solution:

Gross weight = 2 000 × 11. 2 = 22 400 kgs

Net weight = 2 000 × 10. 2 = 20 400 kgs

Volume = 2 000 × 0. 014739 = 29. 478 cbm

Note: because the sales unit of this type of product is the same as the packaging unit, the content of the specification description may not be considered in the calculation.

(3) How to fill in "bank number" when "drafting contract" and "confirming contract"?

In SimTrade, contracts can be drawn up either by exporters or importers. The bank number filled in when drafting the contract refers to the local bank number of the party drafting the contract. In other words, when the exporter drafts the contract, the bank number of the place of export should be filled in here; when the importer drafts the contract, the bank number of the place of im port should be filled in. Similarly, the local bank number filled in when confirming the contract refers to the bank number of the party confirming the contract, that is, when the exporter confirms the contract, the bank number of the place of export is filled in here; when the importer confirms the contract, the bank number of the place of import should be filled in.

(4) How to deal with the goods accident?

In the process of transportation, the goods may encounter unexpected losses and cannot be picked up by changing the bill of lading. At this time, if the insurance has been applied for, the importer should go to the insurance company with the insurance policy to make a claim. After the claim is completed, there is no need for import inspection and customs declaration. As long as the foreign exchange monitoring system is applied for online declaration after payment, the contract can be completed.

(5) What should I do if there is "insufficient amount" in trade?

It can be solved in three ways:

I. The bank loan can be used. Please refer to FAQ 6 for the specific operation methods.

II. Borrow money from other companies, i. e. remit money from other companies. Please refer to FAQ 7 for operation methods.

III. Ask teachers to increase assets.

(6) How to apply for loan from the bank?

Please follow the steps below:

I. In the "business (business center)" of the importer and exporter, click the building that marks "bank of the place of export" or "bank of the place of import".

II. Click the "apply for loan" item above to enter the "loan business" page.

III. Fill in the bank number, select the loan currency, enter the loan amount and loan description, and click "OK" to complete the loan application to the bank.

IV. Log in to the "export bank" or "import bank" page of the loan application, and click the "loan business" button at the top. Select the corresponding loan application column and click "grant loan", then the importers and exporters can check the applied loan in the "finance" of their respective business centers.

Matters needing attention:

I. The loan amount is in digital format, and cannot be marked with symbols such as semicolon, otherwise the loan application will not pass.

II. If the teacher has not modified it, the loan ceiling of each role is CNY5 million by default. (for example, other currencies need to be converted).

(7) How to remit money to other companies?

Please follow the steps below:

I. In "business (business center)", click the building that marks "bank of the place of export" or "bank of the place of import".

II. Click the "remittance" item above to enter the remittance business page.

III. Fill in the account number of the payee (note that it is the account number rather than the number, which is the "account number" in the payee's company profile (data)), indicate the bank number of the remittance, select the remittance currency, enter the remittance amount and remittance description, and click the "OK" button to complete the remittance. At the same time, the bank will charge a certain handling fee.

Note: remittance is the same as loan, which needs to be paid back, and will not affect the score.

(8) Under D / A and D / P mode, what documents need to be submitted when presenting documents to the bank for collection?

The exporter clicks "bank of the place of export" in the "business (business center)", then clicks "collection", selects the documents "commercial invoice", "packing list", "GSP certificate of origin", "cargo transportation insurance policy" (CIF condition), "bill of lading", "bill of exchange", and then clicks "collection" to complete the collection procedures.

(9) Exchange rate conversion method.

In SimTrade, the exchange rate can be found in the "bank" of "B2B (gold rush)". For the conversion method between currencies, please refer to the following example:

【Appendix Example 3】 Convert 500 RMB into Euro.

I. Through the bank of taojin. com, it is found that the exchange rate between Euro and RMB is 100:842. 46.

II. Exchange rate conversion. Using 500 × (100 ÷ 842. 46) = 59. 35, it can be obtained that CNY500 = EUR59. 35.

【Appendix Example 4】 Convert 1 000 Yen into RMB.

I. Through the bank of taojin. com, it is found that the exchange rate between Yen and RMB is 100:5. 99.

II. Exchange rate conversion. Using 1 000 × (5. 99 ÷ 100) = 59. 9, we can get JPY1 000 = CNY59. 9.

【Appendix Example 5】 Convert 800 British pounds into Australian dollars.

I. The exchange rate between British pound and Australian dollar is 1 022. 29:552. 58, which is found by the bank of taojin. com.

II. Exchange rate conversion. If 800 × (1 022. 29 ÷ 552. 58) = 1 480. 02 is used, GBP800 = AUD1 480. 02 can be obtained.

(10) Do all goods need import and export inspection?

No. We usually judge whether a commodity needs to be imported or exported for inspection according to its regulatory conditions. In SimTrade, on the "tax rate" page of "B2B (gold rush net)", enter the commodity customs code for query. A represents the need for entry inspection and B represents the need for exit inspection. If there is no A and B, there is no need to apply for inspection (it is "OK" to apply for inspection, but there will be a commodity inspection fee).

(11) How to view the loan status?

In the finance status, click the "loan details" button to find all the loan records and current status.

(12) How to modify the commodity data in the document?

As shown in Appendix Figure 1, in the product data, click the radio button in front of the product number, and then click modify to open Appendix Figure 2 for modification.

Choice	Product No.	Description	Quantity	Unit	Unit Price	Amount
					[CIF] [Bombay]	
◉	01001	CANNED WHOLE MUSHROOMS 425G x 24TINS/CTN	8	CARTON	USD20	USD160
						[添 加][修 改][删 除]

Appendix Figure 1　Product data

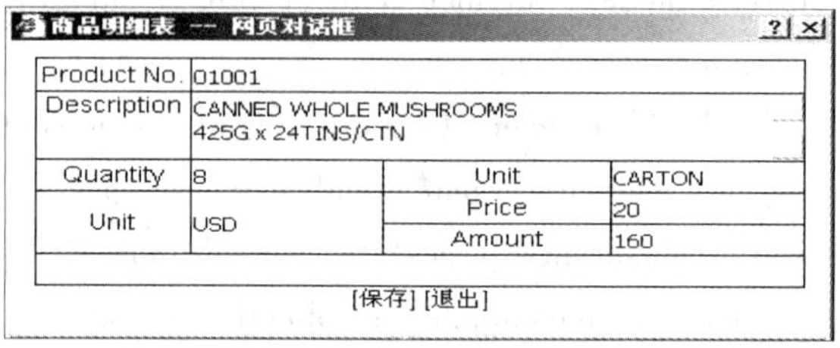

Appendix Figure 2　Modification

Modify the contents and save them in the open commodity data window.

(13) How to delete commodity data in documents?

As shown in Appendix Figure 1 above, select the radio button in front of the item number and click "delete" to delete the item data.

(14) Why is there no CIP, CPT, FCA and other trade terms?

The mode of transportation of SimTrade is sea transportation, so it adopts the three most commonly used terms applicable to sea transportation and inland water transportation, namely FOB, CFR, CIF, so CIP, CPT, FCA and other conditions are not listed.

(15) How to know your score?

The full score of SimTrade is 100, and the total score is the average score of exporters, importers and factories. "Your current level" on the front page of each role reflects the current score. There are two identification methods:

I. Red star stands for 10 points, white star stands for 5 points. For example, 7 red stars represent 70 points; 6 red stars and 1 white star represent 65 points.

II. Mouse stop on the diamond will show the current level, level multiplied by 5 is the score. For example, if the current display is level 11, so 11 × 5 = 55, the score is 55.

(16) How can I improve my score?

SimTrade has a complete automatic scoring system. When a business is completed, the system will make a comprehensive evaluation of the business and include it in the total score. That is to say, the score of each role is a comprehensive evaluation of all businesses of the role. It is not that the score of multiple businesses is necessarily high. It must be improved in both quality and quantity. In the process of operation, we should refer to help, try our best to avoid wrong operation, and carefully complete every link of trade, do not be lazy, so as to improve our scores.

(17) Why does the score drop?

There are several reasons for the decline in score:

I. If the quality of the new business is not high, the score may be reduced.

II. The sudden decrease of funds leads to the decrease of financial score, thus the total score is reduced, and it can be recovered after the turnover of funds. There may also be several reasons for the decrease:

i. A new batch of goods has not been received.

ii. Financial funds decrease due to remittance to others.

iii. Decrease in funds due to loan repayment.

(18) Where can I apply for a certificate of origin?

In practice, the issuing institution of the general certificate of origin can be the entry exit inspection and quarantine bureau or the trade promotion committee; the GSP certificate of origin can only be issued by the entry exit inspection and quarantine bureau.

In SimTrade, certificate of origin is applied for in CIQ.

Appendix 3 Sample Documents

Schedule 1 International Sales Contract

GRAND WESTERN FOODS CORP.

Room2501,Jiafa Mansion, Beijing West Road, Nanjing 210005, P.R.China

SALES CONFIRMATION

Messrs:	Carters Trading Company, LLC P.O.Box8935, New Terminal, Lata. Vista, Ottawa, Canada	**No.**	Contract01
		Date:	2016-08-19

Dear Sirs,

We are pleased to confirm our sale of the following goods on the terms and conditions set forth below:

Choice	Product No.	Description	Quantity	Unit	Unit Price	Amount
					[CIF] [Toronto]	
○	01005	CANNED SWEET CORN 3060Gx6TINS/CTN	800	CARTON	USD14	USD11 200
						[添 加][修 改][删 除]
		Total:	800	CARTON		[USD] [11 200]

Say Total:	U.S.DOLLARS ELEVEN THOUSAND TWO HUNDRED ONLY
Payment:	L/C [By 100% irrevocable sight letter of credit in our favor.]
Packing:	3060Gx6TINS/CTN Each of the carton should be indicated with Item No., Name of the Table, G.W., and C/No.
Port of Shipment:	Nanjing
Port of Destination:	Toronto
Shipment:	All of the goods will be shipped on or before Sep. 20, 2016 subject to L/C reaching the SELLER by the end of August, 2016. Partial shipments and transhipment are not allowed.
Shipping Mark:	CANNED SWEET CORN CANADA C/NO.1-800 MADE IN CHINA
Quality:	As per sample submitted by seller.
Insurance:	The SELLER shall arrange marine insurance covering ICC(A) plus institute War Risks for 110% of CIF value and provide of claim, if any, payable in Canada, with U.S. currency.
Remarks:	The Buyers are requested to sign and return one copy of this Sales Confirmation immediately after receipt of the same.

BUYERS	SELLERS
	GRAND WESTERN FOODS CORP.
	Minghua Liu
(Manager Signature)	(Manager Signature)

Schedule 2 Export Budget

出口预算表

合同号： Contract01
预算表编号： STEBG000001 （注：本预算表填入的位数全部为本位币）

项目	预算金额	实际发生金额
合同金额	92 835.68	
采购成本	52 000.00	
FOB总价	62 246.19	
内陆运费	1 235.33	
报检费	200.00	
报关费	200.00	
海运费	29 690.84	
保险费	898.65	
核销费	10.00	
银行费用	400.00	
其他费用	5 073.87	
退税收入	7 555.56	
利润	10 682.55	

Schedule 3 Import Budget

进口预算表

合同号： Contract01
预算表编号： STIBG000001 （注：本预算表填入的位数全部为本位币）

项目	预算金额	实际发生金额
合同金额	11 200.00	
CIF总价	11 200.00	
内陆运费	149.03	
报检费	24.13	
报关费	24.13	
关税	1 456.00	
增值税	1 904.00	
消费税	0	
海运费	0	
保险费	0	
银行费用	55.49	
其他费用	560.00	

Schedule 4 Import Verification Form

贸易进口付汇核销单(代申报单)

印单局代码：320000 核销单编号：STICA000001

单位代码 00000005-8	单位名称 Carters Trading Company, LLC	所在地外汇局名称
付汇银行名称 THE CHARTERED BANK	收汇人国别 China	交易编码 0101
收款人是否在保税区：是 ☐ 否 ☑	交易附言	

对外付汇币种 USD 对外付汇总额 11 200

其中：购汇金额 11 200 现汇金额 其他方式金额

人民币账号 外汇账号

付汇性质

☑正常付汇

☐不在名录 ☐90天以上信用证 ☐90天以上托收 ☐异地付汇

☐90天以上到货 ☐转口贸易

备案表编号

预计到货日期 09/10/2016	进口批件号	合同/发票号 Contract01/STINV000001

结算方式

信用证	90天以内 ☑ 90天以上 ☐	承兑日期 / /	付汇日期 / /	期限 天	
托收	90天以内 ☐ 90天以上 ☐	承兑日期 / /	付汇日期 / /	期限 天	
汇款	预付货款 ☐	货到付汇(凭报关单付汇) ☐		付汇日期 / /	
	报关单号	报关日期 / /	报关单币种	金额	
	报关单号	报关日期 / /	报关单币种	金额	
	报关单号	报关日期 / /	报关单币种	金额	
	报关单号	报关日期 / /	报关单币种	金额	
	报关单号	报关日期 / /	报关单币种	金额	
	(若报关单填写不完，可另附纸。)				
其他 ☐		付汇日期 / /			

以下由付汇银行填写

申报号码：

业务编号： 审核日期： / / (付汇银行签章)

Schedule 5 Application for Irrevocable Letter of Credit

IRREVOCABLE DOCUMENTARY CREDIT APPLICATION

TO: THE CHARTERED BANK **DATE:** 160819

☐ Issue by airmail ☐ With brief advice by teletransmission ☐ Issue by express delivery ☑ Issue by teletransmission (which shall be the operative instrument)	**Credit NO.** STLCA000001 Date and place of expiry 161015 in the beneficiary's country
Applicant CARTERS TRADING COMPANY, LLC P.O.BOX8935,NEW TERMINALl, LATA. VISTA, OTTAWA, CANADA	Beneficiary (Full name and address) GRAND WESTERN FOODS CORP. ROOM2501,JIAFA MANSION, BEIJING WEST ROAD, NANJING 210005, P.R.CHINA
Advising Bank NANJING COMMERCIAL BANK NO.19 LANE 32 I SEN RD, NANJING 210014, P.R.CHINA	Amount [USD][11 200] U.S.DOLLARS ELEVEN THOUSAND TWO HUNDRED ONLY
Parital shipments ☐ allowed ☑ not allowed Transhipment ☐ allowed ☑ not allowed Loading on board/dispatch/taking in charge at/from NANJING not later than 160920 For transportation to: TORONTO ☐ FOB ☐ CFR ☑ CIF ☐ or other terms	Credit available with NANJING COMMERCIAL BANK By ☐ sight payment ☐ acceptance ☑ negotiation ☐ deferred payment at against the documents detailed herein ☑ and beneficiary's draft(s) for 100 % of invoice value at **** sight drawn on ISSUE BANK

Documents required: (marked with X)

1.(X) Signed commercial invoice in 6 copies indicating L/C No. and Contract No. Contract01

2.(X) Full set of clean on board Bills of Lading made out to order and blank endorsed, marked "freight [ ] to collect / [X] prepaid [ ] showing freight amount" notifying THE APPLICANT.

( ) Airway bills/cargo receipt/copy of railway bills issued by showing "freight [ ] to collect/ [ ] prepaid [ ] indicating freight amount" and consigned to .

3.(X) Insurance Policy/Certificate in 3 copies for 110 % of the invoice value showing claims payable in CANADA in currency of the draft, blank endorsed, covering All Risks and War Risks .

4.(X) Packing List/Weight Memo in 3 copies indicating quantity, gross and weights of each package.

5.( ) Certificate of Quantity/Weight in copies issued by .

6.( ) Certificate of Quality in copies issued by [ ] manufacturer/[ ] public recognized surveyor .

7.(X) Certificate of Origin in 3 copies issued by MANUFACTURER .

8.( ) Beneficiary's certified copy of fax / telex dispatched to the applicant within hours after shipment advising L/C No., name of vessel, date of shipment, name, quantity, weight and value of goods.

Other documents, if any

Description of goods:

01005 CANNED SWEET CORN, 3060GX6TINS/CTN
QUANTITY: 800 CARTON
PRICE: USD14/CTN

Additional instructions:

1.(X) All banking charges outside the opening bank are for beneficiary's account.

2.(X) Documents must be presented within 21 days after date of issuance of the transport documents but within the validity of this credit.

3.( ) Third party as shipper is not acceptable, Short Form/Blank B/L is not acceptable.

4.( ) Both quantity and credit amount % more or less are allowed.

5.( ) All documents must be forwarded in .

( ) Other terms, if any

Schedule 6 Letter of Credit

LETTER OF CREDIT

-------------------------------- MESSAGE TEXT --------------------------------

:27:SEQUENCE OF TOTAL

1/1

:40A:FORM OF DOCUMENTARY CREDIT

IRREVOCABLE

:20:DOCUMENTARY CREDIT NUMBER

STLCN000001

:31C:DATE OF ISSUE

160820

:31D:DATE AND PLACE OF EXPIRY

161015 IN THE BENEFICIARY'S COUNTRY

:51A:APPLICANT BANK

THE CHARTERED BANK

:50:APPLICANT

CARTERS TRADING COMPANY, LLC
P.O.BOX8935,NEW TERMINALI, LATA. VISTA, OTTAWA, CANADA

:59:BENEFICIARY

GRAND WESTERN FOODS CORP.
ROOM2501,JIAFA MANSION, BEIJING WEST ROAD, NANJING 210005, P.R.CHINA

:32B:CURRENCY CODE, AMOUNT

[USD] [11 200]

:41D:AVAILABLE WITH BY

NANJING COMMERCIAL BANK BY NEGOTIATION

:42C:DRAFTS AT

SIGHT

:42A:DRAWEE

ISSUE BANK

:43P:PARTIAL SHIPMENTS

NOT ALLOWED

:43T:TRANSHIPMENT

NOT ALLOWED

:44A:ON BOARD/DISP/TAKING CHARGE

NANJING

:44B:FOR TRANSPORTATION TO

TORONTO

:44C:LATEST DATE OF SHIPMENT

160920

:45A:DESCRIPTION OF GOODS AND/OR SERVICES

01005 CANNED SWEET CORN, 3060Gx6TINS/CTN, QUANTITY: 800 CARTON
CIF TORONTO, PRICE: USD14/CTN

:46A:DOCUMENTS REQUIRED

+SIGNED COMMERCIAL INVOICE IN 6 COPIES INDICATING CONTRACT NO. CONTRACT01
+FULL SET OF CLEAN ON BOARD BILLS OF LADING MADE OUT TO ORDER AND BLANK ENDORSED, MARKED "FREIGHT TO PREPAID" NOTIFYING THE APPLICANT
+INSURANCE POLICY/CERTIFICATE IN 3 COPIES FOR 110 % OF THE INVOIECE VALUE SHOWING CLAIMS PAYABLE IN CANADA IN CURRENCY OF THE DRAFT, BLANK ENDORSED, COVERING ALL RISKS, WAR RISKS

:47A:ADDITIONAL CONDITIONS

:71B:CHARGES

ALL BANKING CHARGES OUTSIDE THE OPENING BANK ARE FOR BENEFICIARY'S ACCOUNT

:48:PERIOD FOR PRESENTATION

DOCUMENTS MUST BE PRESENTED WITHIN 21 DAYS AFTER DATE OF ISSUANCE OF THE TRANSPORT DOCUMENTS BUT WITHIN THE VALIDITY OF THIS CREDIT

:49:CONFIRMATION INSTRUCTIONS

WITHOUT

:57D:ADVISE THROUGH BANK

Schedule 7 Letter of Credit Notice

南京商业银行

Nanjing Commercial Bank

No.19 Lane 32 I Sen Rd, Nanjing 210014, P.R.China
FAX:86-25-27203335

信 用 证 通 知 书

NOTIFICATION OF DOCUMENTARY CREDIT

日期:2016-08-22

TO 致： GRAND WESTERN FOODS CORP. ROOM2501,JIAFA MANSION, BEIJING WEST ROAD, NANJING 210005, P.R.CHINA		WHEN CORRESPOND NG PLEASE QUOTE OUT REF NO.	AD94001A40576
ISSUING BANK开证行 THE CHARTERED BANK P.O.Box99552,Riyadh 22766,KSA		TRANSMITTED TO US THROUGH 转递行 REF NO.	
L/C NO.信用证号 STLCN000001	DATED 开证日期 160820	AMOUNT 金额 [USD] [11 200]	EXPIRY PLACE 有效地 CANADA
EXPIRY DATE 有效期 161015	TENOR 期限 SIGHT	CHARGE 未付费用 RMB0.00	CHARGE BY 费用承担人 BENE
RECEIVED VIA 来证方式 SWIFT	AVAILABLE 是否生效 VALID	TEST/SIGN 印押是否相符 YES	CONFIRM 我行是否保兑 NO

DEAR SIRS 敬启者：
WE HAVE PLEASURE IN ADVISING YOU THAT WE HAVE RECEIVED FROM THE A/M BANK A(N) **LETTER OF CREDIT**, CONTENTS OF WHICH ARE AS PER ATTACHED SHEET(S).
THIS ADVICE AND THE ATTACHED SHEET(S) MUST ACCOMPANY THE RELATIVE DOCUMENTS WHEN PRESENTED FOR NEGOTIATION.
兹通知贵公司，我行收自上述银行信用证一份，现随附通知。贵司交单时，请将本通知书及信用证一并提示。

REMARK备注：
PLEASE NOTE THAT THIS ADVICE DOES NOT CONSTITUTE OUR CONFIRMATION OF THE ABOVE L/C NOR DOES IT CONVEY ANY ENGAGEMENT OR OBLIGATION ON OUT PART.

THIS L/C CONSISTS OF SHEET(S), INCLUDING THE COVERING LETTER AND ATTACHMENT(S).
本信用证连同面函及附件共 张。

IF YOU FIND ANY TERMS AND CONDITIONS IN THE L/C WHICH YOU ARE UNABLE TO COMPLY WITH AND OR ANY ERROR(S), IT IS SUGGESTED THAT YOU CONTACT APPLICANT DIRECTLY FOR NECESSARY AMENDMENT(S) SO AS TO AVOID AND DIFFICULTIES WHICH MAY ARISE WHEN DOCUMENTS ARE PRESENED.
如本信用证中有无法办到的条款及/或错误，请径与开证申请人联系，进行必要的修改，以排除交单时可能发生的问题。

THIS L/C IS ADVISED SUBJECT TO ICC UCP PUBLICATION NO.500.
本信用证之通知系遵循国际商会跟单信用证统一惯例第500号出版物办理。

此证如有任何问题及疑虑，请与结算业务部审证科联络，电话： 86-25-27293344

YOURS FAITHFULL

FOR *Nanjing Commercial Bank*

Schedule 8 Domestic Sales Contract

买 卖 合 同

合同编号：Order01
签订时间：2016-08-20
签订地点：南京

卖方：冠弛股份有限公司

买方：宏昌国际股份有限公司

一、产品名称、品种规格、数量、金额、供货时间：

选择	产品编号	品名规格	计量单位	数量	单价(元)	总金额(元)	交(提)货时间及数量
○	01005	甜玉米罐头 每箱6罐，每罐3 060克	CARTON	800	65	52 000	2016年4月16日前工厂交货
		合计：	CARTON	800		52 000	
					[添 加][修 改][删 除]		
合计人民币(大写)	伍万贰仟元整						
备注：							

二、质量要求技术标准、卖方对质量负责的条件和期限：

质量符合国标出口优级品，如因品质问题引起的一切损失及索赔由供方承担，质量异议以本合同产品保质期为限。(产品保质期以商标有效期为准)

三、交(提)货地点、方式：

工厂交货。

四、交 (提) 货地点及运输方式及费用负担：

集装箱门到门交货，费用由需方承担。

五、包装标准、包装物的供应与回收和费用负担：

紙箱包装符合出口标准，商标由需方无偿提供。

六、验收标准、方法及提出异议期限：

需方代表按出口优级品检验内在品质及外包装，同时供方提供商检放行单或商检换证凭单。

七、结算方式及期限：

需方凭供方提供的增值税发票及相应的税收(出口货物专用)缴款书在供方工厂交货后七个工作日内付款。如果供方未将有关票证备齐，需方扣除17%税款支付给供方，等有关票证齐全后结清余款。

八、违约责任：

违约方支付合同金额的15%违约金。

九、解决合同纠纷的方式：

按《中华人民共和国经济合同法》。

十、本合同一式两份，双方各执一份，效力相同。未尽事宜由双方另行友好协商。

卖 方	买 方
单位名称：	单位名称：宏昌国际股份有限公司
单位地址：	单位地址：南京市北京西路嘉发大厦2501室
法人代表或委托人：	法人代表或委托人：刘铭华
电话：	电话：86-25-23501213
税务登记号：	税务登记号：000000000000003
开户银行：	开户银行：南京商业银行
账号：	账号：SIM-dst011
邮政编码：	邮政编码：210014

Schedule 9 Letter of Authorization for Goods Shipment

货物出运委托书

(出口货物明细单) 日期：2016-09-10

根据《中华人民共和国合同法》与《中华人民共和国海商法》的规定，就出口货物委托运输事宜订立本合同。

合同号	Contract01	运输编号	STINV000001
银行编号	dst01	信用证号	STLCN000001
开证银行	THE CHARTERED BANK		
付款方式	L/C		
贸易性质	一般贸易	贸易国别	Canada
运输方式	海运	消费国别	Canada
装运期限	2016-09-20	出口口岸	Nanjing
有效期限	2016-10-15	目的港	Toronto
可否转运	NO	可否分批	NO
运费预付	YES	运费到付	NO

托运人	宏昌国际股份有限公司 南京市北京西路嘉发大厦2501室
抬头人	To order of Carters Trading Company, LLC
通知人	Carters Trading Company, LLC P.O.Box8935,New Terminal, Lata. Vista, Ottawa, Canada

选择	标志唛头	货名规格	件数	数量	毛重	净重	单价	总价
○	CANNED SWEET CORN CANADA C/NO.1-800 MADE IN CHINA	CANNED SWEET CORN 3060Gx6TINS/CTN	800CARTON	800CARTON	16 156.8KGS	14 688KGS	USD14	USD11 200
		TOTAL:	[800][CARTON]	[800][CARTON]	[16 156.8][KGS]	[14 688][KGS]		[USD][11 200]

[添 加][修 改][删 除]

注意事项		
FOB价		[USD][7 509.58]
总体积		[20.5888] [CBM]
保险单	险别	ICC(A) WAR RISKS
	保额	[USD][12 320]
	赔偿地点	CANADA
海关编号		0000000003
制单员		刘铭华

受托人(即承运人)		委托人(即托运人)	
名称：		名称：	宏昌国际股份有限公司
电话：		电话：	86-25-23501213
传真：		传真：	86-25-23500638
委托代理人：		委托代理人：	刘铭华

Schedule 10　　Inspection Application Form for Outbound Goods

中华人民共和国出入境检验检疫

出境货物报检单

报检单位（加盖公章）：　宏昌国际股份有限公司　　　　*编　　号 STEPC000001

报检单位登记号：000000000000003 联系人：　刘铭华　　电话：86-25-23501213 报检日期：　2016年 8 月 20 日

发货人	（中文）	宏昌国际股份有限公司
	（外文）	GRAND WESTERN FOODS CORP.
收货人	（中文）	
	（外文）	Carters Trading Company, LLC

选择	货物名称（中/外文）	H.S.编码	产地	数/重量	货物总值	包装种类及数量
◌	甜玉米罐头 每箱6罐，每罐3 060克 CANNED SWEET CORN 3060Gx6TINS/CTN	20168000	China	800CARTON	USD11 200	800CARTON

[添 加] [修 改] [删 除]

运输工具名称号码	Zaandam	贸易方式	一般贸易	货物存放地点	Nanjing CY
合 同 号	Contract01	信用证号	STLCN000001	用途	
发货日期	2016-09-20	输往国家(地区)	Canada	许可证/审批号	
启 运 地	Nanjing	到 达 口 岸	Toronto	生产单位注册号	
集装箱规格、数量及号码					

合同、信用证订立的检验检疫条款或特殊要求	标 记 及 号 码	随附单据（划“√”或补填）	
	CANNED SWEET CORN CANADA C/NO.1-800 MADE IN CHINA	☑合同 ☑信用证 ☑发票 ☐换证凭单 ☑装箱单 ☐厂检单	☐包装性能结果单 ☐许可/审批文件 ☐ ☐ ☐ ☐

需要证单名称（划“√”或补填）				*检验检疫费	
☐品质证书	＿正＿副	☐植物检疫证书	＿正＿副	总金额（人民币元）	
☐重量证书	＿正＿副	☐熏蒸/消毒证书	＿正＿副		
☐数量证书	＿正＿副	☐出境货物换证凭单		计费人	
☐兽医卫生证书	＿正＿副	☑通关单			
☐健康证书	＿正＿副	☐		收费人	
☐卫生证书	＿正＿副	☐			
☐动物卫生证书	＿正＿副	☐			

报检人郑重声明：	领 取 证 单	
1. 本人被授权报检。 2. 上列填写内容正确属实，货物无伪造或冒用他人的厂名、标志、认证标志，并承担货物质量责任。	日 期	
签名：　刘铭华	签 名	

注：有“*”号栏由出入境检验检疫机关填写　　　　◆国家出入境检验检疫局制

[1-2 (2000.1.1)]

Schedule 11 Commercial Invoice

ISSUER

GRAND WESTERN FOODS CORP.
Room2501,Jiafa Mansion, Beijing West Road,
Nanjing 210005, P.R.China

商业发票
COMMERCIAL INVOICE

TO

Carters Trading Company, LLC
P.O.Box8935,New Terminal, Lata. Vista, Ottawa, Canada

NO.	**DATE**
STINV000001	2016-08-20
S/C NO.	**L/C NO.**
Contract01	STLCN000001

TRANSPORT DETAILS

From Nanjing to Toronto on Sep. 10, 2016 By Vessel.

TERMS OF PAYMENT

L/C

Choice	Marks and Numbers	Description of goods	Quantity	Unit Price	Amount
				CIF TORONTO	
	CANNED SWEET CORN CANADA C/NO.1-800 MADE IN CHINA	CANNED SWEET CORN 3060Gx6TINS/CTN	800CARTON	USD14	USD11 200

[添 加][修 改][删 除]

Total: [800][CARTON] [USD][11 200]

SAY TOTAL: U.S.DOLLARS ELEVEN THOUSAND TWO HUNDRED ONLY

(写备注处)

GRAND WESTERN FOODS CORP. (公司名称)
Minghua Liu (法人签名)

Schedule 12 Packing List

ISSUER	装箱单 PACKING LIST	
GRAND WESTERN FOODS CORP. Room2501,Jiafa Mansion, Beijing West Road, Nanjing 210005, P.R.China		
TO Carters Trading Company, LLC P.O.Box8935,New Terminal, Lata. Vista, Ottawa, Canada	**INVOICE NO.** STINV000001	**DATE** 2016-08-20

Choice	Marks and Numbers	Description of goods	Package	G.W	N.W	Meas.
○	CANNED SWEET CORN CANADA C/NO.1-800 MADE IN CHINA	CANNED SWEET CORN 3060Gx6TINS/CTN	800CARTON	16 156.8KGS	14 688KGS	20.5888CBM

[添 加][修 改][删 除]

Total:	[800 [CARTON	][16 156.8][KGS	][14 688][KGS	][20.5888]][CBM]

SAY TOTAL: EIGHT HUNDRED CARTONS ONLY

(写备注处)

GRAND WESTERN FOODS CORP.(公司名称)
Minghua Liu(法人签名)

Schedule 13 Cargo Transportation Insurance Policy

货物运输保险投保单

投保人： 宏昌国际股份有限公司 投保日期： 2016-08-25

发票号码	STINV000001	投保条款和险别
被保险人	客户抬头 宏昌国际股份有限公司 过户 Carters Trading Company, LLC	( ) PICC CLAUSE (√) ICC CLAUSE ( ) ALL RISKS ( ) W.P.A./W.A. ( ) F.P.A (√) WAR RISKS ( ) S.R.C.C ( ) STRIKE (√) ICC CLAUSE A ( ) ICC CLAUSE B ( ) ICC CLAUSE C ( ) AIR TPT ALL RISKS ( ) AIR TPT RISKS ( ) O/L TPT ALL RISKS ( ) O/L TPT RISKS ( ) TRANSHIPMENT RISKS ( ) W TO W ( ) T.P.N.D. ( ) F.R.E.C. ( ) R.F.W.D. ( ) RISKS OF BREAKAGE ( ) I.O.P.
保险金额	[USD][12 320]	
启运港	Nanjing	
目的港	Toronto	
转内陆		
开航日期	2016-09-10	
船名航次	Zaandam, DY105-09	
赔款地点	Canada	
赔付币别	USD	
保单份数		
其他特别条款		
以下由保险公司填写		
保单号码		签单日期

Schedule 14 Verification Form of Export Collection

出口收汇核销单

存根

（苏）编号：STECA000001

出口单位：	宏昌国际股份有限公司
单位代码：	00000003-8
出口币种总价：	[USD][11 200]
收汇方式：	L/C
预计收款日期：	2016-10-15
报关日期：	2016-09-10
备注：	
此单报关有效期截止到	

（出口单位盖章）

出口收汇核销单

STECA000001

（苏）编号：STECA000001

出口单位：	宏昌国际股份有限公司			
单位代码：	00000003-8			
银行签注栏	类别	币种金额	日期	盖章
		[ ][ ]		
海关签注栏：				
外汇局签注栏：				
		年	月	日(盖章)

（出口单位盖章）

（海关盖章）

出口收汇核销单

出口退税专用

（苏）编号：STECA000001

出口单位：	宏昌国际股份有限公司		
单位代码：	00000003-8		
选择	货物名称	数量	币种总价
○	食品	800 Carton	[USD][11 200]
	[添加][修改][删除]		
报关单编号：			
外汇局签注栏：			
	年	月	日(盖章)

未经核销此联不得撕开

Schedule 15 Export Declaration

中华人民共和国海关出口货物报关单

预录入编号：DS9110002 海关编号：

出口口岸 NANJING PORT		备案号		出口日期 2016-09-10	申报日期 2016-09-10
经营单位 宏昌国际股份有限公司,0000000003		运输方式 江海运输	运输工具名称 Zaandam		提运单号
发货单位 宏昌国际股份有限公司,0000000003		贸易方式 一般贸易		征免性质 一般征税	结汇方式 L/C
许可证号	运抵国（地区） Canada		指运港 Toronto		境内货源地 Nanjing
批准文号	成交方式 CIF	运费 [USD] [3 582]		保费 [USD][108.4]	杂费 [ ] [ ]
合同协议号 Contract01	件数 800	包装种类 CARTON		毛重（千克） 16 156.8	净重（千克） 14 688
集装箱号 TBXU3605231*1	随附单据 INVOICE, PACKING LIST,				生产厂家

标记唛码及备注

CANNED SWEET CORN
CANADA
C/NO.1-800
MADE IN CHINA

选择	项号	商品编号	商品名称、规格型号	数量及单位	最终目的国(地区)	单价	总价	币制	征免
○	1	01005	甜玉米罐头每箱6罐，每罐3 060克	800CARTON	Canada	14	11 200	USD	一般征税

[添 加][修 改][删 除]

税费征收情况

录入员 录入单位	兹声明以上申报无讹并承担法律责任	海关审单批注及放行日期(签章)
报关员 刘铭华	申报单位（签章）	审单　　审价
单位地址 南京市北京西路嘉发大厦2501室		征税　　统计
邮编 210005　　电话 86-25-235012	填制日期 2016-09-10	查验　　放行

Schedule 16

Notice of Shipment

SHIPPING ADVICE

Messrs.

Carters Trading Company, LLC
P.O.Box8935,New Terminal, Lata. Vista, Ottawa, Canada

Invoice No. STINV000001

Date: 2016-09-10

Particulars

1.L/C No. STLCN000001

2.Purchase order No. Contract01

3.Vessel: Zaandam

4.Port of Loading: Nanjing

5.Port of Dischagre: Toronto

6.On Board Date: 2016-09-10

7.Estimated Time of Arrival: 2016-09-22

8.Container: 20' X 1

9.Freight: [USD] [3 582]

10.Description of Goods:

CANNED SWEET CORN
3060Gx6TINS/CTN

11.Quantity:[800] [CARTON]

12.Invoice Total Amount: [USD] [11 200]

Documents enclosed

1.Commercial Invoice: 1

2.Packing List: 1

3.Bill of Lading: 1(Duplicate)

4.Insurance Policy: 1(Duplicate) 2 Copies

Very truly yours, GRAND WESTERN FOODS CORP.
Minghua liu

Manager of Foreign Trade Dept.

Schedule 17 GSP Certificate of Origin

ORIGINAL

1.Goods consigned from (Exporter's business name, address, country)

GRAND WESTERN FOODS CORP.
Room2501,Jiafa Mansion, Beijing West Road, Nanjing 210005, P.R.China

Reference No. STGSP000001

GENERALIZED SYSTEM OF PREFERENCES CERTIFICATE OF ORIGIN
(Combined declaration and certificate)

FORM A

Issued in **THE PEOPLE'S REPUBLIC OF CHINA**
(country)

2.Goods consigned to (Consignee's name, address, country)

Carters Trading Company, LLC
P.O.Box8935,New Terminal, Lata. Vista, Ottawa, Canada

3.Means of transport and route (as far as known)

From Nanjing to Toronto On Sep. 10, 2016 By Vessel.

4.For official use

Choice	Item number	6.Marks and numbers of packages	7.Number and kind of packages; description of goods	8.Origin criterion (see Notes overleaf)	9.Gross weight or other quantity	10.Number and date of invoices
○	1	CANNED SWEET CORN CANADA C/NO.1-800 MADE IN CHINA	800 CARTONS (EIGHT HUNDRED CARTONS ONLY) OF CANNED SWEET CORN 3060Gx6TINS/CTN	"P"	16 156.8KGS	STINV000001 Aug 20,2016

[添 加] [修 改] [删 除]

11.Declaration by the exporter

It is hereby certified, on the basis of control carried out, that the declaration by the exporter is correct.

Place and date, signature and stamp of certifying authority

12.Certification

The undersigned hereby declares that the above details and statements are correct, that all the goods were

produced in **CHINA**
(country)

and that they comply with the origin requirements specified for those goods in the Generalized System of Preferences for goods exported to

Place and date, signature and stamp of authorized signatory

Schedule 18 Bill of Exchange

BILL OF EXCHANGE

No. STDFT000001 Dated 2016-08-30

Exchange for USD 11 200

At ---- Sight of this FIRST of Exchange

(Second of exchange being unpaid)

Pay to the Order of Nanjing Commercial Bank

the sum of U.S.DOLLARS NINE THOUSAND SIX HUNDRED ONLY

Drawn under L/C No. STLCN000001 Dated 2016-08-20

Issued by THE CHARTERED BANK

To Carters Trading Company, LLC
P.O.Box8935,New Terminal, Lata. Vista, Ottawa,
Canada

GRAND WESTERN FOODS CORP.

(Authorized Signature)

Schedule 19 Registration Form for Approval of Verification Form of Export Collection

出口收汇核销单送审登记表

出口单位：宏昌国际股份有限公司 送审日期：2016 年 10 月 12 日

核销单编号	发票编号	商品大类	国别地区	贸易方式	结算方式	报关日期	货款			收汇核销金额
							币别	报关金额	FOB金额	
STECA000001	STINV0000(	食品	Canada	一般贸易	L/C	2016-09-10	USD	11 200	7 509.58	[USD] [11 200]

第一联 外汇局留存

出口单位填表人：刘铭华 外汇局审核人：

Schedule 20 Inspection Application Form for Inbound Goods

中华人民共和国出入境检验检疫

入境货物报检单

报检单位（加盖公章）：Carters Trading Company, LLC *编 号 STIPC000001

报检单位登记号：000000000000003 联系人：Carter 电话：001613789350 报检日期：2016年 9 月 22 日

收货人	（中文）	企业性质(划"√")	☑合资 ☐合作 ☐外资
	（外文） Carters Trading Company, LLC		
发货人	（中文） 宏昌国际股份有限公司		
	（外文） GRAND WESTERN FOODS CORP.		

选择	货物名称（中/外文）	H.S.编码	原产国(地区)	数/重量	货物总值	包装种类及数量
	CANNED SWEET CORN 3060Gx6TINS/CTN	20168000	Nanjing	800CARTON	USD11 200	800CARTON

[添 加] [修 改] [删 除]

运输工具名称号码	Zaandam			合 同 号	Contract01
贸易方式	一般贸易	贸易国别(地区)	Canada	提单/运单号	STBLN000001
到货日期	2016-09-22	启运国家(地区)	China	许可证/审批号	
卸毕日期	2016-09-22	启运口岸	Nanjing	入境口岸	Toronto
索赔有效期至	2016-09-30	经停口岸		目 的 地	
集装箱规格、数量及号码	TBXU3605231*1*20'				
合同订立的特殊条款以及其他要求				货物存放地点	
				用 途	

随附单据（划"√"或补填）		标记及号码	*外商投资财产(划"√") ☐是 ☐否
☑合同	☐到货通知	CANNED SWEET CORN CANADA C/NO.1-800 MADE IN CHINA	*检验检疫费
☑发票	☑装箱单		
☑提/运单	☐质保书		总金额（人民币元）
☐兽医卫生证书	☐理货清单		
☐植物检疫证书	☐磅码单		
☐动物检疫证书	☐验收报告		计费人
☐卫生证书	☐		
☐原产地证	☐		收费人
☐许可/审批文件	☐		

报检人郑重声明： 1.本人被授权报检。 2.上列填写内容正确属实。 签名：Carter	领 取 证 单 日期 签名

注：有"*"号栏由出入境检验检疫机关填写 ◆国家出入境检验检疫局制

[1-2 (2000.1.1)]

Schedule 21 Import Declaration Form

中华人民共和国海关进口货物报关单

预录入编号：012004516-1　　　　海关编号：

进口口岸 Toronto Port	备案号	进口日期 2016-09-22	申报日期 2016-09-22

经营单位 Carters Trading Company, LLC, 0000000005	运输方式 江海运输	运输工具名称 Zaandam	提运单号 STBLN000001
收货单位 Carters Trading Company, LLC, 0000000005	贸易方式 一般贸易	征免性质 一般征税	征税比例

许可证号	起运国（地区） China	装货港 Nanjing	境内目的地

批准文号	成交方式 CIF	运费 [USD] [3 582]	保费 [USD] [108.4	杂费 [ ] [ ]

合同协议号 Contract01	件数 800	包装种类 CARTON	毛重（千克） 16 156.8	净重（千克） 14 688

集装箱号 TBXU3605231*1	随附单据 INVOICE,PACKING LIST	用途

标记唛码及备注

CANNED SWEET CORN
CANADA
C/NO.1-800
MADE IN CHINA

选择	项号	商品编号	商品名称、规格型号	数量及单位	最终目的国(地区)	单价	总价	币制	征免
○	1	01005	CANNED SWEET CORN3060Gx6TINS/CTN	800CARTON	Canada	14	11 200	USD	一般征税

[添 加] [修 改] [删 除]

税费征收情况

录入员 录入单位	兹声明以上申报无讹并承担法律责任	海关审单批注及放行日期(签章)
报关员 Carter	申报单位（签章）	审单　　审价
单位地址 P.O.Box8935,New Terminal, Lata. Vista, Ottawa, Canada		征税　　统计
邮编　　电话 0016137893503	填制日期 2016-09-22	查验　　放行

Schedule 22 Verification Form for Arrival of Import Payment in Foreign Exchange

2016 年 9 月贸易进口付汇到货核销表

进口单位名称：Carters Trading Company, LLC　　进口单位编码：0000005-8　　核销表编号：STICE000001

付汇情况								报关到货情况							
序号	核销单号	备案表号	付汇币种金额	付汇日期	结算方式	付汇银行名称	应到货日期	报关单号	到货企业名称	报关币种金额	报关日期	与付汇差额		凭报关单付汇	备注
												退汇	其它		
1	STICA00000		[USD][11 200	2016-09-22	L/C	THE CHARTERED BANK	2016-09-22	STIAC00000	Carters Trading Company,	[USD][11 200]	2016-09-22				

付汇合计笔数： 1	付汇合计金额： [USD][11 200]	到货报关合计笔数： 1	到货报关合计金额： [USD][11 200]	退汇合计金额： [ ][ ]	凭报关单付汇合计金额： [ ][ ]
至本月累计笔数：	至本月累计金额： [ ][ ]	至本月累计笔数：	至本月累计金额： [ ][ ]	至本月累计金额： [ ][ ]	至本月累计金额： [ ][ ]

填表人：Carter　　负责人：Carter　　填表日期：2016 年 9 月 22 日

第二联：进口单位留存　　本核销表内容无讹。